U0540451

后浪

人人用得上的法律课

岳山 著

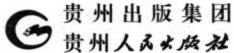

目 录

第一部分　我有哪些权利——民事权利知多少

1　如何守卫自己的隐私？　　　　　　　　　003
2　不是明星，照片也值钱？　　　　　　　　009
3　被键盘侠"喷"怎么办？　　　　　　　　016
4　拍短视频一夜爆红，没想到成了被告　　　022
5　谁来保护我的"网币"？　　　　　　　　030

第二部分　职场中，如何合理捍卫合法权益？

6　已向老东家告辞，新 HR 居然放我鸽子　　039
7　老板说合同不重要，可我心里总没底儿　　046
8　试用期的"小韭菜"就能任人割？　　　　055
9　就是公司的一块砖，也不能随便搬　　　　062
10　每天多劳一小时，为什么没有多得加班费？　069
11　申请带薪年休假是权利还是"贪图享受"？　077
12　孕产哺妈妈就是职场软柿子？　　　　　　085
13　我要支付违约金的法定情形　　　　　　　094
14　我能拿到多少"青春损失经济补偿"？　　101
15　被公司违法解除合同，我该怎么选？　　　106

第三部分　从恋爱到结婚，如何共同构筑安心小家

16	送你的告白气球，可不可以还我？	115
17	未婚同居合法吗？谈恋爱居然有这么多坑	122
18	忠诚协议能保证他（她）的忠诚吗？	127
19	我的肚子谁做主？	133
20	不可不学的婚姻财产保护攻略	138
21	网红"蒙娜丽莎"的哭泣，如何远离伤害？	145
22	当爱走到尽头，怎么更好地保全自己？	151
23	曾经你说你养我，现在我却人财两空	156
24	管生也要管养，孩子抚养权怎么算？	163

第四部分　想要安心舒适的家，租房买房得留个心眼

25	看着蓝图和工地你就敢买房？	171
26	买了学区房，孩子就能顺利入学？	177
27	中介送米送油送温暖，你要小心被套路	183
28	你的租房合同确定有效吗？	190
29	买房租房也要讲究"先来后到"	196
30	交了钱，房子让我一等再等怎么办？	202
31	收房货不对板，感觉买了个假房子？	208

第五部分　财富管理三生三世？别把自己埋进坑里！

| 32 | 如何以火眼金睛选择靠谱理财机构？ | 217 |

33	被"套路"的不只是你的钱	226
34	借贷不规范？小心你的钱拿不回来	233
35	我要创业！等等，你好像是非法经营	241
36	投资被骗？警惕遇上集资诈骗！	248

第六部分 "剁手"买买买？买之前得懂点法！

37	减完又降，"剁手党"如何识别价格猫腻？	257
38	花里胡哨的营销手段，如何雾里看花？	264
39	7天还你靓白肌肤？揭穿美丽谎言！	271
40	快递丢失损毁怎么办？	277
41	直播带货翻车，我找谁去维权？	283
42	代购、拍卖、二手……新消费的坑有哪些？	290
43	遇到暴力杀熟的"三无"产品，说好的退一赔三呢？	297
44	大额消费的霸王条款，真的就能不退不换吗？	304
45	说好的无理由退货，为什么这么难？	311
46	充得多，坑得多，预付卡秒变闹心卡	317

第七部分 日常生活中不起眼的刑法

47	人善被人欺，什么情况算是正当防卫？	327
48	除了醉驾，还有什么是道路交通犯罪行为？	337
49	什么是"你瞅啥"的标准回答？	345
50	岳律厨房之教你如何烹饪"咸猪手"	352
51	地主家有余粮也不是你的啊！	360

52	天上掉馅饼？这几招让你识别电信网络诈骗、非法集资套路	367
53	哪些事情属于不能说的秘密	375

第八部分　走进生活百科全书，《民法典》必须知道的事儿

54	住宅建设用地使用权自动续期制度来啦	383
55	不是我的房子，能安心住吗？	388
56	让霸座无处可逃	393
57	见义勇为不赔偿，好意同乘可减责	399
58	守护头顶上的安全	405
59	别让宠物变成伤人的恶犬！	411
60	自己的错误自己承担，用人单位不再是"冤大头"	416
61	小区电梯广告费归谁？《民法典》告诉你	420
62	《民法典》：从理论到实操，法律为你保驾护航	426

第一部分

我有哪些权利
——民事权利知多少

1 { 如何守卫自己的隐私？

联合国《世界人权宣言》中写道："任何人的私生活、家庭、住宅和通信不得任意干涉，他的荣誉和名誉不得加以攻击。人人有权享受法律保护，以免受这种干涉或攻击。"这是联合国对于隐私权的明确定义，也是众多法律系统对于隐私权这个人身基本权利的一般界定。

隐私权是我们身为人非常重要的一项权利。我们需要隐私来确立一个边界，把个人与社会相区分。没有隐私，我们时时刻刻都要暴露在他人的视线之中，一举一动都要在他人的监视之下，如同身处无形地狱。

解读

个人的隐私权

法律上，隐私的定义是：自然人的私人生活安宁，和不愿意被他人知晓的私密空间、私密活动、私密信息。

像窥视、拍摄他人的住宅、宾馆房间这些私密空间，用短信、电话等方式侵扰他人的私人生活安宁，收集、处理他人的私密信息，这些都是侵犯隐私权的行为。

有部广受好评的电视剧叫作《父母爱情》，播出之后很受欢迎。在播到第41集的时候，电视剧剧情里面出现了一个电话号码，结果这个电话号码是一个别人在正常使用的电话号码。电视剧播出之后，电话号码的机主收到了很多影迷的电话和短信，他感觉正常生活深受困扰。

于是，机主把电视剧的出品公司告上法院。法院审理之后认为，原告作为手机号码的用户，对手机号码享有使用权、支配权，但是被告在没有取得原告同意的情况下，擅自因剧情需要使用了这个手机号码，而且通过播出的方式进行了公开。这种行为影响了原告私人生活的安宁，给他的生活造成了一定程度的影响，侵犯了原告的隐私权。

虽然现代人对于隐私权越来越看重，但是大家对他人隐私权的重视程度还不够。很多人没有意识到自己一些看似平常的行为，其实是在侵犯隐私权。

2018年，演员林更新在一家医院看病的时候，病历表被人拍照并上传到了网上，其中写着"林更新，年龄30岁，已婚"。除了已婚之外，其他资料和他都是相符的。这件事引起了轰动，大家纷纷揣测林更新已经结婚了。林更新怒斥无良的泄露者，称其去医院是看病而不是领结婚证的，并澄清自己没有结婚。医院最后出面道歉，声称病历资料被泄露，给林更新造成了困扰。

虽然大部分群众关心的是林更新的婚姻问题，但其实这件事情更体现了隐私泄露的严重程度。尽管《中华人民共和国民法典》（以下简称《民法典》）规定医疗机构及其医务人员应当对患者的隐私和个人信息保密，但在有相关法律直接规定的情况下，患者的隐私仍然有可能被泄露，这一定程度上也体现了相关人员对隐私权的漠视。

说到明星隐私权的问题，现在在微博、贴吧一些社交平台上面，可以很轻松地找到出售明星个人信息的卖家，他们出售明星的身份证号、手机号、个人微信号、航班号，甚至连明星住宿酒店的房间号码也可以交易。出售明星个人信息已经成了一条产业链，不少明星不堪忍受信息泄露后被骚扰和私人生活受到打扰，纷纷在网上发表声明，谴责这种行为。

其实不仅仅是明星，普通人的信息泄露也不少见，许多人都曾多次接到买房、贷款、培训班报名等各种推销电话。

姓名、出生日期、身份证件号码、住址、电话号码、电子邮箱地址、行踪信息，这些个人信息都属于私密信息。向他人出售或者提供公民个人信息，除了有可能侵犯隐私权，需要承担民事责任之外，严重的还涉嫌构成侵犯公民个人信息罪。

2016年，一个叫徐玉玉的18岁女孩被高校录取。她本该有一个美好的大学生活，但是在8月19日这天，她接到一通声称要发放助学金的诈骗电话后，便按照骗子的指示把9900元的学费转给了骗子。徐玉玉的家境不好，在知道一家人省吃俭用大半年才凑出来的 9900 元被骗走了之后,她伤心欲绝,在报警回家途中突然晕厥,最终心脏骤停,经抢救无效去世。

这个案件当时引起了社会的广泛讨论。大家既对徐玉玉的遭遇感到同情和悲伤,也对骗子深恶痛绝。同时,大家也在想,徐玉玉的个人信息是在哪一步被泄露出去的?骗子为何对徐玉玉的个人信息如此了解?

后来警方经过调查发现,才 19 岁的杜某利用技术手段攻击了"山东省 2016 高考网上报名信息系统",获取了网站后台登录权限,盗取了包括徐玉玉在内的大量考生的报名信息。

而陈某从杜某手里,以每条 5 毛钱的价格购买了 10 万余条高中毕业学生资料。同时,陈某组织他人冒充教育局、财政局工作人员拨打电话,用发放助学金的名义对高考学生实施诈骗。

最终,犯罪嫌疑人受到了法律的制裁。但是因为信息被泄露而遭受诈骗的徐玉玉却再也回不来了,也无法体会大学生活了。

实操指南

如何预防信息泄露

面对这些侵犯隐私权,甚至足以构成刑事犯罪的信息泄露行为,我们可以做些什么来进行预防?

第一,要增强个人信息保护意识,不要随便填写个人信息。比如,上网发言时尽量少留下我们的个人信息。像很多小调查活动会用小礼物来换取用户填写个人信息，应予以防范。

第二，不要随便丢弃包含个人信息的物品。比如，在扔快递单的时候，先把姓名、电话、住址这些个人信息涂抹了再扔；不用的身份证复印件扔进碎纸机，不要随意扔进垃圾桶；银行对账单、信用卡账单之类的信件或纸张，都要做一些处理之后再扔掉。

第三，注意各个网站、应用的用户隐私协议，不要随便点同意，要仔细阅读，留意网站和应用的隐私权限，尽量少对网站、应用开放个人隐私权限。有的应用会对开放权限征求意见，可以选择"否"；有的需要在使用后单独在权限管理页面修改授权。当然了，更多的应用是不开放隐私权限就不允许使用，这类的应用，我们能不用就尽量不用。

实操指南

隐私被侵害后如何应对

而当我们的隐私受到侵害的时候，我们要怎么应对？

第一，收集证据线索。在信息泄露之后，很容易接到来自天南海北的电话或各种各样的短信、邮件。这时候要留心，记下对方的电话、邮箱地址或其他有用的信息。这些信息不仅可以帮助自己维权,还可能帮助更多的人。

第二,发现有人散布自己的私密信息,打扰私人生活安宁的时候,我们要拿起法律武器维护自己的合法权益。及时进行证据保全公证,防止侵权人销毁证据。可以委托律师发送律师函,让律师介入侵权纠纷当中。如果侵权人不及时协商解决纠纷,还可以进行诉讼,通过法律途径,依靠国家强制力解决纠纷。

第三,向相关部门报案。个人信息泄露的,可以向公安部门、互联网管理部门、工商部门、消费者协会等管理部门和相关机构进行投诉举报。一来保护自己的权益,二来也可以备案。一旦有更多的人遇到和你类似的情况,就可以一起处理。

第四,及时提醒身边的亲朋好友防止被骗。个人信息泄漏之后,骗子可能会用这些信息去骗你身边的亲朋好友。所以一旦发现你的信息被泄露,一定要第一时间通知你的亲朋好友,要他们注意防范,以免上当受骗。

同时也给大家提个醒,如果无意中知道了别人的隐私信息,不要一时嘴快,泄露出去。如果在工作中有机会接触到大量的公民个人信息,千万不要贪图蝇头小利,提供、贩卖这些信息,否则可能触犯刑法。

2 { 不是明星，照片也值钱？

案例

普通人的肖像权

小憭最近遇见了一件烦心事。他和相亲对象小美经过三个月的相处，决定结婚，两人特意找了个摄影工作室去塞班岛拍婚纱照。就在他们准备去领证时，小美的初恋男友回来了，小美因此悔婚，还不愿意退还18万元的彩礼。就在小憭焦头烂额的时候，他偶然发现给他们拍婚纱照的摄影工作室把他和小美的婚纱照发在了工作室的官网、微博上，用来宣传、销售工作室的"塞班岛蜜月婚纱照拍摄"套餐。而摄影工作室发布小憭和小美照片的时候，并没有提前跟小憭商量。小憭看见自己和小美的婚纱照被放到网上，下面还有人评论"郎才女貌""真是般配的一对""祝你们幸福"，又想到自己被悔婚的处境，当时的美好画面马上变成痛苦回忆。于是，他找到摄影工作室商量，希望他们能把婚纱照删了。摄影工作室却表示，照片是工作室

> 拍的，工作室是照片的权利人，想怎么使用就怎么使用，小懵不是明星，没有什么所谓的肖像权。而且工作室在用小懵照片的时候，还对小懵的形象做了美化，大家都夸小懵帅气，工作室发照片给小懵带来的都是正面影响，没问小懵要广告费就不错了。
>
> 小懵听完真的蒙了，自己作为普通人，形象没有商业价值，难道真的没有肖像权吗？工作室用了自己的肖像，自己只能咬牙吃了这个哑巴亏吗？

解读

自然人的肖像权

肖像是通过影像、雕塑、绘画等方式，在一定载体上所反映的特定自然人可以被识别的外部形象。我国法律规定自然人享有肖像权，有权依法制作、使用、公开或者许可他人使用自己的肖像。所以，是否有肖像权和颜值高低无关，和是否知名无关，只要是自然人，就有肖像权。小懵作为自然人，当然享有肖像权。

工作室说他们是照片的权利人，想怎么用照片就怎么用，不用小懵同意，这个说法对吗？

法律规定，没有经过肖像权人同意，肖像作品权利人不得以发表、复制、发行、出租、展览等方式使用或者公开肖像权人的肖像。除非法律另有规定，任何组织或者个人，未经肖像权人同意,不得制作、使用、公开肖像权人的肖像。

虽然摄影工作室是婚纱照作品的著作权人,但是没有得到肖像权人小懵的同意,依旧不能随意使用小懵的肖像。摄影工作室未经小懵同意,使用小懵的肖像对工作室产品进行宣传,这种行为明显侵犯了小懵的肖像权,应当承担停止侵权、赔礼道歉、消除影响、赔偿损失的侵权责任。

而随着科技的发展,一些新型的侵犯肖像权行为走入大众视线。

 **案例**

AI 换脸

2019 年,一段通过 AI 技术,把电视剧《射雕英雄传》中黄蓉扮演者朱茵的脸替换成某知名女星的视频广受关注,不少网友评论换脸后的视频毫无违和感,几乎可以以假乱真。还有很多网友表示出于猎奇和娱乐心态,自己喜欢在网上观看 AI 换脸视频,这些视频有些很新奇,有些很搞笑。

某公司也推出了针对普通人的换脸软件。该应用的口号是"仅需一张照片,出演天下好戏",用户在应用上上传个人照片后,可以和明星换脸,把自己的脸替换进电视剧、电影片段里面。不少用户觉得很好玩,很有意思,很多人参与其中。

如果说前面提到的换脸软件给人带来的感觉是有趣、好玩。那下面这个关于换脸软件的新闻，给人带来的就是惊吓、恐慌了。

有媒体曾经报道，随着AI技术走红及门槛降低，售卖明星换脸的淫秽视频已经成为一门地下生意。有些人发帖表示，自己手上有通过AI换脸技术合成的女明星淫秽视频，价格4元一部，买家也可以用158元打包购买700部视频。某二手购物平台上还有卖家提供"定制换脸"服务。买家提供明星或者私人照片，卖家就可以把淫秽视频中的主角"移花接木"。定制换脸视频1分钟收费20～50元不等。

很多外媒也报道过，不少国外名人被国外的换脸软件用来制作色情视频。

解读

信息时代的肖像权

信息技术的发展，尤其是AI换脸等技术的出现，可以用在试妆、试衣、视频角色替换等场景，大大方便了群众生活，也降低了拍摄成本。但是也会有人非法利用信息技术手段，伪造他人肖像，用这些高度逼真、难以识别的图片、视频去进行广告宣传，甚至通过抠图换脸等方式伪造他人的肖像，达到侮辱、诽谤的目的。正是考虑到当下科技发展的情况,《民法典》明确规定"任何组织或者个人不得以丑化、污损,或者利用信息技术手段伪造等方式侵害他人的肖像权",积极回应了目前有不法分子利用各种网络信息技术手段,非法侵害他人肖像权的社会现实。

售卖 AI 换脸淫秽视频,除了侵犯肖像权以外,本身已涉嫌传播淫秽物品牟利犯罪。而买家购买之后如再加以传播或者以传播牟利,也有可能构成违法犯罪。

也有人提出,在一些特殊情况下需要使用他人肖像,但是没有办法取得他人许可。例如在通缉逃犯的时候,需要把逃犯的肖像放在通缉令中;在报道新闻的时候,可能会使用他人的肖像。这些情况应该怎么处理?

肖像权的合理使用

《民法典》中特意增加了关于肖像权合理使用的条款:"(一)为个人学习、艺术欣赏、课堂教学或者科学研究,在必要范围内使用肖像权人已经公开的肖像;(二)为实施新闻报道,不可避免地制作、使用、公开肖像权人的肖像;(三)为依法履行职责,国家机关在必要范围内制作、使用、公开肖像权人的肖像;(四)为展示特定公共环境,不可避免地制作、使用、公开肖像权人的肖像;(五)为维护公共利益或者肖像权人合法权益,制作、使用、公开肖像权人的肖像的其他行为。"面对以上情况,使用他人肖像时,可以不经肖像权人同意。

实操指南

如何维护自己的肖像权

互联网时代,随着社交软件的不断增多,网络平台作为日常交流工具已经渐渐融入了我们的日常生活中。在社交软件上发布带有个人肖像的图片,已经成为大众记录自己生活的一种方式。但是随之而来的是侵权现象屡禁不止,普通大众随意发在社交平台上的一张图片,就有可能被其他主体未经许可进行使用。

肖像权是重要的人格权,《民法典》为肖像权设置了专章,对肖像权的保护做了重要修改,明确规定了肖像权的权利内容和许可使用肖像的规则,明确禁止侵害他人的肖像权。

那么,如果发现自己的肖像被他人盗用了,我们可以采取什么措施呢?

第一,一定要注意的是,生活中,侵权行为人在发现有人提起诉讼的时候,为了避免后续被判违法使用、承担责任,往往会迅速删掉图片。如此,就会导致我们的证据消失、难以举证,最终导致败诉等结果。所以,一旦发现图片被人盗用并决定起诉后,我们应首先联系公证人员,对图片被盗用这一事实进行公证,以留存证据。等公证完毕,证据在手,我们就可以提起民事诉讼程序,要求侵权人立刻删除图文，赔偿损失。

第二，这里很可能还涉及网络平台的责任。根据《民法典》第一千一百九十七条规定，如果网络服务发布者，也就是网络平台，在接到相关侵权投诉或通知后，没有采取必要的措施，比如将侵权图片移除，那么，该网络平台应与实际侵权的网络用户共同承担连带责任。在实际操作中，我们可以同时起诉平台和实际侵权网络用户，以便更大程度地捍卫自己的权利。

在今后的法律实践中，相信司法机关会根据社会现实发展，加大对肖像权保护的力度。这样，作为肖像权人，我们的权利可以得到更好的保护。而在使用他人肖像的时候，也要注意尊重他人权利，不要违法使用。

3 被键盘侠"喷"怎么办?

案例
业主群中的口角引来诽谤侮辱

小懵搬进新居后,加了小区业主微信群,群里有小区的业主,也有小区附近的商家。小懵时不时在群里发个红包,和群友们相处融洽,其乐融融。但是前段时间,因为一件小事,小懵和同为业主的小张在群里发生了口角。小懵本以为是小事一桩,不想却得罪了小张。小张不依不饶,在群里发了很多侮辱小懵的信息,语言低俗不堪。小懵本想着退一步海阔天空,只在群里告知小张不要再继续发这些信息了,小张却得寸进尺,还在群里大肆捏造关于小懵的不实信息。有些不明真相的群友因此对小懵产生了误解,给小懵的正常生活造成了极大的困扰。

为了维护自己的名誉,无奈之下,小懵将小张告上了法院。法院经过审理认为,名誉是对民事主体的品德、声望、才能、信用等的社会评价。名誉权是民事主体依法享有的维护自己名誉并排除他人侵害的权利。公民、法人享有名誉权，公民的人格尊严受法律保护，禁止用侮辱、诽谤等方式损害公民、法人的名誉。

小张在双方共同居住的小区业主微信群中发布的信息，使用了明显带有侮辱性的言论，对于发表的针对小懵的贬损性言辞，小张也没有提交证据证明言论的客观真实性。涉案言论的确容易引发他人对小懵的猜测和误解，对小懵产生负面认识，并造成小懵社会评价降低。因此，小张的行为符合侵犯名誉权的要件，已经构成侵权。法院判决小张在小区内张贴致歉声明，向小懵赔礼道歉，并赔偿小懵精神损害抚慰金。

── 解　读 ──

公民的名誉权

"侮辱"和"诽谤"是名誉权侵权领域的重要表现形式。侮辱一般是指用语言或行为损害、丑化、贬低他人人格，常见的表现是辱骂。诽谤则是指故意捏造并散布虚构的事实，这些虚构事实足以贬损他人人格，破坏他人名誉。

公然侮辱他人或者捏造事实诽谤他人的行为，除了要承担民事责任，还有可能受到行政处罚。《中华人民共和国治安管理处罚法》（以下简称《治安管理处罚法》）第四十二条规定，公然侮辱他人或者捏造事实诽谤他人的,处五日以下拘留或者五百元以下罚款;情节较重的,处五日以上十日以下拘留,可以并处五百元以下罚款。公然侮辱他人或者捏造事实诽谤他人,情节严重的,甚至会入刑。

案例

江歌案

江歌在日本留学期间被其室友刘鑫的前男友陈世峰杀害,虽然陈世峰的杀人目标是刘鑫而非江歌,江歌却在现场受牵连无辜被杀。这个案件引起了网民的广泛关注和评论。其中,网民谭某通过其新浪微博账号发布了一系列和江歌案有关的文章及漫画,公然丑化江歌母亲江秋莲的形象,侮辱江秋莲人格。有大量网民浏览并转载了文章和漫画。江秋莲认为上述漫画和文章对江歌及其本人构成侮辱、诽谤,以谭某犯侮辱罪、诽谤罪向法院提起控诉。

法院审理后认为,谭某得知江歌在日本被杀事件后,非但不表示同情,还从2018年起,通过网络对原本素不相识的江歌及其母亲江秋莲进行侮辱、诽谤,公然贬低、损害他人人格,破坏他人名誉,情节严重,其行为已经构成侮辱罪、诽谤罪,依法应予数罪并罚。最后,法院以侮辱罪判处谭某有期徒刑一年,以诽谤罪判处有期徒刑九个月,决定执行有期徒刑一年六个月。谭某受到了法律的制裁。

解 读

没有"指名道姓",就可以不用承担法律责任吗

为了逃脱法律制裁,有些人想到了各种各样的方法,比如故意用非指名道姓的影射爆料。在庭审抗辩中,一句"不是指原告",就可以不用承担法律责任吗?关于影射类传闻,法律又是如何界定适格当事人的?

在侵害名誉权等人身权益的案件中,侵权信息往往具有"含沙射影""指桑骂槐"的特征,并不明确指明被侵权人。怎么判断该信息针对的对象就是原告?在一定情况下,毁损性陈述有可能隐含在表面陈述中,即影射。这时候并不要求毁损性陈述指名道姓,只要原告证明在特定情况下,具有特定知识背景的人,有理由相信该陈述针对的对象是原告就可以了。

网络不是法外之地,每位网民应当尊重权利应有的法律界限,网络发言需要注意,不能侵犯他人的合法权益。为了保护公民的人格尊严,《民法典》《治安管理处罚法》《中华人民共和国刑法》(以下简称《刑法》)等法律运用不同手段对侵害公民人格尊严行为进行规制。碰到侵犯自身名誉权的行为时,我们也要拿起法律的武器,合法维权,让对方受到应有的惩罚。

实操指南

被诽谤、侮辱,应如何维护自己的名誉

随着自媒体的发展,基本上每个人都拥有自己发声的渠道,信息的发布门槛大幅度降低。但一些人错误地认为,网上发言是自由的,在现实生活中不能说、不便说、不敢说的话,可以到网上说。键盘侠在网上莫名其妙"喷"人,有的是为了宣泄,有的是觉得好玩,而有的只是在跟风,还有的纯粹是内心歹毒。

如果我们在网上遭到诽谤、侮辱,我们可以采取以下三种方式维护自己的权利:

第一,通过网络平台维权。如果在网络平台上被诽谤、侮辱,最便捷的维权方式可能就是向平台投诉了。大多数网络平台都有投诉或维权机制,被侵权人可以先利用此机制,要求平台积极履行保护义务,比如删除、屏蔽有关信息等。

但实际操作中,平台可能存在维权机制不完善、审查标准模糊、反馈时间漫长等众多问题,且平台审查结果不具有权威性,可能难以达到被侵权人想要达到的效果。

第二,发送律师函或发布律师声明。根据侵权人是否确定、侵权规模等因素,我们可以选择发送律师函或律师声明。一般来说,律师声明针对的情况是侵权人不特定、侵权影响广,或者被侵权人希望进行一定的澄清。而律师函向特定个体发送，针对性更强。我们可以根据情况进行选择。当然，律师函因为内容更为具体严肃，相较之下，有更好的威慑效果。

　　第三，提起诉讼。如果向平台投诉和发送律师函都不能达到理想的效果，向法院起诉就是我们的最终法宝。按照最高人民法院发布的司法解释，利用信息网络侵权的，其受害者可以在原告住所地进行起诉。我们可以做好取证，或者尽量公证好证据之后，向法院提起诉讼。人民法院根据受害人要求，可以责令侵权人停止侵害、恢复名誉、消除影响、赔礼道歉、赔偿损失。

4 拍短视频一夜爆红，没想到成了被告

根据一则报告，2019 年我国短视频用户规模已经超过 8.2 亿。随着短视频平台的发展，观看短视频已经成为当代人休闲娱乐的主要方式之一。尤其是 2020 年后，大家碍于疫情不便外出，短视频平台更是得到大家的喜爱，大多数网民的手机里面都装了好几个短视频软件。

除观看视频之外，很多人开始尝试自己制作短视频，并且把视频上传到网络上，和大众同分享。不少人通过高质量的短视频成为网红，名利双收。

为了突出视频内容、提高观众的观看体验，短视频经常使用歌曲来配乐。但是这样的行为却存在侵犯著作权的风险。

 **案例**

短视频网红机构商用音乐侵权案

著名的短视频博主"某某研究所"，因为短视频中的配乐没有获得授权，被版权方起诉到北京互联网法院，这

也是国内第一起短视频网红机构商用音乐侵权案。

"某某研究所"在发布一则短视频的时候,把一首音乐作品的一部分用在短视频中做背景音乐。音乐的版权方认为,"某某研究所"的运营商作为商业运营机构,未经权利人同意使用他人作品的行为,毫无版权意识,严重侵犯了版权方及原创音乐人的利益,故将其告上法院。最后法院认定"某某研究所"的运营商制作短视频时使用未经授权的音乐,并将其上传到网上的行为,侵犯了权利人著作权,判决赔偿版权方经济损失4000元及合理开支3000元。

这个判决一出,不少人感到很困惑。短视频中配上适合的音乐,已经成了短视频制作的基本配置,不少观众也对这一做法习以为常。短视频中的大部分音乐都来源于网络,很少有人会去思考究竟谁是这些音乐作品的权利人,使用这些音乐作品是否需要征得权利人的同意。这个判决给短视频博主上了一课,原来他人的作品并不能随意使用。

解读

著作权

说起著作权,大家可能已经不是很陌生了。著作权是法律赋予作者因为创作作品而享有的权利,著作权的保护对象是作品。关于什么是作品,《中华人民共和国著作权法》(以下简称《著作权法》）规定，在文学、艺术和科学领域内，具有独创性的，并且可以用某种有形的形式复制的智力创作成果，就是作品。

也就是说，判断一个对象是不是作品，第一要是人类的智力成果。像一块自然长成的奇形怪状的石头，虽然可能带来审美价值，但是因为不是人雕刻创作的，是大自然的鬼斧神工，所以这块石头不是作品，任何人都不能成为它的著作权人。

第二，必须是可以被他人客观感知的外在表达。学界经常会用"胸有成竹"来举例子：在画家的心中，竹子的每一处细节应该怎么画，他都清清楚楚，但不能说他心中的竹子图是作品，因为公众没有办法欣赏或者感知到他的竹子图，这幅所谓的竹子图不能被复制和传播。

第三，要有独创性。关于独创性的判断标准，也是争议比较大的问题。根据我国《著作权法》的相关规定，只要作品是作者独立创作完成的，并且体现了作者在某种程度上的取舍、选择、安排、设计等个性，体现了最低限度的人类的智力性劳动，就应该被认为具有独创性。拿我们前面提到的短视频举例子，有些短视频只有几十秒甚至十几秒时长，有种观点认为时长太短的视频不构成作品，体现不了创造性；但是在目前的司法实践中，法院普遍认为虽然时长的确可能限制作者的表达空间，但是表达空间受限并不等于所表达的内容不具有独创性，无法成为作品。只要满足最低限度的创造性，短视频同样属于作品。

其实，著作权离我们并不遥远，你写的一篇随笔、画的一幅画、拍摄的一张照片，只要满足上面提到的要求，都是作品。作品一经创作完成，作者就享有著作权。这既不需要登记，也不需要公开发表。

我国《著作权法》规定，除了法定许可和合理使用，任何人未经许可，不得使用他人作品。

什么是法定许可和合理使用呢？比如为了个人学习、研究或者欣赏，使用他人已经发表的作品；为了介绍、评论某一作品或者说明某一问题，在作品中适当引用他人已经发表的作品；国家机关为了执行公务，在合理范围内使用已经发表的作品。这都不属于侵权，还有一些情形，就不一一列举了。简单举几个例子：你在家休息时，播放一首歌曲来放松心情，这种使用不侵犯著作权；但是如果你开了一家咖啡馆，在咖啡馆中向客人公开播放音乐，可能就涉及侵权了。你看见一首优美的小诗，深受触动，于是摘抄在自己的日记本中，这种行为属于合理使用，不侵权；但如果你把小诗放在自己的微信公众号中，让公众都能看见，那就可能构成侵权了。

目前，有很多人有这样一种观念：使用他人作品，没有盈利，就不算侵权。这种观点，能够得到支持吗？

 **案例**

微信公众号擅用他人摄影作品

我们的主人公小懵，成立了一家商贸公司，以商贸公司的名义创建了一个微信公众号。突然有一天，小懵收到了法院的传票。原来他被一名摄影师告上法院了，理由是他的公司公众号发表的一篇文章中附上了一张图片，而这张图片是这位摄影师拍摄的。摄影师认为，小懵的公司未经他的许可就使用他享有著作权的图片的行为构成侵权。小懵觉得很郁闷，图片只是作为文章的配图使用，而且推送的文章是一篇关于心灵感悟的美文，推送这篇文章的目的是分享知识、交流信息。公司没有利用图片推广任何产品或者服务，不具有营利性，应该不构成侵权。

解读

不营利，也侵权吗

但是小懵的抗辩在《著作权法》上是不能成立的。使用目的、是否获利等，都只是确定赔偿额度时需要考虑的因素，不是判断是否构成侵权时应该考虑的因素。知识、信息的分享，不能建立在侵犯他人知识产权的基础上。虽然小懵的公司没有使用图片直接进行产品或者服务的推广，但是图片连同文章被转发阅读的过程中，肯定会提高公司微信公众号的知名度和关注量，给公司带来经营上的便利和优势。从这个角度上来讲，公司不能否认间接获利。最后法院也认为，小懵的公司关于非营利的抗辩，不是免于承担侵权责任的理由，最终还是判决小懵的公司承担侵权责任。

说到这里，大家要注意了。微信公众号热度高涨的时候，不少人都注册了微信公众号，咱们之中可能还有很多人正在运营微信公众号。在发表微信文章的时候，一定要注意，配的图片、音乐或者小视频，转载的他人的文章，都要经过权利人的许可才能使用。不然的话，很有可能会被认定为侵权，需要承担法律责任。千万别认为自己的微信公众号就几个亲朋好友关注，阅读量甚至破不了百，就不重视著作权的问题。

为什么限制大众随意使用作品

可能有很多人不理解，为什么要限制大众使用作品？这样做，难道不会对文化的传播产生负面影响吗？

《著作权法》保护作者对作品的权利，不是让创作者对作品的传播和使用进行绝对的垄断，也不是单纯为了对创作者进行奖励，而是要通过赋予创作者有限的垄断权，保障他们可以从作品中获得合理的经济收入，鼓励更多人投身创作，促使更多高质量作品的产生和传播。

《著作权法》一个很重要的价值取向是利益平衡，平衡著作权人和社会公众之间的利益关系。为了实现这个目标，一方面，《著作权法》保护作者的权利，除非法律另有规定，任何人未经权利人许可不得使用他人作品；另一方面,《著作权法》又规定了法定许可、合理使用等制度，来限制著作权人的垄断权。同时还规定了著作权的保护期，过了保护期，作品就进入公有领域，除了发表权、署名权、修改权、保护作品完整权这些人身性质的著作权，其他的财产性著作权不再受保护，使用进入公有领域的作品不再需要得到许可。

近些年来，大众的知识产权保护意识已经得到了很大的提升。尽管还有不足，但是我相信，随着国家对知识产权保护力度的加大，社会大众会对知识产权更加尊重，未来我们的知识产权会得到更好的保护，文化领域会出现更多更优秀的作品。

实操指南

如何避免侵犯他人著作权

第一，尽量不转载或者引用他人的作品。避免侵权的最佳方式是使用自己原创的作品。

第二，联系作品权利人，取得明确授权。使用他人作品的前提必须是已经征得他人同意，要注意保留协商以及获得授权的书面材料、电子邮件等。

第三，不要直接使用各类搜索网站下载的内容，所谓的"图文来源网络，侵权请联系删除"，并不能作为不侵权的理由。

第四，依法使用作品，要表明作者身份，给作者署名。

第五，要避免未经授权对他人作品进行修改。

实操指南

如何维护自己的著作权

第一,收集证据线索,及时进行公证,防止侵权人销毁证据。

第二,可以向侵权作品的发表平台投诉,要求平台删除侵权作品。

第三,可以自己联系侵权人,或者委托律师发送律师函,让律师介入侵权纠纷当中,与侵权人协商解决。

第四,如果侵权人不及时协商解决纠纷,还可以进行诉讼,通过法律途径解决纠纷。

5 谁来保护我的"网币"?

2018年9月3日,"情感大V"咪蒙突然宣布要离婚。咪蒙要离婚的消息发出后,除了婚姻问题,她的微信公众号账号的分割问题也引起广大网友的关注和讨论。当时,咪蒙的微信公众号中,几乎每篇文章都有10万以上的阅读量,微信公众号的商业价值极高。尽管最后咪蒙的离婚财产分割没有暴露到公众面前,但是微信公众号是不是网络虚拟财产、能不能分割的问题仍然引起诸多热议。

随着互联网的发展,网络平台经济越来越繁荣,网络经济的繁荣在推动社会经济发展的同时,也带来了很多法律上的问题。

现在,许多人开展内容创业,以公众号、视频号为代表的自媒体资源颇具价值。这些网络账号到底能不能分割?离婚时该怎么处理?网店归属、游戏账号所有权、游戏装备的财产权属性等网络虚拟财产的问题也一直存有争议,网络虚拟财产争议越来越频发。

但是,网络虚拟财产相关问题并不是近几年才出现的。早在

2003年,我国就出现了首例网络虚拟财产纠纷案。

> **案例**
>
> **花了上万元的游戏装备属于我吗**
>
> 某收费网游玩家李某发现,他的游戏账号中耗时两年、花费上万元现金购得的几十种游戏装备突然不翼而飞。李某把网游公司告到法院,要求游戏运营商恢复他的游戏装备。

解读

游戏装备和游戏币的财产属性

针对这个案件,当时出现了两种不同的观点:

一种观点认为,从本质上来看,网络虚拟财产只是存储在网络服务器中的各种数据和资料,而且完全是无形的,这种虚拟的所谓财产不能算是法律意义上的财产。因为在玩游戏过程中,玩家积累的这些装备和武器本身没有任何经济意义,它们只是用一种形式表现出来的一组数据,这些数据只有在特定的电脑游戏里面运行的时候才起作用,其本身没有任何意义。

也有不少人认为虚拟财产存在着固有价值,应当受到现实的法律保护。因为网络游戏玩家积累的所谓"头盔""战甲",以及其他类似的武器装备,是游戏玩家花了时间、金钱、精力所取得的，在某种程度上，这些装备应该算是一种劳动所得。这种虚拟财产，既可以从游戏开发商那里直接购买，也可以从虚拟的货币交易市场上获得，既有价值也有使用价值，可以进行转让，接近于知识产权。所以这种虚拟财产已经具有了一般商品的属性，应该属于私人财产的范围。

法院经过审理认为，虽然虚拟装备是无形的，而且存在于特殊的网络游戏环境中，但是并不影响虚拟物品作为无形财产，获得法律上的适当评价和救济。玩家参与游戏需支付费用，可以获得游戏时间和装备的游戏卡都需要用货币购买，这些事实反映出虚拟装备作为游戏主要产品之一，具有价值含量。所以，法院最终判决游戏运营商将李某在游戏中丢失的虚拟装备恢复，并赔偿李某经济损失。

目前的司法实践基本上都承认了游戏装备和游戏币的财产属性。比如云南省昆明市晋宁区法院就明确提出：游戏币等网络虚拟财产具备一般商品的属性，应该认定为法律上的财产。在玉溪市华宁县，唐某因诈骗刘某价值11400元人民币的游戏装备被追究刑事责任。

其实，对于法律是不是应该介入网络虚拟财产相关利益冲突的问题，观点是发生了巨大变化的。

在网络虚拟财产争议出现的早期，由于法律没有明确规定保护网络虚拟财产，玩家在网游装备丢失后报案，公安部门往往不予受理。当时普遍的观点是"现实社会中的法律不应调整虚拟世界中的网络虚拟财产"。

但是随着社会的发展和现实的变化,为了满足互联网时代保护网络虚拟财产的需求,法律上也开始对网络虚拟财产加以保护。

在《中华人民共和国民法总则》(已废止)中,第一次以法律的形式明确保护网络虚拟财产。《民法总则》第一百二十七条规定:"法律对数据、网络虚拟财产的保护有规定的,依照其规定。"这标志着我国网络虚拟财产的保护问题有了民法上的依据。从此,我国对网络虚拟财产的保护打破了法律空白。而备受关注的《民法典》也沿用了这一条,在总则编第一百二十七条规定:"法律对数据、网络虚拟财产的保护有规定的,依照其规定。"

但是,对于网络虚拟财产的法律属性,《民法总则》《民法典》都没有进行进一步的明确规定,没有去判定它到底属于物权、债权、知识产权,还是一种彻底的新型权利。

关于网络虚拟财产的概念、范围和类型,也有不同理解。有些观点认为网络虚拟财产只是指存在于网络游戏中、能够为玩家所支配的游戏资源,包括网络游戏中的游戏道具、虚拟货币。也有观点认为,网络虚拟财产包括网络游戏中的装备、货币、宠物和各种网络服务的电子账户等。还有人认为网络虚拟财产是虚拟的网络本身以及存在在网络上的具有财产性的电磁记录,包括计算机文件、信息空间、网站,甚至虚拟网络本身。

其实,当前关于网络虚拟财产的立法,没有明确规定网络虚拟财产的法律属性、范围、概念、类型，是有一些考量在里面的。一方面是为了避免对当下网络虚拟财产怎么进行法律保护的争议，不贸然下定论；另一方面，这种概括式的立法方式，也让民法对网络虚拟财产的保护更具有包容性，如果后续出现更多的新型网络虚拟财产，可以为它们的保护提供基本的法律依据。

案例

欲将公众号据为己有遭到起诉

尽管目前法律没有明确规定网络虚拟财产的性质、概念和范围，但是司法实践中，法官是可以根据民法的相关原则对这类案件进行处理的，目前也有不少关于虚拟财产的相关判例。

2016年1月，赵某、尹某、袁某、张某四人口头达成约定，注册微信公众号，四人共同经营，共同管理，均分利润。之后，四人一起撰写原创软文，通过获取粉丝流量，赚取品牌商稿费和销售分成。随着公众号经营发展，大家逐渐对这样的分配方式产生了分歧。2017年7月，赵某没有经过其他三人的同意，擅自更改公众号、微博、邮箱、银行卡密码，想将公众号据为己有。其他三人认为赵某的这种行为侵害了他们的合法权益，把赵某诉至法院。法院判决涉案公众号归赵某所有，补偿其他三人各85万元，赵某上诉，二审维持原判。

解 读

微信公众号的财产属性

法院经过审理认为,首先,微信公众号在一开始设立的时候,只是一串数据代号,后来因为设置了名称、确立了账号的主体,这个微信公众号具有了和其他网络资源或者现实财产区分开的独立性。其次,微信公众号虽然存在于网络空间中,具有虚拟性,但是人们可以通过对账号设置密码来控制微信公众号的运营,防止他人对公众号上的资料进行修改、增删,具有支配性。最后,微信公众号作为一种新型的电子商务模式,已经不再是简单地通过流量渠道直接提供产品或者服务从而获取费用,而是作为和用户沟通互动的桥梁、为品牌与用户之间构建深度联系的平台,具有价值性。

从微信公众号的运营来看,微信公众号运营要投入大量的时间、精力,有一定的劳动价值。从微信公众号的经营方式来看,通过发布引人关注的内容,公众号吸引了一定数量的粉丝关注而具有了传播力、影响力,进而为广告商带来购买力和宣传力,有广告投放价值。从微信公众号的盈利模式来看,随着微信公众平台功能的深入开发,微信公众号不再只是承载、发布信息的传统自媒体,它的功能得到不断拓展,逐步发展成为一种新型的电子商务模式,集多种盈利模式于一体,有商业盈利价值。

因此,法院认为,微信公众号是具有独立性、支配性、价值性的网络虚拟财产。

网络虚拟财产的继承

因为网络虚拟财产的私密、隐蔽的性质,在实际生活中,如果需要继承网络虚拟财产,目前最佳的方式可能还是立遗嘱,以明晰具体内容范围。诉诸法律途径,只是解决此类问题的最后途径。

要规范网络虚拟财产的相关问题,无疑需要一整套法律体系。我们也一起关注立法的进程,共同期待能早日出台相关法律法规,对网络虚拟财产作出更多详细规定,定分止争。

第二部分

职场中,如何合理捍卫合法权益?

6　已向老东家告辞，新 HR 居然放我鸽子

在职场，经常有人会说"金三银四"，这指的是每年的三四月份都是人才招聘的高峰期。有人裸辞寻梦，有人顺利跳槽，总之在人才市场里，拥挤是常态。近年来，受到新冠疫情影响，各种线下人才招聘会陆续取消，网友们纷纷感慨"辞职别冲动""这是最难就业季"。

案例

收到 offer

随着国内疫情态势逐渐平稳，各家企业开始通过网络进行招聘和面试。小懵就是这茫茫应聘人海中的一员，在这样的大环境下，他也不敢贸然裸辞，一边完成手头的工作，一边寻找下家。在过五关斩六将后，小懵终于收到了心仪公司的 offer。

解 读

Offer

但是,小懵的求职故事就这样完美收官了吗?收到 offer 就万事大吉了吗?

要讨论用人单位所发的 offer 是不是一颗"万能定心丸",让我们先一起研究一下它的法律性质。通常来讲,offer 是 offer letter 的简称,汉语可以解释为录用信、录取通知,也有人称为入职邀请函。从法律角度来说,这是用人单位希望和求职者建立劳动关系的要约。通俗地讲,用人单位从诸多求职者中选出了佼佼者,用 offer 来单方发出意思表示:我们公司愿意向你敞开怀抱,来和我们建立劳动关系吧。

offer 中一般会说明用人单位拟录用的职位名称、所在部门、薪资水平、回复方式、报到需携带的材料等内容。

如果求职者表示接受,一般就可以依照 offer 中确定的内容和用人单位签订劳动合同了。

Offer 能否代替劳动合同

有些朋友可能会认为,offer 都已经定下来我的岗位和薪水了,这就足以替代劳动合同了吧。这样的理解是有些片面的。有的 offer 能替代劳动合同,有的不能,主要还是要看内容。

一封可以替代劳动合同的 offer,一般需要满足以下三个条件:

第一，offer 的内容需包含劳动合同的必备条款，即用人单位和劳动者的相关信息、劳动合同期限、工作内容和工作地点、工作时间和休息休假、劳动报酬、社会保险、劳动保护等内容；第二，需要有单位和求职者双方的签字盖章；第三，还需要通过有效方式送达给求职者，单位一般会采用邮寄信函、发送邮件等方式。

而大部分的 offer 并不会如此详细，所以并非所有的 offer 都可以有效替代劳动合同。

另外，用人单位有时会用电话的方式口头通知入职，这就有些不保险了。因为如果没有其他佐证材料，哪怕入职时新单位要随意调整你的薪水和福利待遇，甚至不承认曾邀请入职过，职场小白也只能有理说不清，吃个哑巴亏。

所以，要想降低风险，就要记得让用人单位给你书面的 offer，而且 offer 里不仅要有入职信息的实质内容，更要有从应聘单位发出的凭证，比如从用人单位的人力部门企业邮箱发出等，当然，有单位盖章是最好的。

再提醒一点，offer 不等于劳动合同，正式入职后，一定要及时办理入职手续，签订书面的劳动合同，将双方的权利义务明确下来。除了前面提到的那些必备条款，双方还可以在劳动合同中约定试用期、培训、保守秘密、补充保险和福利待遇等其他事项。

案例

新单位出尔反尔，撤回 offer

了解这些以后，我就要为你揭秘小憎跳槽故事的下半场了。

小憎收到的 offer，内容和形式都完整有效。公司在邮件中告知小憎，下个月 1 号就可以正式入职，并提醒他，如果愿意加入公司，请及时回复。小憎毫不犹豫，马上回复了自己的入职意愿。虽然离报到时间还有 20 多天，但小憎还是很快地向老东家递交辞职信，并火速完成了交接工作。

在等待的这段时间里，小憎感谢并拒绝了其他抛来橄榄枝的公司，摩拳擦掌，满心喜悦，准备在新单位大干一场，甚至想好了入职当天要搭配哪条领带、通勤路线如何避免堵车等细节。可就在入职前夕，他收到了新公司的第二封邮件。人事经理倒是非常有礼貌，委婉又客气地铺垫了好几段，最后写了一句"很抱歉，公司决定撤回 offer，不再录用您"。这让小憎真的蒙了：我把老东家的工作辞了，在家准备了将近一个月，明天就要入职了，你们居然这时候放我鸽子？这是在开玩笑吗？

大家都是上班族，一定或多或少听说过这样的遭遇，用我们朴素的价值观来看，这家公司出尔反尔，实在是欺人太甚。

> 那从法律角度讲，新单位撤回 offer 的行为是不是合法的呢？

解读

撤回 offer 是否合法

正如一开始所说，offer 的性质属于要约。按照法律规定，如果用人单位想要撤回 offer，撤回的通知应当在求职人收到 offer 之前到达或者同时到达，也就是趁着 offer 还没有被求职者收到，赶紧给撤回来；另外，offer 也可以撤销，如果求职者已经收到了，只要撤销的通知在求职者发出承诺通知之前到达，用人单位也可以取消 offer。

因此，如果用人单位想要反悔，最晚也应在小懵回复邮件之前，也就是回复入职意愿之前撤销 offer。显而易见，这家公司的行为无论是撤回还是撤销，都已经超过法定期限了，不属于合法撤回或撤销。

那么，在这种情况下，小懵能否径直去新单位报到呢？

按照法律规定，建立劳动关系需遵循合法、公平、平等自愿、协商一致、诚实信用的原则，谁也不能按着对方的脑袋要求签订劳动合同。所以，小懵不能强行要求与这家单位建立劳动关系。既然不能建立劳动关系，那小懵该怎么办呢？

因为双方之间还没有建立劳动关系，自然就不能按照《中华人民共和国劳动合同法》（以下简称《劳动合同法》）来处理，而是要按照《民法典》处理。

小憎已在规定期限内作出承诺，新单位撤回或撤销 offer 的行为，属于《民法典》中规定的违背诚实信用原则的缔约过失行为，而且在客观上给小憎造成了一定的经济损失，对此新单位应该为自己的失信行为承担赔偿责任，也就是法律上讲的缔约过失责任。

至于赔偿多少，一般由法院综合考量新单位的过错程度、承诺的试用期工资待遇、应聘者在原工作单位的收入情况、个人离职后的失业时间、再就业的误工成本等因素来决定，司法实践中一般酌定为 1 个月工资金额的赔偿，在个案上会有差异。

实操指南

收到 offer 之后如何回应

通过小憎的遭遇，你知道在收到一封完美的 offer，并倾心于该公司后，该如何完美地应对了吗？下面给你来点儿干货，找工作时一定能用得上，如果家人、朋友们有换工作的打算，你还可以给他们提提醒儿。

第一，要在新单位规定的时限内及时发出愿意接受入职邀请的书面回复，避免因新单位设置的失效条款错失良机。如果与老东家的交接工作尚需时日，可以一并告知，协商延期入职。

第二，如果因为一些不合理原因，新单位想强行撤回或者撤销 offer，大家也不用郁闷，可以主动与新单位沟通，询问取消录用的原因，争取就补偿问题达成一致，避免扯皮，及时止损，尽快踏上找工作的新征途。假如真的造成了经济上的损失，新单位又黑脸不认账，在证据充分的前提下，可以勇敢用法律武器为自己维权，向法院提起诉讼来主张赔偿。

第三，在入职后，及时与新单位签订劳动合同，将劳动合同期限、工作内容、工作地点、劳动报酬等与自身利益切实相关的内容以书面形式确定下来，如果与 offer 的内容有出入，一定要提前确认，并约定清楚 offer 与劳动合同内容冲突时的选择适用。

7 老板说合同不重要，可我心里总没底儿

通过上一章的内容，相信你已经了解，在收到 offer 时，该如何像个"老司机"一样淡定，如何躲过人事的坑了。这一章，我想和你聊聊劳动关系和劳动合同。

案例

不签劳动合同的正式员工

上一章，小懵被新单位给放鸽子了，"此处不留爷，自有留爷处"。小懵重振旗鼓，向朋友们打听招聘信息。有个高中同学说他爸爸的公司现在缺人，小懵一听待遇还可以，决定先过去干着，至少吃饭房租有保障。

这新东家的老板可够随性的，一晃眼，小懵入职已经 2 个月了，公司还没有找他签劳动合同。小懵跑了好几趟人力资源部，人事经理都含糊其词，老板拍着胸脯打包票："放心吧，你和我儿子是高中同学，合同哪有关系重要，签不签都一样，叔叔还能坑你吗？"

> 没有合同小懵这心里就是不踏实：不会又要被坑吧，我这关系户算正式员工吗？女朋友安慰小懵："有人脉也是能力，只要建立了劳动关系，就是正式员工。"

解 读

什么是劳动关系

法律层面的"劳动关系"，并不是只看干活儿出力，也不是只看合同的名称写着"劳动合同"，劳动关系就成立了。有些朋友可能要问了："岳律师，你在上一期还说成年人要为自己的承诺负责呢，白纸黑字写着'劳动合同'，还坐不实我们的劳动关系？"你先别着急，根据法律规定，建立劳动关系需要同时具备三要素，我一一来说，你跟着比照比照。

首先，签订合同的双方必须是合法的劳动者和用人单位。合法的劳动者一般要年满16周岁、没有达到法定退休年龄或办理退休手续，并且具有劳动能力。说到雇佣童工，大家都明白这是违法行为，不过也有例外情形，文艺、体育和一些特种工艺单位可以招用不满16周岁的未成年人，像春晚舞台的小杂技演员们就属于合法的劳动者。劳动合同的另一方，必须是合法的企事业单位、个体经济组织、社会团体或者国家机关，一定不能是自然人。这是建立劳动关系的第一个要素。

第二个要素是双方存在行政隶属关系。这么讲比较抽象，我举几个例子：使用钉钉打卡，这是在接受单位的考勤管理；完成上司交办的任务，这是服从单位指挥；年底开展的业绩考核，这是受到单位监督。不论是管理、指挥，还是监督，都是隶属关系的表现。

第三个要素也很简单易懂，劳动者提供的劳动是单位业务的组成部分。在一家钢材加工厂里，工人负责加工出合格产品，销售员负责在全国各地招揽业务，前台负责登记、接待前来洽谈的客户，三种岗位，三份职责，都是钢材加工厂业务的组成部分。

只有满足了上面所说的主体资格、从属关系和业务内容这三个要素，你和单位之间建立的才是劳动关系。

生活中，有四种似是而非的常见情形，明明活儿没少干，但却并没有和单位形成劳动关系，听我来解释。

第一种，两口子工作都挺忙，经邻居介绍，找了一位阿姨帮忙做饭看孩子。哪怕家政服务再忙再累，由于这夫妻俩都属于自然人，不是用人单位，所以夫妻和阿姨之间没有形成劳动关系，而是劳务关系。

第二种，在校大学生想丰富自己的实践经验，出来兼职或者实习，比如去培训机构当助教，去超市派发促销产品等，由于用工期间同时具有"在校学生"的身份，并且干的活儿属于学业外的兼职性质，一般也不会被认定为劳动关系。

第三种，已经开始享受养老保险待遇，又被单位返聘回去的老同志，法院会按照劳务关系处理。

第四种，一方给钱提要求，另一方用自己的设备、技术或者劳力完成工作成果，像小作坊加工门窗、花架等，双方之间属于承揽合同关系，而不是劳动关系。

所以小懵的女朋友其实说得没错。那么大家入职一家新单位，劳动关系是什么时候确定的呢？是从接受 offer，答复入职意愿时就建立了劳动关系，还是从正式签订劳动合同那一刻开始？

其实都不是，正确答案是从你正式提供劳动、接受管理的这一天，也就是用工之日开始。这个时间点还是比较重要的，因为它关系到试用期的截止点，关系到你在单位工作年限的计算等问题。

很明显，小懵已经和新东家建立劳动关系了，那这时候还介意劳动合同是不是太矫情，该签什么合同老板就是不签的时候怎么办，这里头的门道，你都了解吗？

劳动合同的必要性

劳动合同，是劳动者和用人单位之间确立劳动关系，明确双方权利义务的协议。签订这份合同是非常有必要的。对于员工来说，享受诸多权益的前提是存在劳动关系，而劳动合同就是证明劳动关系最有力的证据，所以小懵的饭碗再铁，也得签劳动合同。

咱们国家法律规定的劳动合同有三种：固定期限劳动合同、无固定期限劳动合同和以完成一定工作内容为期限的劳动合同。

第一种固定期限劳动合同最常见，顾名思义，双方已经约定好了合同的终止时间,就是合同期限是一年、两年或三年的那种。

第二种无固定期限劳动合同并不是指劳动合同没有终止时间,只要公司不倒闭就能干到老,而是这份劳动合同没有明确的终止时间点,至于何时可以终止、解除,我会在后面详细讲解。

法律规定了这么几种情形:一是劳动者已经连续在同一家单位工作满十年的;二是在单位初次实行劳动合同制度时,或者国企改制在重新订立劳动合同时,劳动者已经在这家单位连续工作满十年,并且距离法定退休年龄不足十年的;三是已经连续订立了两次固定期限劳动合同的。前面这三种情形,只要劳动者要求或者同意订立无固定期限劳动合同,并且不存在法定事由,单位就得依法签订,不能以劳动合同到期为由任性地赶人了。

有些听众朋友比较谨慎,会说:"岳律师,我这一生放荡不羁爱自由,无固定期限听起来很像卖身契啊。"现在可不是旧社会了,哪儿还有什么卖身契,无固定期限劳动合同的规定是法律向劳动者的适度倾斜保护,工作稳定了,收入就有保障,咱们也能安下心来好好做业务、钻研技术。

而且,合同讲究个你情我愿,达成一致了,初次就业也能签无固定期限的;你确实不愿意,继续和单位签固定期限劳动合同也没问题。而且即便签了无固定期限劳动合同,如果你想跳槽,辞职也不会受到影响。

第三种是以完成一定工作内容为期限的劳动合同,约定的活儿干完后,劳动合同也就终止了。

办入职手续前,一定要认真考虑,协商好劳动合同的类型。小憎倒是早已经想好了签两年期,但经过多次要求,领导还是不落实劳动合同。后来听同事八卦说老板要减员,小憎也不敢继续不依不饶的了,这要是惹怒了老板,饭碗和朋友都得丢。《劳动合同法》实施以前,像小憎老板那么随意的人还真不少,熟人间牵线搭桥,入职时称兄道弟,解雇时翻脸速度比翻书还快:劳动合同都没有,你跟我谈什么补偿?

所以,为了更好地保护劳动者的权益,国家在制定《劳动合同法》时规定了单位不订立劳动合同的法律责任。如果单位自用工之日起,超过一个月不满一年没有和劳动者订立书面的劳动合同,应当向劳动者每月支付二倍的工资。简单来讲,法律给了单位一个月宽限期,无论是公章被业务拿去外地办事儿了,还是行政出差了,甭管什么理由,一个月内速度解决。如果单位一个月后还没依法签劳动合同,就要接受惩罚了,罚则就是员工上一天班能拿两天的工资。如果单位违反法律规定,不和劳动者订立无固定期限劳动合同的,需要从应当订立无固定期限劳动合同之日起,向劳动者支付二倍的工资。

我们回到案例中,得知要减员的小憎战战兢兢、如履薄冰,假设他没有扛过减员风波,被无故炒了鱿鱼,那按照法律规定,不仅可以要求单位承担违法解除劳动合同的法律责任,还可以要求单位支付未签订劳动合同期间的二倍工资。

未签订劳动合同后的赔偿

这里要说明的是，如果小憎工作满一年还没签劳动合同，就视为单位和小憎之间已经订立了无固定期限劳动合同，双方需要完成补签手续。另外，对于一年以后的薪资赔偿，小憎就不能再主张二倍工资了。

单位由于未签劳动合同而需多支付的一倍工资属于惩罚性赔偿，不属于劳动报酬范畴，所以适用一年的仲裁时效。也就是说，从入职起第二个月起算，再从主张之日起向前倒推一年，两个区间取得的交集，就是可以主张二倍工资的期限，相信数学还不错的朋友会发现，最长能主张到11个月的二倍工资。

我在网上看到过这样的说法："《刑法》里挣大钱的办法咱们不敢学，跟着《劳动合同法》赚小钱总行吧，只要自己不签合同，干满一年再跑路，打官司要二倍工资岂不是美滋滋？"这种算盘不要打，立法者为了预防这种不诚信的行为，规定如果在入职的第一个月内，单位书面通知签订劳动合同后，员工仍然恶意拒签，那么单位可以及时终止劳动关系，并且不需要支付经济补偿。

由于未签订劳动合同的原因多种多样，司法实践中的判断原则比较简单：如果存在实际用工事实，同时超过一个月不满一年没有签劳动合同，单位也无法举证是员工恶意拒签，基本就需要支付二倍工资了，而且还需要和员工补订书面劳动合同。

法律通过这样的规定，一方面，给各位任性的老板施加压力，督促他们规范人员管理，把用工关系、薪酬等细节落实在纸面上；另一方面，法律不保护躺在权利上睡觉的人，要求员工在时效内及时维权，不做蓄意诉讼的坏员工，光明磊落、坦坦荡荡行走职场江湖。

实操指南

签订劳动合同的正确姿势

第一，签订劳动合同要及时，落笔签字前细细考量，看清楚劳动合同的类型和期限、岗位职责和工作内容、劳动报酬和福利待遇、违约责任等内容，附件同样不容忽视。如果是高管或者其他重要岗位，还需要注意有没有保密义务、竞业限制、服务期等特殊约定。这都关系着你的切身利益，含义模糊的条款要及时问公司，仍然弄不明白的，最好去咨询一下专业律师。

第二，单位恶意不签不用怕，先好好协商，协商不成，只要能证明和单位存在劳动关系，在时效内去仲裁，双倍工资拿到手。

另外，你可能要问了："岳律师你刚才也说了，劳动合同就是劳动关系的凭证，如果我的手里没有劳动合同，就没办法证明劳动关系，再去要双倍工资简直是无稽之谈。"

这就是我要讲的第三点，没有劳动合同不要怕，你不用担心陷入"举证怪圈"。仲裁和法院在认定劳动关系时有多种证据可以参考,比如银行的工资流水、社保缴纳记录、考勤记录、工作证等,并不是只看劳动合同。

8 试用期的"小韭菜"就能任人割？

往年的三四月份本来是高校毕业生应聘的高峰期，由于新冠疫情的暴发，近些年的求职受到了很大的影响。在这个特殊时期拿到一份心动的 offer 也就变得难能可贵。甚至有不少网友吐槽，如果能给我一份心动的工作，我愿意把天上的星星摘下来送给我未来的老板。虽然有些调侃的成分在里面，却也能反映出就业形势的严峻。

> **案例**
>
> **入职后的试用期**
>
> 小懵在看到今年的就业形势后，不禁回忆起自己当时大学毕业找工作的场景。当时小懵经历了多次的投递简历、笔试、面试，却均折戟沉沙。但是，小懵坚信坚持就会胜利，自己一定会找到心仪的工作的。皇天不负有心人，终于有一天小懵收到了令他心动的 offer。这可把小懵激动坏了，自己期待已久的、步入社会的那天终于要来了。他

> 每天都翘首以盼地掰着手指头计算着入职的日子。盼星星，盼月亮，可算是到了入职的那天了，小懵把头发梳成大人的模样，穿上一身帅气的西装，踌躇满志地奔赴等待许久的工作岗位。
>
> 人力在给小懵介绍完企业文化和员工手册以后，甩给了小懵一份劳动合同，说："注意一下第二页，你这个岗位试用期一年，试用期工资是正常工资的70%，试用期不合格，单位随时有权解雇。"小懵珍惜这来之不易的工作机会，没有多想就急忙签了字。

解读

试用期及其期限与工资

简单来讲，试用期就是用人单位和劳动者双方约定的一段时期的考察期，用于双方互相考核，单位考察一下新员工的工作能力，员工也考察一下单位的实际情况，以及是不是符合自己的职业规划，等等。这是一个比较"暧昧"的时期，双方的关系并不是那么稳固，也许彼此情意绵绵，也许随时分道扬镳。

既然是时期，那就要有个期限。有人会说，如果非要给这一段"暧昧"加上一段期限的话，我愿意是一万年。

不好意思，我告诉你，这一万年太久啦，咱们还是只争朝夕吧。

试用期的期限与工资

试用期虽然以劳动关系双方的约定为前提，但并不是想约定多长时间就约定多长时间的，其时长必须符合《劳动合同法》的规定。

根据我国《劳动合同法》的规定，劳动合同期限三个月以上不满一年的，试用期不得超过一个月；劳动合同期限一年以上不满三年的，试用期不得超过二个月；三年以上固定期限和无固定期限的劳动合同，试用期不得超过六个月。要注意，试用期可以短于《劳动合同法》的期限，但绝不能超过这个期限。

刚才介绍的时候说了，小懵签的劳动合同里约定了一年的试用期，显然就超出了试用期的最长期限，这样的约定是违反我国法律规定的。

另外，小懵试用期的工资是正常工资的 70%，这也是违法的。根据我国法律规定，试用期工资不得低于本单位相同岗位最低档工资或者不得低于劳动合同约定工资的 80%。举个例子，如果合同里约定转正后的工资是 1 万元，那么，一般而言，试用期内的工资就不能少于 8000 元。

实践中，也有一部分单位发的试用期工资低于转正工资的 80%，并且以不低于同岗位最低档工资这个理由来辩解，但是我告诉大家，这个理由仲裁或法院一般是不会支持的。

这件事儿可是关系到各位的收入啊，这么重要，一定要记住了，最好做到有感情地朗读并背诵。

案例

试用期被解雇

言归正传,咱们接着说小懵。小懵很珍惜他的第一份工作,每天勤勤恳恳。可突然有一天,人力把正在给前辈送咖啡的小懵叫到了办公室,对他说:"小懵啊,最近公司受到市场因素的影响,也考虑到你正在试用期,根据你和单位签订的劳动合同,单位决定与你解除劳动合同,希望你能理解。"

听了这话,小懵真的蒙在那里了,任由手里端着的咖啡的热气蒙住他的眼睛。在没有任何征兆、任何心理准备的情况下,刚入职场的小懵就遭受了这样的暴击,简直要崩溃了。

那单位这种解除的方式合法吗?有协议就可以为所欲为了吗?用人单位在试用期内就可以任意解除合同了吗?

解 读

试用期内用人单位的解除权

我在这里负责任地告诉你,不是的。

现实中不少用人单位认为,既然是试用期,用人单位就可以在此期间随意地解除劳动合同。但事实上,用人单位在试用期内的解除权也是受到严格限制的。

根据《劳动合同法》的规定，劳动者在试用期间被证明不符合录用条件的，用人单位可以解除劳动合同。

那什么情况算是员工不符合录用条件呢？咱们应当着重把握以下三个条件：1.要有明确的录用条件并向员工告知；2.员工出现了不符合录用条件的情形；3.试用期解除决定要在试用期内作出。以上几点是试用期解除需要同时满足的要素，如果少了其中一个条件，就会很大程度上构成违法解除劳动合同，需要承担违法解除劳动合同的责任。

简单而言，单位招聘一名员工，并约定了试用期。单位要告知这名员工，试用期的录用条件是什么，有什么样的考核标准和方法，并让员工签字确认。如员工在试用期间没有达到单位的考核标准，单位想要以不符合录用条件为由解除劳动合同的，一定要有客观的考核记录作为依据，并且一定要在试用期内作出。否则，试用期一旦届满，劳动者便如期转正，单位不能再以不符合录用条件为由解除劳动合同。

相信大家听完这个例子，对试用期不符合录用条件的要素更加了解了。显然，小懵的情况明显属于违法解除劳动合同，因为单位解雇他的原因是经营不好，且他现在还在试用期内，所以并不符合法律所允许的试用期解除的条件。

因此，小懵可以向单位主张违法解除劳动合同的赔偿金或者要求继续履行双方之间的劳动合同。如果单位不同意，小懵可以诉诸法律，提起劳动仲裁，主张自己的权利。

试用期能否延长

另外还有一点,也是大家遇到的比较多的问题,那就是试用期能不能够延长的问题。

假设小懵的试用期到期了,单位觉得还需要再考察考察,就又通知他,延长一段试用期的时间。

这样做可不可以呢?按照法律规定,同一用人单位与同一劳动者只能约定一次试用期,延长试用期的操作涉嫌与劳动者约定两次试用期,所以延长试用期的做法是违反法律规定的。

实操指南

初入职场,如何保护自己的合法权益

其实生活当中,小懵这样的职场新人不胜枚举,由于自身经验的欠缺和法律意识的薄弱,往往权利被侵犯而不自知。我在这里提醒像小懵一样初入职场的"小韭菜"们,初入职场应擦亮"慧眼"。

第一,要仔细审阅需要签字的文件,不能看也不看就签字,越是珍惜工作机会,越要仔细认真。

第二,学点法律知识,辨别合同中的陷阱与圈套。

第三,一旦出现自身合法权益遭到侵害的情况时,应注意相关证据的留存,比如签订的劳动合同、单位解除劳动合同的证明等。

第四，可以先和用人单位协商，协商不成的应及时向劳动监察部门举报或提起劳动仲裁，要懂得用法律的武器来为自己的职场之路"保驾护航"。

9 { 就是公司的一块砖，也不能随便搬

案例

销售经理被调岗办公室文员

经过磕磕绊绊，躲过明招暗坑，总之，小懵的工作终于算是定了下来，虽然试用期内差点儿被"割韭菜"了，好在老板讲理，这事儿也得到了平稳过渡。但是一波刚平，一波又起，小懵的女朋友小美遭同事欺负了。

小美是一家广告公司的销售经理，上周回公司开发票时，不小心撞到副总在问供应商要回扣，小美十分尴尬，赶紧退出财务室。第二天，副总和人力就约谈小美，给了她一份单位盖章的调岗通知。副总告诉小美，集团即将调来一位新经理，因此公司决定把小美调岗到办公室做文员。小美很震惊，慌忙问道："副总，我是211大学营销管理专业毕业的高才生，虽然经验不如其他老同志，但业绩一直很达标啊。"副总眼皮都没抬地回答："你就是公司的一块砖，哪里需要哪里搬！现在公司缺少文员，安排你你不去，

安排他他不去,那我安排老板去？"小美红着眼睛回到工位,同事们窃窃私语,说小美肯定得罪人了。下班后小美打电话向小懵哭诉,小懵听了很气愤:"副总明摆着就是在威胁你,让你不要乱说话。"

这事儿小美确实挺郁闷,她从不在公司拉帮结派,只想好好做业务,却不小心知道了副总的秘密,现在被派去当打字小妹。如果真如小懵所说,这是副总的"警告",那小美只能忍气吞声吗？退一步讲,如果仅仅是公司的安排,这个调岗行为是否合法？

解读

公司可以随意调岗吗

顾名思义,调岗是对劳动者工作岗位和工作内容的调整,而且工资一般都是跟着岗位确定的,因此调岗往往还意味着薪资标准的调整,部分调岗可能还伴随着工作地点的调整。我在之前的课程中提到过,工作内容、工作地点和劳动报酬都是劳动合同的必备条款,因此,调岗是对劳动合同的一种变更。

合法的调岗形式主要有三个:协商一致调岗、约定调岗和法定调岗。咱们一一来看。

第一个,协商一致调岗。比较简单,用大白话讲,就是要讲究个你情我愿。根据法律规定,用人单位与劳动者书面协商一致,就可以变更劳动合同约定的内容。但是很明显，从销售经理变成文员有着很大的落差，很难让小美觉得合理，双方也不可能达成一致。

第二个，约定调岗。我再次跟大家强调，落笔签字得谨慎，平时就要注意劳动合同、规章制度、岗位责任书中是否约定或者规定了调岗的条件和情形。如果劳动合同有约定，赋予了单位用工自主权、管理权，比如合同里有"单位可以根据经营需要调整员工的岗位"这一类的表述，而且调岗也具备合理性，那么，单位基于生产经营的需要进行调岗也无可厚非。

第三个，法定调岗。为了保证用人单位的用工自主权，法律规定了两种无须经过员工同意，单位就可以单方进行调岗的法定情形。第一种情形是员工患病或者非因工负伤的，可以根据参加工作的年限和在本单位工作的年限，依法享受一段治病休息的时间，也就是法律规定的"医疗期"，在医疗期满后，如果员工仍不能适应原来的工作岗位，单位可以把员工另安排到其身体条件能适应的新岗位；第二种情形是员工不能胜任现在担任的工作，这时单位可以对员工的工作岗位进行适度调整。额外提一句，这种情况下，单位也可以不调岗，而是选择给员工培训，再进行考核，这部分我将在后面展开说。

现在小美既没有身体不适，也没有考核不达标，所以副总乃至广告公司都没有给小美单方面调岗的权力。

上文在介绍调岗形式的时候，我多次给调岗设定范围，比如说要让员工的身体能适应,要适度,这些都是在讲一个"合理性"的问题。协商一致调岗比较好说,甭管去哪儿、升职降职,都得你情我愿、两相情愿。而约定调岗和法定调岗,在司法实践中,都需要审查单位调整岗位的合理性,这个判断的标准并不是唯一的,需要从岗位、工作内容、薪酬待遇和工作地点等多方面来综合判断。

正是由于一次合法的调岗需要考量这么多因素,所以一些老板决定先小人后君子,在和员工签订劳动合同时,就提前约定好,单位可以单方调岗。那么,有了员工在劳动合同上的签字,单位就可以随便搬砖吗?答案是不行。具体该如何判断呢,咱们一起来看。

在岗位和内容方面,一般而言,调整后的岗位需与调整前的岗位有一定的关联,同时应该和员工的工作能力、专业等相适应。如果确实因为小美的业绩不达标,副总把小美从销售经理调整至普通销售员,这样的调岗就在合理的范畴内;但是,像现在,副总想把小美调整到与销售本职工作差别较大的文员岗,还有在社会中,甚至有极端的老板把月薪2万多元的高管调整去当月薪3000元的保安,这一类做法就明显欠缺合理性,甚至具有一定的人身侮辱性,基本会被认定为是违法调岗。

在工作地点方面,以之前一直在北京工作的销售人员为例,如果突然把这名销售调至天津办事处,每天上下班的通勤时间就多出了好几个小时,这将严重影响销售原有的生活和工作,如果这位销售强烈拒绝，单位也不能直接调岗。如果单位每个月提供交通补助，给同一线路上的同事们提供班车等，降低对员工生活的影响，此类弥补措施就能给单位的调岗行为提供更多的合理性支持。

当然，是否是合法调岗，还需要综合考虑其他因素来判断。

我们回到小美的麻烦里，副总给小美的调岗，既没有协商一致，也不属于约定调岗或者法定调岗，同时也不具备合理性。她现在可是非常郁闷，惹不起还躲不起吗？小美决定用请病假来表达自己的不满。然而在我看来，这是一步臭得不能再臭的棋了。

无正当理由抗议调岗是否可行

我在这里提醒，如果你不满单位的调岗，需要及时、明确地表达出来，一定不要采取请病假的方式抗议。

现在单位的管理越来越规范，员工请病假时，一般都会要求提供病假条，而病假条的真伪是很容易核实的。提供虚假病假条不仅不诚信，甚至可能根据单位的规定被认定为严重违纪或者属于欺诈行为，因而被单位处分甚至开除，实在是得不偿失。

另外，在病假期间，单位只需要支付极低的病假工资就行，而且一旦诉至仲裁或者法院，仲裁员或者法官也不会理所当然地把请病假视作不同意调岗。

小美单位的行为属于违法调岗，你再想一想，假设单位进行的是合法调岗，员工拒不服从，坚持不去新岗位报到，将会产生什么后果呢?

通常来讲,无正当理由拒不去新岗位报到的后果,存在以下两种可能:第一种,单位规章制度中明确规定了拒不服从合理工作安排属于严重违纪,直接予以辞退;第二种,单位将按照旷工处理,再结合规章制度中的规定,根据旷工连续多少天或者累计达到多少天,视为严重违反规章制度,到那个时候,单位就可以单方解除劳动合同了,并且无须支付任何经济补偿。

实操指南

不同意调岗,应该怎么做

第一,应及时以邮件等书面形式向单位表达拒绝违法调岗、继续在原岗位工作的意愿,如果单位的沟通惯例是面谈,也可以采取录音、录像的方式固定证据。

第二,在沟通的过程中,一定要有理有节,尽量不要和领导产生激烈冲突,吵架甚至打架都不能帮助解决问题,反而会让双方对继续用工产生抵触情绪。手里拿到单位违法调岗的证据,还有自己拒绝调岗的证明后,就可以提起仲裁申请,要求继续履行原劳动合同。

第三,有些朋友可能比较佛系,认为可以先服从领导的安排,去新岗位干着,等领导的火气消散后再要求回到原岗位,恢复原工资待遇。这确实是个缓兵之计,但是存在着风险。

　　本章一开始，咱们说了，变更劳动合同需要采取书面形式，但是根据司法解释的规定，如果变更劳动合同的时候没有采取书面形式，而双方对于口头变更后的合同实际履行已经超过一个月，并且变更后的内容没有违反法律、行政法规、国家政策和公序良俗，那么该变更就具有了法律效力，视为双方已经达成一致，这时候员工再提出反悔，要求回到原岗位，单位可以拒绝。因此，维权须及时，千万不要拖拉。

　　第四，无论坐在什么岗位上，薪水一定是你非常关注的问题，当岗位发生合法合理变动时，单位能不能直接调整员工的工资待遇呢？对于这个问题，基本遵循这样的原则：如果单位在规章制度、员工手册、劳动合同等中明确规定或者约定了"岗随薪变""以岗定薪"，并且单位有着完善的薪酬管理制度，将工资待遇与岗位级别相对应，那么单位在依法调岗的同时，也可以调整员工的薪酬待遇。如果单位没有明确规定，记得要与单位就调岗后的工资待遇协商一致。

10 每天多劳一小时,为什么没有多得加班费?

一入职场,便是江湖。这江湖虽豪迈洒脱,却也有着辛酸苦楚。尤其提起加班,相信大家会很有感触,有满腹的苦水要倒。有不少网友吐槽,"加班就是在还上一辈子犯懒的债""一时996,一世ICU""每次上下班打卡,都觉得自己是离当007特工最近的一次,因为早0点工作至晚0点,一周工作7天"。本章就带着咱们的老朋友小懵和大家分享一下关于加班费的法律知识。

案例

下班前一分钟被安排加班

"小懵啊,你等会儿把这个设计图纸重新整理一下给客户发过去,客户对上一版本的设计不太满意。客户要得急,得抓点紧,辛苦啦。"小懵等部门主管挂了电话后,看了看时间,离下班还有一分钟,叹了口气,默默地把刚放进背包的电脑又拿了出来。

工作为刀俎,我为鱼肉。相信不少朋友对小懵的经历

> 都很能感同身受，仿佛看到了一会儿下班时自己被安排加班的样子。听到这里，不少朋友就问了，既然被安排加班了，那我总可以要加班费了吧？加班费怎么算呢？
>
> 敲黑板，重点来了，快拿出小本本记一下。

解读

工时制度与加班费

为了便于大家理解，在讲解加班费之前，先跟大家分享一下工时制度的概念。工时制度即工作时间制度，我国目前有三种工作时间制度，即标准工时制、综合计算工时制、不定时工时制。标准工时是怎么个标准法呢？每天工作时间不超过 8 小时，每周工作时间不超过 40 小时，每周至少休息一日。

而综合工时就不一样了，综合工时不以天为计算单位，而是以周、月、季、年为计算单位。这个工时呢，有点特别，简单举例，要是以年为综合工时的计算单位，那么在它的周期内，一天的实际工作时间可以超过 8 小时，但是一年的总实际工作时间不应超过总法定标准工作时间，即 2000 小时。这 2000 小时是怎么算出来的呢？一年的 365 天去掉一年的休息日 104 天，去掉 11 天的法定节假日，剩下 250 天，250 天乘以每天 8 小时，就是 2000 小时。

不定时工时则是因为工作自身的特点，需要连续上班、休息或者难以按时上下班的制度，就像出租车司机师傅，他们很难按照上下班制度来工作。

除标准工时外，综合工时和不定时工时这两种工时要经过劳动保障行政部门备案才能用。而一般在生活当中，大家碰到的大多是每日工作 8 小时、每周工作 40 小时的标准工时制度。本章和大家主要分享的是标准工时制度下的加班。

了解标准工时制度之后，那加班费怎么计算呢？按照法律规定：平时安排员工加班工作的，支付不低于 150% 的工资报酬；像周六、周日这种休息日，安排员工加班工作又不能安排补休的，支付不低于 200% 的工资报酬；法定休假日，例如元旦、春节、清明节、国庆节，安排员工工作的，支付不低于 300% 的工资报酬。注意，只有休息日是可以安排补休的，其他时间的加班只能给加班费。这可是跟自身的利益挂钩的，赶紧默背三遍。

还有一点是大家遇到比较多的问题：为什么我每天都加班，但是单位却无动于衷，不给加班费，我的工资条明细上不配拥有"加班费"这三个字吗？

敲黑板，重点又来了，赶紧记下来。根据法律规定，单位支付加班工资的前提是"用人单位根据实际需要安排员工在法定标准工作时间以外工作"，通俗讲就是加班工作由单位安排的情况下，单位才应支付加班工资。但是如果单位没有安排加班，员工因自身原因，比如工作拖沓或者自己要求加班完成工作的，这种情况则不属于加班。

在实践中,许多单位实行加班审批制度,员工加班工作的情况要向单位相关部门进行申请并通过流程审批后,才能被视为有效的加班,单位才支付加班工资。同时,在目前的劳动争议实践中,根据法律规定,员工主张加班费的,应当由员工证明存在加班的事实,如果举证不能,也是要不到加班费的。

案例

突发情况占用休息日

言归正传,咱们接着说小憎。这天小憎下了班,在工位上看机票,想着周末去哪儿看看,毕竟世界那么大,转转才能遇到美丽的她。这个时候,电话突然响起:"小憎,咱们单位的消防系统出故障了,得辛苦你明天上午等一下修理人员,给他们开下门,在现场盯一下。"小憎嘴唇微颤,咽了口唾沫答复说:"好的,没问题。"

计划有的时候真是赶不上变化,相信大家和小憎一样,也经历过类似的情况。那像这种情况下,能主张加班费吗?

解读

值班与值班费

理想很丰满,现实很骨感,残忍地告诉大家,这种情况一般是不能主张加班费的。

以北京为例，北京市高级人民法院、北京市劳动人事争议仲裁委员会的相关意见是，如果单位因安全、消防、假日等需要，安排劳动者从事与本职工作无关联的值班任务的，或者单位安排劳动者从事与其本职工作有关的值班任务，但值班期间可以休息的，这两种情况下一般是不支持加班费的。但劳动者可以根据单位的规章制度享受相应的值班费待遇。小憎虽不能主张加班费，但还是可以根据单位的规章制度，向单位主张值班费。

听到这儿是不是觉得心灰意冷，感觉自己的发际线又往后移了。没关系，别怕。生活不止远方的苟且，还有律师教你怎么正确对待加班。

实操指南

如何正确对待加班、保留加班证据

人生如逆旅，我亦是行人。加班虽然无奈，但只要勇于面对就是胜利。面对加班，一定要掌握这几点。

第一，保持良好的心态，仰望星空，脚踏实地。万丈高楼平地起，再多的工作任务，只要有好的心态，都会事半功倍。

第二，高效的工作方法不可或缺。好多人在下班后仍然加班，并不是工作任务重，而是自己没有掌握良好的工作方法，所以一定要掌握一个好的工作方法，如做工作清单，写工作总结等，相信你一定会做得很好的。

第三，一定要有良好的法律意识。好的法律意识能够充分保护自己的权益。为什么这么说？是因为，有了法律意识，面对加班，就可以勇敢地说"不"。

根据我国法律规定，一般情况下安排员工加班是要征得员工同意的。《中华人民共和国劳动法》（以下简称《劳动法》）第四十一条就规定了，用人单位由于生产经营需要，经与工会和劳动者协商后可以延长工作时间。另外，加班时间也有相应限制，一般每日不得超过一小时；因特殊原因需要延长工作时间的，在保障劳动者身体健康的条件下延长工作时间每日不得超过三小时，每月不得超过三十六小时。

但是，也有例外情况不能拒绝加班。比如，发生自然灾害、事故或者因其他原因，威胁劳动者生命健康和财产安全，需要紧急处理的；还有生产设备、交通运输线路、公共设施发生故障，影响生产和公众利益，必须及时抢修的；或者法律、行政法规规定的其他情形的。在这几种情况下，咱们是不能拒绝加班的。而很多朋友会说，虽然法律规定了我有拒绝加班的权利，但谁敢不加班呢？确实，在现实中似乎很难实现拒绝加班，这个和我们目前的职场文化和个人意识都有很大关系，希望以后能越来越好，让加班不再是劳动者只敢埋在心里的痛。

第四，掌握正确主张加班费的姿势。现实当中，加班的情况十分普遍，为了更好地保障咱们自身的权益，怎么样才能在工资条上看到加班费这个熟悉的陌生人，哪些证据可以证明加班事实呢？

一是单位的加班审批表上记载的加班事实。单位有加班审批制度的，要注意把单位同意加班申请的审批表进行留存，在某个时刻，这不仅是审批表，更是你的加班证明。

二是微信、短信记录或者电子邮件显示有加班的事实存在的。现在工作中，单位可能以多种方式安排员工进行加班，如微信、QQ、短信、邮箱等，要注意留存相应的工作痕迹，截屏保留证据，证明加班的事实。因此，微信记录、短信记录、电子邮件不要轻易地删除和清理。

三是用人单位的员工手册、考勤管理制度、考勤记录等。考勤记录能够很好地证明咱们工作的时间，但是考勤一般是由用人单位掌握的，在产生争议时可以要求用人单位进行提供，而且，如果用人单位拒不提供该考勤记录，他们就要承担不利后果了。

四是劳动合同本身约定的加班的条款，如每周工作7天，这其实就是承认单位存在加班的表述。

而对于单位而言，也要制定完善的规章制度，在规章制度中制定并完善加班审批流程、加班费的计算方式、休息休假等与员工切身利益相关的条款和事项,并向劳动者公示,从而做到有章可循。

11 申请带薪年休假是权利还是"贪图享受"?

在都市职场剧中,经常会有这样的情节:上市公司老板向靓丽精干的女主角抛出橄榄枝,来我这里,将会有怎样怎样的年薪、如何如何的福利,每年带薪休假多少多少天。电视剧里的带薪休假听起来太令人羡慕了,不过,咱们普通打工人也有带薪年休假。没有错,一年有这么几天,你可以吹着海风喝啤酒,工资老板照样发,而且这还是属于劳动者的法定权益,快跟着岳律师了解一下。

解读

带薪年休假

机关、团体、企事业单位、民办非企业单位、有雇工的个体工商户等单位的职工,只要连续工作1年以上的,就可以享受带薪年休假,这在法律上简称为"年休假"。年休假可不等同于没有薪水的事假,而是平时正常工作期间拿多少钱,在年休假期间,员工也能享受同样的工资。

大家听出来了，享受年休假的前提，是"连续工作1年以上"，这一年，既包括你在同一用人单位连续工作满12个月以上的情形，也包括在不同用人单位连续工作满12个月以上的情形。也就是说，工作单位可以换，只要符合连续工作满12个月的条件，就具备了享受年休假的资格。

年假天数计算

确定了自己有年休假的权利后，劳动者具体能休息多少天呢？根据法律规定，职工累计工作已满1年不满10年的，可以享受5天年休假；累计工作已满10年不满20年的，可以享受10天年休假；累计工作已满20年的，可以享受15天年休假。如果赶上国家法定休假日或者休息日了，这些日子不能计算在内，要从年休假的假期天数中刨除出去。

你可能要问："岳律师，我现在知道自己有10天年假了，这个年假是当年入职就能全都享受的吗？比如我6月1日才正式入职一家新单位，之后想申请10天年休假去外地度假，老板会不会发飙啊？"这个问题问得好，如果老板没有发飙还批准了，那真是遇到土豪老板了。实际上，年休假是需要折算的。有这么一个公式，用本年度剩余的天数，除以365天，然后乘上与你累积工作年限相对应的年休假天数，得出的结果就是在这个单位你剩余可休的年假天数，这个结果只取整，不进行四舍五入。上述案例中，劳动者6月1日入职新单位，本年度剩余的天数为214天，套入上述公式即 214 ÷ 365 × 10 = 5.86。因此，取整之后，该劳动者当年可以享受的年休假为 5 天。

咱们举一反三，再想想，当单位和职工解除或者终止劳动合同的时候，当年度还没安排职工休满应休年休假的，该如何处理呢？这也是需要折算的，应当用当年度在本单位已过的日历天数除以 365 天，乘上全年应当享受的年休假天数，再减去当年度已安排年休假天数，最终得出应支付未休年假工资的天数。折算后不足一整天的部分，单位不用支付未休年休假工资报酬。如果离职时，这一年的年休假已经安排休完了，多于折算应休年休假的天数也不再扣回，某种程度上而言，员工"赚"到了。

无法享受带薪年休假的情形

今天啊，我们不用小憎来举例子，我们今天说说小憎的妈妈。小憎的妈妈当了十多年的初中数学老师，但好像从来没有休过什么年假，也没有拿过补偿，这是怎么回事呢？

答案是：法律有除外规定。有这么几种情形，职工不能享受当年的年休假。

小憎的妈妈属于第一种，就是职工依法享受寒暑假，其休假天数多于年休假天数的。小憎的妈妈累计工作已满 10 年，未满 20 年，依法应享受 10 天年休假。但是，作为初中老师，她每年都能放几个月的寒暑假，寒暑假的休假天数远远超过了法定年休假天数，按照法律规定不再享受当年年休假。当然啦，如果享受的寒暑假天数少于法定年休假天数的，单位就应当安排补足年休假天数，也就是"就高不就低"的意思。

第二种，请事假累计超过 20 天，并且单位按照规定没给扣工资的。也即如果单位对于事假是不扣工资的，请的事假超过 20 天后，法律就不强制要求单位再给年休假了，咱也不能再去要了。当然，如果单位愿意给也可以。

第三种，累计工作满 1 年不满 10 年的职工，请病假累计 2 个月以上的。

第四种，累计工作满 10 年不满 20 年的职工，请病假累计 3 个月以上的。

第五种，累计工作满 20 年以上的职工，请病假累计 4 个月以上的。后面这三种情形中，劳动者已经请了很长时间的病假，为了保证用人单位正常的用工秩序，也不能再享受当年年休假了。如果当年度的年休假都休完了，职工又出现第二、三、四、五种情形，下一年度的年休假也不能再享受了。

案例

申请跨年休假被拒

创业初期的老板一般为事业那可是全力以赴，小憎的邻居大壮就遇上了这么一位热血老板，老板自己披星戴月地工作，又拉业务又搞技术，同事们也不好意思申请休年假，一整年忙忙碌碌很快就过去了。今年年初，大壮和

> 两个同事去找老板，想申请跨年安排去年的假期，老板却说："公司忙成啥样儿了，我都以身作则，没有休假，你们还贪图享受，合适吗？今年肯定也不会太闲，休假别想了。"大壮心里很不舒服，为了赶项目，披星戴月地加班已是常态，申请带薪年休假是自己的合法权利，怎么就成贪图享受了？

解 读

没有申请休年假是否等于放弃年假

根据法律规定，如果单位有工作需要，确实无法安排职工休年假的，经过职工本人的同意，也可以不安排职工休年假。但是，对于职工应该休却没有休的天数，单位应当按照该职工每日工资收入的300%来支付年休假工资报酬。所以，大壮和同事们没有在去年申请年休假，并不代表同时放弃了获得年休假工资的权利，这位老板应该按照大壮每日工资收入的300%来支付年休假工资。如果老板是按照正常上班的工资发放的，大壮完全可以要求单位支付工资差额。

也有的朋友可能会说，这一年我们单位在改革，同事们全都忙得脚打后脑勺，我根本不好意思提什么休年假，眼看着到年底了，再不休恐怕就要被清零了吧。

这个担忧还是比较普遍的，所以法律规定，单位有义务根据生产、工作的具体情况，同时考虑职工本人意愿，来主动统筹安排职工年休假。年休假可以在 1 个年度内集中安排，也可以分段安排，比如说连着休 5 天，或者上半年休 2 天，下半年休 3 天，都是可以的，但是一般不作跨年度安排的。现在工作的流动性特别大，一下子预支未来四五年年假的申请，也很少有单位会同意。如果单位真的因为生产忙，或者工作性质特殊，确实有必要跨年度安排职工年休假的，也可以跨 1 个年度安排。

即便一些单位在规章制度里明文规定了"未休年休假年底清零"或者"过期作废"，这些规定也存在被认定为无效条款的风险。如果单位坚持依据自己的制度处理职工的未休年休假，职工依旧有权利要求单位支付未休年休假工资报酬。只有在职工因为个人原因，同时书面提出不休年休假的情况下，单位才不用支付未休年休假工资报酬。

说了几个不合规的，咱们说说正面教材。现在有一些企业，待遇特别好，年休假天数往往比法定的标准高一些，多出来的这一部分通常叫作"福利年假"。前面咱们讲的法定的年休假，是法律直接规定的，所以单位必须执行，还得主动安排，年度内安排不了就跨年安排，实在不行拿钱补偿，这些都具有强制性。福利年假则比较自由，单位可以自主决定谁能享受福利年假，享受多少天；什么情况下不能享受福利年假；无法安排时给不给补偿，给多少补偿；等等。法律法规对此没有强制性规定，直接按单位的规章制度管理就可以。

年休假是保障职工休息权的一项重要举措，这些年具体实施下来，大家的反响普遍不错，但讨论也没有停止。曾有全国人大代表在接受中新社记者采访时表示，建议按照工龄来计增带薪年休假的天数，从第 2 年起，职工累计工作时间每满 2 年，年休假增加 1 天，年休假天数递进增长，同时设置一个 20 天的上限。

我觉得这个提议还不错，网络上对这个提议的讨论也很热烈，在支持的声音之余，还有一些担忧的声音，这些网友反映自己的单位连现在法定的年休假都无法保证，变着法儿地克扣和冲抵，不让休也不补偿，大家谁也不敢吱声儿。

实操指南

如何保障自己的年假权利

遇到单位克扣，甚至不让休年假的情况，谁来保障我们的年休假权利呢？

第一，了解年休假的安排方式、补偿方式。

第二，如果单位就是不安排职工休年休假，也不依照规定给职工发放年休假工资报酬的，县级以上地方人民政府的人事部门或劳动保障部门都有权依据职权，责令单位限期改正。用人单位逾期还不改正的，除要给职工支付年休假工资报酬外，还得按照年休假工资报酬的数额向职工加付赔偿金。所以,你可以选择向相关部门举报,也可以主动出击,通过仲裁及提起诉讼的方式要求单位支付未休年假工资。

12 { 孕产哺妈妈就是职场软柿子?

女职工在劳动中因为自身的生理特点会造成一些特殊困难,尤其是处于孕期、产期、哺乳期的准妈妈、妈妈们,处于这三个阶段的女职工,我们一般统称为"三期"女员工。这一章,我们就一起来聊聊"三期"女员工的保护。

> **案例**
>
> **怀孕女员工遭遇单位刁难**
>
> 　　随着国家独生子女政策的放开,二、三孩逐渐成为社会讨论的热点。小憧的姐姐小丽在一家外贸公司做财务,她和小憧的姐夫有个调皮的小男孩,已经5岁了,可看到邻居家乖巧可爱的女儿还是非常羡慕,两人一合计,决定趁中年危机前"拼"个二孩。怀孕后,随着月份的增长,宽松的衣服也无法挡住小丽体型的变化,小丽毕竟已经30多岁了,属于晚育,加上还有一周就到预产期,身体更加吃不消,便向单位申请提前休产假。

单位的经理面露难色，很不高兴地回答："小丽啊，你也是老员工了，怎么一点儿大局观没有呢。生完头胎身体虚弱，我就给你多批准了2个月假期，怎么，现在又要搞特殊吗？生完孩子休产假，休完产假又得哺乳，财务岗多重要不用我提吧，你知道的，咱们没缴生育保险，要么生产期间零工资，要么你也别请假了，直接回家生完孩子另找工作吧。"

小丽为了保住工作，只能答应了经理的要求，同时也很委屈，每个月的月底都是外贸公司财务人员的高压时间，几乎每天加班，自己临近产期确实力不从心，可谁让自己是不占理的"三期"妈妈呢？只能被当作软柿子捏。

生育不仅是家庭的大事，也关系着国家政策方针的实施，"三期"女员工提供的劳动减少，但用人单位的负担却没有因此减少，这也导致"三期"女员工在职场很不受欢迎。下面，我们就通过小丽遇到的烦心事，来讲讲国家对准妈妈、新手妈妈们的劳动保护规定。

解 读

关于"三期"女员工的劳动保护规定

第一，是工作的强度方面。如果女职工在孕期不能适应原来的劳动，用人单位应当根据医疗机构的证明，给女职工减轻劳动量或者安排其他能够适应的劳动。

对于像小丽这种怀孕7个月以上的女职工，用人单位不仅不可以延长劳动时间或者安排夜班劳动，还应当在劳动时间内给小丽安排一定的休息时间。

第二，是大家最关心的产假天数问题。女职工生育可以享受98天产假，许多地方还有额外的休假，例如根据《北京市人口与计划生育条例》规定，符合生育政策的北京市女职工还可以额外享受60天生育奖励假。这样算起来，北京的女职工无论生一孩还是生二孩，都可以休假158天。

女职工生育享受的这98天产假，其中产前可以休假15天，因此，小丽还有一周就到预产期了，她申请休产假，是行使正当权利的行为。

如果是难产的女职工，单位应当给她增加15天产假；如果是生育多胞胎的女职工，每多生育1个婴儿，可以依法增加产假15天。

有些女职工很不幸运，可能存在流产的情况。如果怀孕不满4个月流产的，可以享受15天产假；怀孕满4个月流产的，可以享受42天产假。

生产后的新手妈妈身体和心理都需要丈夫的照顾与陪伴，与此相适应的是，配偶有15天陪产假。

一些单位的效益较好，对"三期"女职工比较关照，经过单位的同意，还可以再增加假期1～3个月。

这里需要注意的是，产假是连续的假期，公休日和法定节假日也包括在内，并不扣除。

第三，是生育津贴问题。关乎钱袋子的事儿，就是关乎生活质量的大事，这个岳律师要展开来好好说说。

生育津贴是国家法律、法规规定的，对职业妇女因生育而离开工作岗位期间给予的生活费用。你可能听过这样的说法："产假期间的工资按原标准照发，这个钱就是生育津贴。"生育津贴可以理解为产假工资，但从钱数上来看，其实这种说法很不准确。

生育津贴的高低，主要受到女职工自身工资标准和用人单位月缴费基数两个因素的影响。

通常而言，用人单位都会给员工缴纳"五险一金"，"五险"的其中一项就是"生育保险"。对于已经参加生育保险的，生育保险基金会按照用人单位上年度职工月平均工资的标准来支付生育津贴。生育津贴正确的计算方式应该是：女职工本人生育当月的用人单位上年度职工月平均工资÷30（天）×产假天数。

由于部分女职工的月薪较高，可能会产生生育津贴比本人工资低的情况，对于两者之间的差额部分，按照法律规定，由用人单位补足；如果生育津贴算出来比本人的工资高，单位也不能克扣，必须全额发放给女职工。通俗来讲，就是"就高不就低"。

对于像小丽这种单位没有给缴纳生育保险的情况，经理施加压力，让小丽放弃产期工资，这种要求是不合法的。小丽不仅有权拒绝，还可以要求单位按照自己产假前的工资标准支付自己产假期间的工资。

另外,职工日常的工资收入是需要缴纳个人所得税的,但是生育津贴不需要缴纳个人所得税。

对于女职工生育或者流产的医疗费用,也是一样的。按照生育保险规定的项目和标准,对已经参加生育保险的女职工,相关费用由生育保险基金支付;对没有参加生育保险的,由用人单位支付。

第四,是给哺乳期妈妈的特殊便利。很多新手妈妈在回到岗位的初期,都非常牵挂宝宝。哪怕有父母或者保姆帮忙照料,但是心里还是会操心宝宝饿不饿,奶粉有没有按时喂。

为了缓解新手妈妈们"人在单位心在家"的焦虑,法律规定,用人单位应当在每天的劳动时间内为哺乳期女职工安排1小时哺乳时间;女职工生育多胞胎的,每多哺乳1个婴儿每天增加1小时哺乳时间。这在实践中,主要表现为单位允许哺乳期女职工延迟上班打卡时间,或者允许提前下班。

另外,为了避免女职工在哺乳期的尴尬,女职工比较多的用人单位应当根据女职工的需要,建立女职工卫生室、孕妇休息室、哺乳室等设施。国家通过这样的规定,指导用人单位解决女职工在生理卫生、哺乳方面的困难。

如果用人单位违反刚才所讲的法律规定,存在一些让怀孕7个月以上的女职工加班或值夜班的情形;存在不遵守产假规定,或者存在不依法给予女职工哺乳时间的情形,县级以上的社保部门将责令用人单位限期改正,并且会按照受侵害的女职工每人1000元以上5000元以下的标准计算,对单位处以罚款。

> **实操指南**
>
> **法律对"三期"女员工重要权益的保护**
>
> 介绍了这么多"三期"女员工在特殊时期享受的权益,下面,岳律师给大家吃一颗定心丸,孕产哺妈妈不是职场软柿子,单位不能想捏就捏。
>
> 第一,法律保护"三期"女职工的经济权益,薪水不能随便降。社会中,有的老板发现女职工怀孕了,想到后续一年多都得小心翼翼地用人,就会用无故大幅降薪的方式变相逼女职工离职。这种简单粗暴的办法是绝对不合法的,女职工不用忍气吞声,完全可以拿起法律武器,要求单位补足工资差额,按原劳动合同约定履行。
>
> 第二,粗活重活不能干。除了女职工禁忌从事的劳动范围外,国家还立法规定了女职工在孕期禁忌从事的劳动范围,比如高处作业、冷水作业、低温作业等。同样,哺乳期也有法定的禁忌劳动范围,如作业场所的空气中锰、氟、甲醇等有毒物质浓度已经超过国家职业卫生标准,这样的环境是禁止哺乳期女职工作业的。
>
> 具体的禁忌情形,大家可以查询《女职工劳动保护特

别规定》。用人单位应当将本单位属于"三期"女职工禁忌从事的劳动范围的岗位书面告知女职工。如果用人单位不仅不告知,还违反了这些规定,在行政管理层面,将由县级以上人民政府安全生产监督管理部门责令限期治理,处 5 万元以上 30 万元以下的罚款;情节严重的,将责令单位停止有关作业,或者提请有关人民政府按照国务院规定的权限责令关闭。

第三,劳动合同到期要顺延。处于孕期、产期、哺乳期的女职工,如果恰逢劳动合同期满,用人单位也不能以员工劳动合同已到期的理由终止劳动关系。根据《劳动合同法》规定,劳动合同应当续延至孕产哺情形消失时,这让"三期"女职工们可以安心度过女性的重要时期。

第四,女职工在孕期、产期、哺乳期的,用人单位不得依照《劳动合同法》第四十条对女职工进行无过失性辞退,也不得依据第四十一条的规定对女职工进行经济性裁员。

如果用人单位违反了这些规定,侵害到"三期"女职工们的合法权益,各位准妈妈、妈妈们不用忍气吞声,可以依法向行政机关投诉、举报、申诉,或者依法向劳动人事争议调解仲裁机构申请调解、仲裁,对仲裁裁决不服,还可以向人民法院提起诉讼。

对于侵害女职工合法权益,给女职工造成损害的,用人单位需要依法给予赔偿；如果用人单位及其直接负责的主管人员和其他直接责任人员构成犯罪的，国家还将依法追究刑事责任。

通过上面几点讲解，你应该已经发现了，国家法律法规对女职工进行了诸多倾斜性保护，可以休息、不能降薪、合同顺延，等等。那么，"三期"女员工是否因为特殊的身体状况，就拥有了"全能挡箭牌"？是否可以在工作中肆意妄为，单位对此也无计可施？

用人单位因为员工的过失行为而实施辞退的权利，并没有因为女职工处于孕期、产期、哺乳期就受到限制。

所谓的过失有这么几种法定情形：第一种，在试用期间被证明不符合录用条件的；第二种，严重违反用人单位的规章制度的；第三种，严重失职，营私舞弊，给用人单位造成重大损害的；第四种，劳动者同时与其他用人单位建立劳动关系，对完成本单位的工作任务造成严重影响，或者经用人单位提出，拒不改正的；第五种，以欺诈、胁迫的手段或者乘人之危，使对方在违背真实意思的情况下订立或者变更劳动合同，从而致使劳动合同无效的；第六种，被依法追究刑事责任的。如果"三期"女员工存在这几种情形，单位完全可以单方解除劳动合同，无须顾忌女职工的特殊情况。

由此可见，在经济社会中，宫斗剧里"母凭子贵"那套可不好使,国家和用人单位对"三期"女员工给予了特殊的保护与关照,女员工们也要遵守规章制度,认真履行自己的工作职责,避免过线行为。

13 { 我要支付违约金的法定情形

在前几章里,大家和小懵一起经历了入职前的明招暗坑,了解了就职中劳动者的部分权益,甭管有什么磕磕绊绊,小懵的工作总归是慢慢稳定了下来。

茶余饭后,同事们跟小懵八卦,说公司有个不成文的惯例,老板派谁去外地参加培训课,谁结课回来后大概率就会被提拔,至少也能当上分区的负责人。培训名额不多,因此,大家都对年末的异地培训跃跃欲试。

案例

老板让我签"卖身契"

周一例会结束,老板特意留了小懵和几位同事开小会。老板是这么说的:"这一年你们几个业绩都不错,公司看到了你们的进步和贡献,年底准备安排大家去杭州参加市场营销培训,最后总部会根据大家的成绩,挑选几位担任区负责人。"小懵和同事们听了都很开心,受到疫情影响,很多同行都面临失业的危机,而自己还得到了升职加薪的机会,一定要好好把握。

然而老板顿一顿,继续说道:"每次培训,公司都要花很多钱,得请大学经管院的教授讲理论,得请专业的营销内训师传授经验,等等。所以,总部要求,各子公司、分公司参加培训的销售精英,甭管最后能不能被提拔,都要提前签署服务期协议,这里面核心的要求就是承诺自己至少在公司干满3年,否则,得给公司补偿。"

小懵的激动瞬间消失了一半,心里开始犯嘀咕:这个协议,放在古代不就是"卖身契"吗?如果没满3年,我铁了心要离职,真的要给公司赔钱吗?

这个问题,现在由岳律师慢慢给你解答。

解读

由劳动者承担违约金的情形

根据《劳动合同法》的规定,只有在两种法定情形下,用人单位可以与劳动者约定由劳动者承担违约金。我先来介绍第一种,就是小懵老板所说的,劳动者因违反服务期协议而须依照约定向单位支付违约金。

咱们展开说说服务期协议。用人单位为劳动者提供专项培训费用,对他们进行专业技术培训的,可以与该劳动者约定服务期,基于约定签署的就是服务期协议。如果劳动者没有履行服务期约定，比如提前辞职了，或者犯错被开除了，就需要按照约定向用人单位支付违约金。

服务期协议听起来像失去了跳槽自由的"卖身契"，但其实不是，因为法律对签署服务期协议进行了诸多限制。

首先要说明的是，法律规定的专业技术培训，必须是对员工进行专业知识、职业技能方面的培训。如果是消防演习培训、上岗前培训、部门轮转培训等，这些属于用人单位的义务性培训，不能作为与员工约定服务期的前提。

其次，一般而言，用人单位需要委托第三方单位来培训，而且需要出具第三方开具的培训费支付凭证。虽然法律没有明确规定专项培训费用必须达到多少，但数额也不能太低了。如果公司就出个 300 元、500 元的培训费，却因此要求员工服务 5 年，就明显是个"霸王条款"，也不具备合理性，即便员工提前离职，违约金也很难得到全额支持。

另外，有朋友可能会担忧，大部分公司为了留住人才，肯定都会漫天要价，设置超高的违约金，员工一旦真想跳槽，100 万、200 万可不是小职员能负担起的。而实际上，法律为了制约用人单位的权限，规定双方所约定违约金的数额不得超过用人单位提供的培训费用；用人单位要求劳动者支付的违约金不得超过服务期尚未履行部分所应分摊的培训费用。而且，即便双方约定了服务期，也不影响员工在服务期内按照薪酬制度正常涨薪水。

第二种可以与劳动者约定违约金的法定情形，是基于劳动者违反了竞业限制义务而要求该劳动者支付违约金。

根据《劳动合同法》的规定，用人单位与劳动者可以在劳动合同中约定保守用人单位的商业秘密，和与知识产权相关的保密事项。对负有保密义务的劳动者，用人单位可以在劳动合同或者保密协议中与劳动者约定竞业限制条款，禁止相关人员到与原单位生产或者经营同类产品、从事同类业务的有竞争关系的其他用人单位工作，或者自己开业生产或经营同类产品、从事同类业务。

法律条文比较拗口，我用大白话举例，比如说，在竞业限制协议里，可以约定劳动者在离职后一年内不能去同行处工作，不能自己开办与老东家业务相同的公司，等等。像这类老板为了避免员工"翅膀硬了就飞，还成为竞争对手"的约定，就是竞业限制义务。

对竞业限制的限制性规定

同样，法律也对竞业限制义务进行了种种限制性规定。

首先，竞业限制的人员范围仅限于用人单位的高级管理人员、高级技术人员和其他负有保密义务的人员。竞业限制的范围、地域、期限倒是可以由用人单位与劳动者详细约定，但是双方之间竞业限制的约定不得违反法律、法规的规定。

咱们换位思考，老板们肯定不希望自己培养出来的人才去给其他竞争对手帮忙，更不希望亲手栽培一个优秀的竞争对手。如果问问老板们想限制员工多长时间，他们一定会说"我希望期限是一万年"。

其次，劳动者掌握着很多商业秘密、技术、客户资源，竞业限制义务势必会对收入造成不小的影响，如果期限过长，就会影响劳动者的劳动权利和生活质量。因此，法律规定，竞业限制期限不得超过两年，期限届满时，负有竞业限制义务的人员就自由了，可以到一些竞争关系的单位工作，也可以自己开办同类业务的公司了。

此外，用人单位要求员工遵守竞业限制义务的，须在竞业限制协议中约定经济补偿，也就是解除或者终止劳动合同后，在竞业限制期限内，老东家按月给予劳动者经济补偿。

法律对经济补偿金的支付标准没有设置上限，但是生活中，会有一些单位喜欢耍小聪明，竞业限制协议里只给员工设置种种限制，但是在竞业限制补偿金处却不填写具体金额，甚至不设置单位需支付竞业限制补偿金的条款。然而法律不可能纵容这些霸王条款，如果当事人在劳动合同或者保密协议中约定了竞业限制，却没有约定解除或者终止劳动合同后给予劳动者经济补偿的，如果劳动者履行了竞业限制义务，诉至法院，要求用人单位按照自己在劳动合同解除或者终止前十二个月平均工资的30%按月支付经济补偿的，人民法院将予支持。如果这里月平均工资的30%低于劳动合同履行地最低工资标准的，就按照劳动合同履行地最低工资标准支付。

这是单位回避支付补偿的情况，还有约定了经济补偿金，但是不给的情况。如果当事人在劳动合同或者保密协议中约定了竞业限制和经济补偿，但在劳动合同解除或者终止后，因为用人单位的原因，导致其三个月没有向劳动者支付过经济补偿，劳动者可以诉至法院，请求解除双方之间的竞业限制约定，人民法院将予以支持。

如果劳动者离职时，用人单位认为没有限制他就业范围的必要了，同时为了减少成本支出，避免支付补偿金，可以及时发出书面通知，解除双方之间的竞业限制协议。如果是在竞业限制期内，用人单位才决定解除竞业限制协议，劳动者有权请求用人单位额外支付三个月的竞业限制经济补偿。

与竞业限制补偿金相对应，劳动者违反竞业限制约定的，应当按照约定向用人单位支付违约金。有些朋友有更好的工作机会，哪怕支付违约金，也要坚持跳槽，新东家也表示愿意代为支付违约金。然而，如果劳动者违反竞业限制约定，向原用人单位支付违约金后，原用人单位仍然要求劳动者按照约定继续履行竞业限制义务的，将得到人民法院的支持。因此，竞业限制义务，可不是简单的"拿钱了事"。

大家想一想，如果员工在离职后没有依约履行竞业限制义务，用人单位可以要求他返还已经支付的补偿金吗？

实践中，如果双方在竞业限制协议中约定劳动者违反竞业限制义务，需要返还用人单位已经支付的竞业限制经济补偿的，司法机关一般会予以支持。

但是，双方未在竞业限制协议中对此作出明确约定的，是否应当支持返还，司法实践中还存在争议。有的法院认为协议中没有明确约定，那用人单位要求返还的诉求就既没有法律依据，也没有合同依据，无法得到支持。也有法院认为，根据法律规定，劳动者违反竞业限制义务，给用人单位造成损失的，应当承担赔偿责任，因此劳动者应当返还竞业限制补偿金，这也算赔偿用人单位的损失。

本章，我给大家介绍了两种劳动者需向单位支付违约金的法定情形，也就是因违反服务期约定而支付违约金和因违反竞业限制义务而支付违约金。除此之外，用人单位不能私自创设或者强行约定其他让员工支付违约金的情形。

14 我能拿到多少"青春损失经济补偿"?

不知道大家有没有看过美国电影《在云端》,电影里乔治·克鲁尼是处理企业裁员的专家,电影中经常会有片段表现乔治·克鲁尼和员工进行谈判,谈妥了员工离职事项后,我们就会看到员工搬着美剧中常见的纸箱子离开公司的场景。在实践中,咱们由于各种各样的原因会选择离职,或主动,或被动。可能有人因自己的职业规划选择其他的平台,主动离开;但是也存在单位主动要求,自己被动离职的情况。虽然咱们没有一样的纸箱子,但是咱们有着类似的生活,这章和大家分享的就是哪些情况下,可以拿到在现实工作生活中的"青春损失经济补偿"。

镜头交给咱们的老朋友小懵。

> **案例**
>
> **遭到单位零成本解雇**
>
> 小懵早上急匆匆地赶到单位,还没落座,就被人力叫到了办公室。"小懵,很抱歉地通知你,综合你这一段时间

的工作表现,领导觉得你可能工作能力有所欠缺,和这个工作岗位的要求不太匹配,不胜任这份工作。按照咱们单位的员工手册,不胜任工作需要与你解除劳动合同且不支付经济补偿。你今天就去办理工作交接吧,江湖路远,咱们有缘再见。"小憎听后,怔在那里,一时语塞,不知道该说些什么。这次小憎又蒙了。

到这儿大家可能会有疑问了,单位这么豪横地与小憎解除劳动关系合法吗?小憎能要到经济补偿吗?说到这儿,我先和大家解释一下解除劳动合同的方式,以及哪几种方式可以要到经济补偿。

解读

解除劳动合同方式与能否主张经济补偿金

根据我国《劳动合同法》规定,解除劳动合同的方式大体上分为三种:员工提出、单位提出、双方协商一致。

第一,员工提出。员工提出有两种情形:一种就是咱们常说的辞职了,"世界那么大,我想去看看",辞职根据法律规定是不用支付经济补偿的,毕竟自己选择的路,咬着牙也要坚持下去;另一种则是被迫辞职,如单位未按时发放劳动报酬,未依法缴纳社会保险等,这种情况下,员工是可以主张经济补偿金的。

第二,单位提出。单位提出又分为合法解除和违法解除。

合法解除是指单位与员工解除劳动关系是符合法律规定的，主要分成两种形式，一种方式就是大家知悉的员工严重违纪、严重违反单位的规章制度等情形。这种方式是因为员工自身有错误，应该为自己的过错买单，所以单位是不需要支付经济补偿的。另外一种方式是无过错性辞退，是员工和单位都不存在过错，由于法律的规定可以解除的情形，包括不胜任工作后、调岗或培训仍不能胜任工作，医疗期满不能从事原工作又不能从事另行安排的工作，客观情况发生重大变化、未能协商一致三种情形。这几种情况是法律规定单位需要支付经济补偿的情形。

违法解除就比较好理解了，没有法定的理由，单位就是要解除劳动关系，说你不行就不行，行也不行。单位这么强势需要被修理涨涨教训，要支付经济赔偿，即两倍的经济补偿。

第三，单位与员工协商一致解除劳动关系。这属于周瑜打黄盖——一个愿打一个愿挨，千金难买他愿意。这种方式是不是没有经济补偿呢？并不是，要看提出协商一致解除劳动合同的主体是谁。员工提出的话，是没有经济补偿的，但如果是单位提出的，根据法律规定，单位也是要支付经济补偿的。

以上就是解除劳动合同的几种方式，以及哪些方式需要支付经济补偿。敲黑板，这是知识点啊，大家一定要记住呀。

话说，咱们的小懵早上刚来上班，估计还没醒盹儿呢，就被告知不胜任工作要解除劳动关系，还没有经济补偿。估计小懵这次的懵劲儿像是吹了一瓶八二年的拉菲。但是，就像咱们刚才说的，单位简单地说一句能力不行，不胜任工作就解除劳动关系是不符合法律规定的，很可能构成违法解除，不支付经济补偿更是不符合法律规定。即使小慒真的不胜任工作，单位也需要在调整工作岗位或者培训后，发现小慒仍然不胜任工作，才可以解除劳动关系，但是不胜任解除也是要给经济补偿金的。

那好多人都有疑问了，我知道哪种方式能够要到经济补偿金了，那经济补偿金是如何计算的呢？第二个知识点，注意啦，这可是必考题。每年必考，至少5分，爱背不背。

经济补偿金的计算标准

计算经济补偿金其实很简单，大家要记住两个数：一个是离职前12个月的平均工资，另一个则是自己在本单位的工作年限。每工作满一年支付一个月的平均工资，不满半年支付半个月，满半年不满一年给一个月。这两个数相乘就是经济补偿金的计算方式。但是这两个数很倔强，都有自己的特色：离职前12个月的平均工资要是超过当地社会平均工资三倍的话，就以社会平均工资三倍为上限；工作年限要是超过12年的话，那就只能计算到12个月了。言外之意，我们的上限不是星空，而是"社三"和12个月。

实操指南

遭到解雇时的注意事项

其实生活当中，像小懵这样被解除劳动合同的例子不胜枚举，有的人可能由于自身经验的欠缺和法律意识的薄弱，往往权利被侵犯而不自知。在这里提醒身在职场的朋友们，为了更好地保护自己的合法权益，一定要注意几点。

第一，办理离职交接的时候，要仔细审阅需要签字的文件，特别是再不能看也不看就签字，因为有的单位会比较"别有用心"，把离职原因写成"个人原因"，这样的话，咱们再主张经济补偿金就很难了。

第二，理智进行选择。"世界那么大，想要去看看"的洒脱固然好，但是也要考虑眼前柴米油盐的苟且。辞职一经发出可就不能撤回了，再主张经济补偿就没有机会了，所以理智一点，世界就在这里等着你，别着急。

第三，权益遭到侵害时，注意相关证据的留存，比如单位下达单方解除的通知等，这可是确认违法解除劳动合同最直接的证据。

第四，要遇事不怕事，咱们不惹事，但是绝不要怕事，遇到单位的违法行为可向劳动监察部门举报或提起劳动仲裁，合法捍卫自己的权益。

学法，懂法，用法。拿到"青春损失经济补偿"，让你的青春再也不迷茫。

15 被公司违法解除合同，我该怎么选？

大家还记不记得小美呀？就是小憎那个在广告公司担任销售经理的女朋友。我带着大家回忆回忆，在上次的调岗风波里，小美不小心撞到副总问供应商要回扣，第二天，副总就约谈小美，让她调到文员岗去。后来，经过小美的据理力争，最终副总还是妥协了，没有顶着违法调岗的压力公报私仇。但在后面的工作过程中，小美明显能感觉到副总有意无意地在给自己穿小鞋，但小美觉得，自己积累客户资源不容易，这里待遇也高，挣钱第一嘛，给自己疏导疏导，也就硬着头皮干下去了。

案例

是违反规章制度还是被刁难

上周，小美在办公系统里向公司申请去上海出差三天。出差的第三天下午，小美收到供应商邀请，希望她能去工厂考察一天。小美晚上给销售主管发微信，说明了情况，声明自己要晚一天回北京，销售主管回复"好的"。

第五天早晨,小美回到公司,人力吞吞吐吐地告诉小美:"副总说,因为你没有在办公系统里申请延长出差时间,算旷工一天,按照员工手册的规定,公司要把你开除。"

小美一听,赶紧跑去跟副总解释:"副总,这两天我是去考察供应商的工厂了,没有无故旷工,而且晚回来的事儿,销售主管也同意了。"副总头也不抬,冷冷地答:"那你出差前怎么就知道在办公系统里交申请啊?今天你跟主管说出差,明天他跟经理说请假,我还怎么管理?回去看看员工手册怎么写的,无故旷工一天就算严重违纪,你去财务结钱吧。"

根据《劳动合同法》的规定,如果劳动者严重违反用人单位的规章制度,用人单位确实可以单方解除劳动合同,并且不需要支付任何经济补偿金。那么小美的情况算不算严重违纪呢?

解读

用人单位的规章制度需同时具备合法性、合理性

从法律角度而言,不算。我来给大家讲讲为什么。虽然用人单位有自己制定规章制度的权利,但是在制定规章制度的时候也不是没有任何限制,还是需要满足合法、合理条件的。

从合法性上来说,比如有些单位的规章制度规定"员工每个

月请病假不得超出三天",这个规定就违反了医疗期的相关规定,因此不合法;从合理性上来说,比如有些单位在规章制度里规定"员工工作时间接听私人电话的,属于严重违纪"等,这种违纪内容本身就不具备严重性。还有像这位副总所说的,员工手册里规定"员工旷工一日,属于严重违纪",即便小美真的违纪了,后果也没有达到会给公司带来重大影响的程度,因此也不具备合理性。所以,在不构成严重违纪的前提下,公司自然不能单方辞退小美了。如果强行辞退,就属于违法解除劳动关系,小美完全可以提起仲裁,要求公司支付违法解除劳动合同的赔偿金。

案例

违法解除劳动合同

小美询问律师朋友以后,就把上面这些道理给副总和法务讲了。看法务也不吱声了,副总明白自己确实不占理,但话已经放出去了,收回来确实没面子,就大手一挥,说:"你也不要给我讲什么法律规定了,现在单位就是不想要你了,违法解除就违法解除,法务现在给你算有多少赔偿金,拿了钱走人。"

小美火冒三丈,心想:这是什么玛丽苏小说的剧情,可惜别人是被霸道总裁的豪车接去大别墅,我是被蛮横领导赶出公司,而且他宁可花钱都要让我走,这也太过分了!法务一计算,小美入职不到两年,即便按照违法解除的情况计算，赔偿金的金额也不多。小美心想，虽然这个副总比较小心眼儿，但公司的提成制度很友好，回头新签一笔大单，可能比这笔赔偿金还多呢。

那么，面对公司无情无理的"一纸休书"，小美只能拿着赔偿金走人吗？

解读

面对违法解除的两种选择

根据《劳动合同法》的相关规定，一旦被用人单位违法解除，劳动者有两种不同的选择。

第一种，劳动者可以要求用人单位支付违法解除劳动合同赔偿金。在上一章中，我们已经介绍了经济补偿金的计算方法，如果用人单位违法解除劳动合同的，需要依照经济补偿标准的二倍向劳动者支付赔偿金。也就是说，小美能得到的赔偿金数额为：解除劳动关系前十二个月平均工资 × 工作年限 ×2倍。

劳动者的第二种选择是可以要求继续履行劳动合同。一般而言，如果和单位发生纠纷，大家通常会选择拿钱走人，不再受气。但对高管、总监等收入较高的人群而言，这份岗位带来的长久受益比赔偿金更重要，因此，他们中的部分会选择要求继续履行劳动合同。所以，小美完全可以拒绝赔偿金，坚持要求回公司上班。即便走到对簿公堂的地步，只要公司对小美的解除行为被认定为违法,那就需要接受小美继续返岗工作的要求,同时,还要补发小美在整个维权期间的全部工资,补缴维权期间的社会保险及住房公积金。

受到疫情影响,近年来好多行业不景气,跳槽到更优质的公司也很难,另外,考虑到自己的房贷压力,小美决定还是硬着头皮提起劳动仲裁,要求继续履行劳动合同。立案后,副总因为滥用职权被下属举报,现在停薪停职、前途未卜,估计他的这份工作保不住了。小美的心理压力也减轻了很多,更加坚定了通过诉讼途径要求回到原岗位的信心。

无法要求继续履行劳动合同的情形

这里需要提示一下,在以下几种情况下,即便小美要求继续履行劳动合同,仲裁委和法院也会认定双方之间无法继续履行。一是用人单位没了,比如破产、解散了;二是劳动者在打官司的过程中达到法定退休年龄了;三是打官司的过程中劳动合同到期终止,并且不存在应当订立无固定期限劳动合同的情形;四是劳动者的原岗位对正常业务开展具有较强的不可替代性和唯一性,像总经理、财务负责人等,如果劳动者原岗位已被他人替代,并且双方不能就新岗位达成一致意见;五是劳动者已经入职新单位了;六是打官司过程中,劳动者反悔了,又拒绝复工的。有这些情形,仲裁委和法院就不会强行撮合二者继续履行劳动合同了。

这么一讲,你是不是清楚很多?对于用人单位而言,辞退员工可不是有钱就能任性，违法解除劳动关系的后果并非只有支付赔偿金一种。如果在劳动者"继续履行"的请求被支持的情况下，用人单位支出的人力、财力成本可能远远高于赔偿金的数额。

　　当然，劳资关系就像婚姻关系，强扭的瓜不甜，劳动者憋着一口气强行要求返岗，单位赌着一口气就是不同意安排工作，不说两败俱伤，至少也达不到双赢的结果。一旦被公司违法解除劳动合同，该怎样选择自己的诉求，还需要各位自己根据薪资水平、岗位前景、个人职业规划来权衡利弊。

第三部分

从恋爱到结婚,如何共同构筑安心小家

16 送你的告白气球,可不可以还我?

"周杰伦"这三个字可能包含了很多人的青春记忆,他弹着吉他唱的那首"风吹到对街"的《告白气球》,更是让歌迷直呼糖分超标。然而现实生活中的恋爱除了甜蜜常常也会有一些小插曲,小懵最近就遇到了一件让他烦心不已却又无从倾诉的事。

案例

突遭悔婚

在职场打拼多年的小懵,目前也算小有成就,家人纷纷开始操心小懵的个人问题。小懵大大咧咧,并不擅长与女孩交往,于是家人为小懵精心安排了一次相亲。相亲对象叫小美,小美人如其名,长得好看,性格温柔,举手投足落落大方,两人的第一次见面非常愉快。经过三个月的相处,小懵觉得小美完全符合自己对于未来妻子的期待,两家人也喜气洋洋地开始张罗结婚的事,小懵家按照当地习俗,购买了"三金",还给了小美家 18 万元的彩礼。但就在两人准备去领证时,变故却发生了。

原来,小美的初恋男友回来了,尴尬的剧情在小憷的人生中上演了——小美悔婚了。小憷正在发蒙的时候,家人气呼呼地告诉他:小美一家人不愿意退还彩礼、"三金"等财物,说这是赠与。小憷更蒙了,这不是"人财两空"吗?心灰意冷的小憷觉得自己跌入了人生的谷底。

那么,小憷究竟能不能要回来这些财物呢?

解读

彩礼

首先我们要了解彩礼在法律上的定性。就法律性质而言,我们所说的彩礼实质是一种附条件的特殊赠与,具有强烈的人身属性。根据现行法律精神以及大众普遍理解,给彩礼的条件是以结婚为目的,准确地说应是以登记结婚且共同生活为目的。如果男女双方登记结婚且共同生活,那么赠与行为应该有效;如果男女双方未登记结婚或者未共同生活,那么赠与方可以主张赠与目的未达到,要求对方返还彩礼。

目前,我国法律对彩礼并没有明确定义。在司法实践中一般认为彩礼是指依据当地习俗,一方及其家庭给另一方及其家庭的与缔结婚姻密切相关的大额财物。不具备上述特点的婚前财产赠与不构成彩礼。

具体而言，认定小懵家婚前送给小美家的财物是否属于彩礼，可从以下几个方面进行考量：

（一）当地是否有给彩礼的习俗

有给彩礼的习俗，是认定彩礼的前提。应当首先根据双方或收取财物一方所在地的实际情况，确定是否存在给彩礼才能缔结婚姻关系的风俗习惯。如果当地普遍存在结婚时一方应给另一方财物的情况，一般应认定为按习俗给付彩礼。所以，小懵要求返还彩礼首先要证明，他是按当地结婚习俗给的小美财物。

（二）赠送财物的直接目的是否为缔结婚姻

社会生活中，婚前双方有财物往来的情形比较普遍，但直接目的大有不同。有的是在追求过程中赠送礼物，目的是表明心意，确立恋爱关系；有的是在恋爱中赠送礼物，目的是维持恋爱关系、增进感情；等等。显然，上述情形中，赠送礼物都不以结婚为直接目的，也并非基于当地结婚习俗。因此，如果财物赠送的直接目的与婚姻无关，则不应认定为彩礼。

（三）给付财物的价值大小

彩礼一般为数额较大的金钱或者价值较高的实物，包括现金、首饰等贵重物品。数额较小的"见面礼""过节礼"，或者价值较小的饰物、衣物等，一般不认定为彩礼。至于具体应当达到多大的数额或者多高的价值，需要结合当地的经济状况，尤其是赠与方自身经济条件来综合确定。

通过以上分析，我们可以确定，小懵给小美的18万元以及

"三金"是以结婚为直接目的的大额财物,属于彩礼。那么这些彩礼是否应该返还呢?我们接着往下看。

彩礼的返还

一般来说,依据相关规定,彩礼返还的情形主要包括以下三种:

(一)双方未办理结婚登记手续的;

(二)双方办理结婚登记手续但确未共同生活的;

(三)婚前给付并导致给付人生活困难的。

上述第(二)(三)项的规定,应当以双方离婚为条件。

小懵和小美还没有领取结婚证,属于双方未办理结婚登记手续,是可以返还彩礼的。但返还带来的问题也不少,应该由谁来还?还多少?全部返还还是部分返还呢?

别着急,我们来逐一分析。首先我们要确定,彩礼应该由谁来还?

生活中,赠与和接受彩礼的可能往往并不是要结婚的男女双方,而是双方的父母或者其他近亲属。在彩礼的用途上,既有可能是接受方个人所用,也有可能是接受方家庭所用,还有可能为男女双方所组建的家庭所用。因此,一般可要求接受彩礼方返还,如彩礼实际接受人为一方父母或其他人,可考虑要求实际接受人共同返还,这样也有利于真正解决纠纷。

对于彩礼应当全部返还还是部分返还,尺度如何掌握的问题,应区分双方是否办理结婚登记手续。

（一）双方未办理结婚登记手续的情形

彩礼与婚姻有关，彩礼返还与一般财物返还有所不同。收彩礼后最终未办理结婚登记手续，接受方应该返还。至于具体返还的数额则应视未婚男女双方是否共同生活而定：如果未婚男女双方并未共同生活，则可以要求全部返还；如果未婚男女双方确已共同生活，就需要根据双方共同生活的时间、彩礼数额，并结合当地的风俗习惯等因素，确定返还数额。

（二）双方已办理结婚登记手续的情形

根据法律规定，双方已办理结婚登记手续，仍应返还彩礼的有两种情况：一是双方办理结婚登记手续但没有共同生活的；二是婚前赠与彩礼导致赠与人生活困难的。

针对双方办理结婚登记手续但没有共同生活的情况来说，双方已办理结婚登记手续，说明双方当事人之间的婚姻关系已被法律认可并保护，也就是说赠与彩礼所追求的结婚目的已经实现。因此，原则上双方结婚后不存在退还彩礼的问题。但现实生活中，确实存在只有婚姻之名，并无婚姻之实的情形。显然，这也不是赠与彩礼方所期望见到的结果。由于现实中，相比办理结婚登记手续，赠与彩礼的一方更看重的是建立家庭、共同生活，所以可以根据彩礼数额、是否已办理结婚登记手续、结婚时间长短、未共同生活是否有正当事由并结合当地的风俗习惯等因素，确定返还数额。

针对婚前赠与彩礼导致赠与人生活困难的情况来说，对此处的"生活困难"应理解为是一种相对困难，即赠送彩礼使得赠与人的生活相比赠送之前发生巨大变化，相对于原来的生活条件而言，生活变得相对困难的，即使双方结婚后又离婚的，接受方也应当返还彩礼。

赠与彩礼的目的在于缔结婚姻关系。男女双方在缔结婚姻关系后，赠与彩礼的目的已经实现，原则上接受方已经不再有返还彩礼的义务。关于"婚前给付导致给付人生活困难"，接受方应当返还彩礼的规定，体现的是法律对生活确有困难的一方的帮助与关怀。相应地，退回彩礼的具体数额一般也以达到维持基本生活水平为准。

此外，在确定是否返还彩礼以及返还标准时，还可考虑一方是否有过错。

在赠与彩礼方要求解除婚约或离婚的情形下，返还彩礼的数额依据赠与方是否有正当理由处理：比如接受彩礼一方隐瞒不宜结婚疾病，可考虑全额返还；在接受彩礼一方要求解除婚约或离婚的情形下，返还彩礼的数额依据接受方是否有正当理由处理，比如赠与方有出轨行为，可考虑少量返还或不退还；双方均有过错的，确定返还彩礼的数额时应比较双方的过错大小，视具体情况确定返还数额。

这样说起来，小憎的糟心事应该是可以解决的，但是原本浪漫的婚礼誓约变成如今尴尬的财产返还，不免让人唏嘘。在这里也要提醒大家，婚姻需慎重，闪婚需谨慎，像小憎这样认识三个月就冲动地决定结婚，难免存在因了解不够深入而引发的各种问题。毕竟婚姻不仅需要两个人情投意合，还涉及财产关系及法律义务，所以希望大家在签署这份"爱的誓约"前慎重考虑，避免要回"告白气球"的尴尬。

17 未婚同居合法吗？谈恋爱居然有这么多坑

伴随着人们婚姻观念的逐渐开放，男女之间在婚前即共同居住在一起的情形已不再鲜见，更有甚者将其称之为"试婚"，认为可以通过这种婚前共同居住行为来判断两个人是否适合结婚。现实生活中，这种同居关系多种多样，比方说，有男女之间随着双方感情的升温而彼此心照不宣地居住在一起的情形，也有男女双方之间虽未登记结婚、领取结婚证，但以夫妻名义共同居住在一起的情形。那么，上述各种同居关系有哪些差别呢？未婚同居合法吗？让我们结合小憎姐姐小丽的案例来看看吧！

案例

未领证，先结婚

因为小憎的姐夫人看起来有些木讷，原本小憎的父母是坚决不同意小丽的这门婚事的，谁料小丽虽然年龄不大，却是一个有主见的姑娘。眼看父母反对，小丽一气之下就去了小憎姐夫老家，并按照当地风俗和小憎的姐夫办了婚宴，宣布正式结婚。几个月后，小丽带着怀孕的消息回来了。眼见生米已经煮成了熟饭，小懵的父母也就认下了这个女婿。酒宴虽然办了，但小懵的姐夫和小丽却没有领取结婚证，而小懵的父母先入为主，以为两人办了酒宴，肯定早就登记领证了，也就没有再询问。一来二去，虽然小丽的孩子已经5岁了，但小丽其实还是无证婚姻的状态。原本小懵的姐夫与小丽婚后感情非常好，虽然没领证，但夫妻二人也觉得没什么大不了的，但小丽最近听到一些传闻，说未婚同居是违法的，被抓住后果非常严重。小丽听到这一消息后坐立难安，便来找小懵商量对策。

解读

未婚同居行为

那么，法律对于未婚同居行为到底是怎么规定的呢？首先，对于男女之间单纯居住在一起的行为，现行法律并没有明确规定，应当认为，只要双方你情我愿，无其他违法情形，现行法律不予干涉。但对于像小丽这样，男女之间未登记结婚、领取结婚证即以夫妻名义共同居住在一起的行为，法律是有相应规定的。

依据最高人民法院早期的司法解释，自1994年2月1日起，没有配偶的男女，未经结婚登记即以夫妻名义同居生活的，其婚姻关系无效，不受法律保护。对于起诉到人民法院的，按非法同居关系处理。因此，如果依照上述司法解释的规定，小丽的婚姻关系即属于非法同居关系。但相关司法解释现已被废止，2001年最高人民法院发布的婚姻法司法解释在规定中也删除了"非法"二字，并以"同居关系"取代。因此，当前对于小丽这种未登记领证以夫妻名义同居的行为，法律并未明确将其定性为非法，实践中更多的是以"非婚同居"或"未婚同居"来指代这一关系，并且法律并不会强制要求当事人终止这种同居关系。

但与此同时，现行有效的婚姻法律规定，结婚的男女双方必须亲自到婚姻登记机关申请结婚登记。符合法律规定的（即双方自愿、达到法定婚龄），予以登记，发给结婚证。完成结婚登记，即确立夫妻关系。未办理结婚登记的，应当补办登记。基于上述规定，小丽虽举办婚宴并对外以夫妻名义共同生活，但因未办理结婚登记，法律不承认其婚姻关系的效力。

那么法律对于小丽这种未办理结婚登记以夫妻名义同居的行为是如何处理的呢？《最高人民法院关于适用〈中华人民共和国民法典〉婚姻家庭编的解释（一）》[本部分内简称《解释（一）》]规定："未依据民法典第一千零四十九条规定办理结婚登记而以夫妻名义共同生活的男女，提起诉讼要求离婚的，应当区别对待：（一）1994年2月1日民政部《婚姻登记管理条例》公布实施以前，男女双方已经符合结婚实质要件的，按事实婚姻处理。（二）1994年2月1日民政部《婚姻登记管理条例》公布实施以后，男女双方符合结婚实质要件的，人民法院应当告知其补办结婚登记。未补办结婚登记的，依据本解释第三条规定处理。"同时，《解释（一）》还规定："男女双方依据民法典第一千零四十九条规定补办结婚登记的，婚姻关系的效力从双方均符合民法典所规定的结婚实质要件时起算。"即依据现行有效的法律法规，小丽这种情况，法律允许其通过补办结婚登记来从法律上确认其婚姻关系的效力；补办结婚登记的，婚姻关系自双方均符合民法典所规定的结婚实质要件时起算，否则，如任一方起诉离婚，法院将按照解除同居关系处理。

以上即为法律对于小丽这种未婚同居行为，其拟建立的"婚姻关系"效力的认定。然而，小丽这种未婚同居行为的麻烦就到此为止了吗？当然不。

未婚同居行为存在的问题

因在未补办结婚登记前，小丽与其丈夫二人在法律上仅为同居关系，相较于经登记领证的合法夫妻关系，其还存在以下问题：

（一）根据上文中我们提到的《解释（一）》的规定，民事法律承认1994年2月1日以前的事实婚姻关系，而从1994年2月1日起不再承认事实婚姻。因此，结合小丽的情况，如果小丽丈夫变心，有了第三者，从民事法律角度他完全能够随时与第三者登记结婚。

（二）因双方仅为同居关系，如果小丽的"丈夫"不幸去世，小丽因不具有法律上的配偶身份而不能享有继承权，即小丽无权主张继承"丈夫"的遗产。

（三）因双方仅为同居关系，同居生活期间双方共同所得的收入和购置的财产，按一般共有财产处理，分割时主要依据双方的收入或出资份额等作为依据，而非按照夫妻共同财产的均等分割原则来处理，这对于可能在婚姻家庭生活中投入更多时间精力而收入因此减少的小丽来说是不利的。

（四）因双方仅为同居关系，依据《解释（一）》的规定，小丽如起诉请求解除同居关系，人民法院将不予受理。小丽仅能就同居期间财产分割或者子女抚养纠纷提起诉讼。因此，一旦同居关系不睦，小丽想干净利落解除同居关系，很大程度上还要看小慵姐夫的意愿，这对小丽来说无疑是痛苦的。

结合以上所述我们可以看出，小丽这种未婚同居行为，虽然并非违法，但我们可以清楚地看到其相较于合法登记的夫妻关系存在的种种缺陷。我想，两个相爱的人选择在一起，去登记领证不仅仅是感情的一个证明，更是对双方感情长久的一个保障。

18 { 忠诚协议能保证他（她）的忠诚吗？

有人说婚姻是一座围城，城外的人想进去，城内的人想出来。然而无论是步入婚姻的殿堂还是终结不幸的婚姻，夫妻之间的忠诚都是一个绕不开的话题。实践中，很多未婚男女或者已婚夫妻为了保证对方对婚姻的忠诚或维系本已残破的婚姻，选择签署"忠诚协议"，意图以这种方式来迫使对方忠于婚姻、忠于爱情。所以我们本章的主题是，忠诚协议能保证他（她）的忠诚吗？

忠诚协议并非法律术语，现行法律对其也没有作出明确规定，司法实践中一般将婚姻双方不信任或双方为避免出现不忠诚行为所签订的，约定违反忠诚义务的一方（即所谓的"出轨方"）要向另一方承担赔偿金，或者部分或者全部放弃夫妻共同财产的协议，统称为忠诚协议。近年来，人们的婚姻观念逐步开放，婚姻危机意识也在不断增强，曾经海誓山盟就能够"把爱带回家"的时代渐渐过去，为了保障对方的忠诚，婚姻双方之间签订忠诚协议的情形越发常见。不论是为了警示对方还是为了维系已受损害的婚姻，我们都能看到婚姻一方或双方为了抓牢自己的爱情所做的努力。那么，忠诚协议能保证他（她）的忠诚吗？下面我们就来看一看吧！

案例

婚后签订忠诚协议

前面我们提到，小憣的姐姐小丽与小憣姐夫虽然名义上是夫妻，但因并未办理结婚登记手续，二人只是一种同居关系。得知这个消息后，小丽不免忧心忡忡，天天吵着闹着要和小憣姐夫赶紧补办结婚登记。与此同时，为了证明小憣姐夫对自己的爱，小丽在身边朋友的提议下，和小憣姐夫签了一份忠诚协议，主要内容为：小憣姐夫在二人补办结婚登记手续后如有出轨情形，包括但不限于与他人同居、有婚外性行为等，小憣姐夫将把婚前个人存款10万元及婚后的夫妻共同财产自愿赠与小丽，以上协议内容双方均理解其含义并自愿签署。小憣姐夫自觉问心无愧，果断签了协议。协议签完后，小丽与小憣姐夫也很快补办了结婚登记手续，二人建立了合法的夫妻关系，小丽的心也渐渐放了下来。但事情的发展往往一波三折，没过多久，小丽又听说法律不认可忠诚协议的效力，签了等于没签，小丽求助无门，又来找小憣商量对策。

解读

忠诚协议的效力

那么法律是否认可忠诚协议的效力呢？上文中我们提到，法律对于忠诚协议没有明确规定，司法实践中对于忠诚协议效力的认定也处于一种不统一的状态，主要有以下两种观点。

观点一认为：法律规定的夫妻应当互相忠实、互相尊重的义务，仅仅是一种价值取向，是一种道德义务而非法律义务，因此，法律不承认忠诚协议的效力。观点二认为：公民对自己的身体享有支配权和处分权，忠诚协议是婚姻双方在法律许可的范围内对自身性自由进行的自愿限制和约束，经夫妻双方达成一致，不违背相关婚姻法律法规的原则和公序良俗。同时，即使法律规定的夫妻双方的忠实义务仅仅是一种道德义务，但法律并未限制婚姻双方以协议的形式将其转化为法律义务，只要忠诚协议的订立不违背法律法规的效力性强制性规定及公序良俗，其效力即应当为法律所认可。

关于夫妻在婚姻关系存续期间签署忠诚协议是否有效的问题，最高人民法院在《中华人民共和国民法典婚姻家庭编继承编理解与适用》一书中明确：夫妻之间签订忠诚协议，应由当事人本着诚信原则自觉自愿履行，法律并不禁止夫妻之间签订此类协议，但也不赋予此类协议强制执行力，从整体社会效果考虑，法院对夫妻之间的忠诚协议纠纷以不受理为宜。《解释（一）》第四条也规定:"当事人仅以民法典第一千零四十三条为依据提起诉讼的,人民法院不予受理;已经受理的,裁定驳回起诉。"

忠诚协议的有效性

实践中,忠诚协议是否有效,法院往往会根据协议约定内容并结合案件情况来进行综合判断。然而即便在忠诚协议有效的情况下,那是不是签订了忠诚协议就能保证他(她)的忠诚了呢?我想每个人都知道答案,没有外力能够帮助婚姻双方永葆忠诚,因此,请不要心存幻想。但同样地,我们也不能因此就否认忠诚协议所能产生的效果,在司法实践中存在能够认可忠诚协议的效力的情形下,忠诚协议的签署,对于受约束方是一种警醒,适当的外力不能永葆,但确实有助于促进婚姻双方的忠诚。此外,当受约束方真的出现了忠诚协议约定的情形,虽然既成事实已经无法更改,但至少,另一方可以依据忠诚协议让违反忠诚义务的一方为自己的行为付出代价。法律虽然也有关于离婚损害赔偿的规定,但其设定的责任情形较少,标准较高,不能完全适应现实需要。在这种情形下,婚姻双方在法律允许范围内以忠诚协议的方式结合实际情况设定更多的责任情形,对于婚姻忠实的一方无疑是有利的。因此,一份合理合法的忠诚协议,对于婚姻忠实的一方来说,就显得尤为重要了。

实操指南

忠诚协议应避开哪些陷阱

下面,我们就来看一看忠诚协议应避开哪些陷阱:

第一,忠诚协议应为婚姻双方自愿签署,如存在欺诈、胁迫情形,受欺诈、胁迫方是有权请求人民法院予以撤销的,因此,请不要心存侥幸或铤而走险。

第二,忠诚协议应注意不以离婚为前提,依据《解释(一)》第六十九条的规定:"当事人达成的以协议离婚或者到人民法院调解离婚为条件的财产以及债务处理协议,如果双方离婚未成,一方在离婚诉讼中反悔的,人民法院应当认定该财产以及债务处理协议没有生效,并根据实际情况依照民法典第一千零八十七条和第一千零八十九条的规定判决。"因此,一旦忠诚协议根据内容被法院认定其为以离婚为条件的财产分割协议,则另一方在离婚已成事实之前即存在反悔的可能,法院也将不再依据忠诚协议的约定进行处理。

第三,忠诚协议约定的违反忠诚义务的责任,应尽可能符合双方的经济情况,如果违反忠诚义务的责任过于严苛,如要求对方"净身出户"或责任约定明显超出对方经济承受能力等,法院可能不会据此来判定对方责任,而是抛开忠诚协议,酌情处理。因此,违反忠诚义务的责任约定应尽可能符合双方的经济状况，且不应过于严苛，否则可能得不偿失。

第四，忠诚协议不得约定限制或剥夺人身权利的内容，不得违反法律法规的强制性规定及公序良俗，否则相关内容将被认定为无效。如忠诚协议约定违反忠诚义务的一方必须同意离婚，放弃对子女的抚养权、探望权等，相关内容即属无效。再如婚姻关系存续期间一方向婚外第三者出具的忠诚协议，即因违背社会公序良俗而无效。

最后，提醒大家注意，在忠诚协议合理合法，效力为法院所认可的情况下，我们也不是当然就会赢得胜利。想要依据忠诚协议来主张权利，还要留存好受约束方出现忠诚协议约定情形的相关证据并向法院提交。打官司就是打事实、打证据、打法律关系，没有事实的支撑，我们的主张将是苍白的，也不会得到支持。

《民法典》明确规定夫妻应当互相忠实。不论将忠实义务定性为道德义务还是法律义务，它确实是夫妻双方应当做到的。正如一句网络流行语所说："如果爱，请深爱；如果不爱，请离开。"

19 我的肚子谁做主？

曾有网友在杨丽萍社交账号下留言"一个女人最大的失败是没有一个儿女"。现实中，总有人认为，女人生孩子是"天经地义"的事情，不生孩子，就是对不起丈夫，对不起家庭。影视剧中常见的对白也是"保大还是保小"。对于女性来说，明明是自己的肚子，生还是不生，我自己做主行不行？

从"不孝有三、无后为大"再到"养儿防老"，传统的生育观念始终在影响着我们，哪怕是我国计划生育政策执行最为严格的时候，不顾一切生二胎甚至三胎的家庭仍然数不胜数。这其中传统生育观念的影响固然存在，但如此不计代价的生育，涉及其中的每一个女性真的都是自愿的吗？又有多少女性是迫于种种压力，不得已才一生再生的呢？明明是自己的肚子，生不生孩子、生几个孩子却由不得自己，这其中夹杂着多少辛酸和苦涩，我们不得而知。但我们应当知道，特别是广大女性应当知道，女性是有生育权的，自己的肚子，我们有权自己做主。如果你对女性的生育权还不了解，那我们可以通过一个案例先来看一看。

案例

妻子自行流产

小憕有一个朋友小李，两年前与女友小花登记结婚，从此步入婚姻殿堂。本以为二人有多年感情，婚后生活应当幸福美满。谁料二人婚后还是渐渐感情不和，经常爆发争吵和冲突。一次吵架过后，小花挺着怀胎三月的肚子愤而离家，回了娘家居住。因婚后吵架频繁，小花也经常因此回娘家去住，对于小花这一次搬回娘家，小李也没太放在心上。过了半个月，小李像之前一样去丈母娘家道歉认错，希望把小花接回家。不料在见到小花后，他得知在此期间，小花在家人陪同下去做了流产手术。小李气不过，一怒之下将小花告上了法庭，以小花侵犯其生育权为由，诉请法院判令小花向自己赔礼道歉，并支付精神损失费2万元。而小花则认为，根据法律规定，妇女有生育的权利，也有不生育的权利，自己堕胎并无不当，也并未侵犯小李的生育权。

解读

女性的生育权

法院经审理认为，女性所享有的生育权，是一种基于公民人身自由权和健康权的基本权利，基于此权利，女性可以自行决定在怀孕后是否继续孕育胎儿；而男性的生育权，则是基于其与女性的配偶关系而享有的一种权利，其实现需要女性从怀孕后到胎儿出生之前这一段时间内的自愿配合。当男性的生育权与女性的生育权相冲突时，应当根据法益价值等原则，倾向于保护公民的基本权利，也就是女性的生育权。此外，法院认为本案中小李与小花之间系夫妻关系，双方之间虽有矛盾，但夫妻只要互相尊重，互相爱护，遇事共同商量，夫妻之间的矛盾是能够解决的，且双方和好后仍然可以生育儿女，小李基于配偶权所享有的生育权仍然可以实现。综上所述，小李主张小花侵犯其生育权，要求小花向其赔礼道歉，并赔偿精神损失的诉请，法院不予支持。

结合以上案例，我想我们对女性的生育权就有一个较为直观清晰的认识了，同时我们也能直观感受到，我国现行法律是尊重并保护女性的生育权的。《中华人民共和国妇女权益保障法》（以下简称《妇女权益保障法》）第三十二条即明确规定："妇女依法享有生育子女的权利，也有不生育子女的自由。"这一条款，其实早在1992年《妇女权益保障法》首次颁布实施之时即已得到明确，但时至今日，仍然有相当多的女性不了解，甚至并不知道自己有这一权利，致使自身生育权在遭受侵害时无法运用法律武器来保护自己，这无疑是令人惋惜的。

男性的生育权

与此同时，上文中我们也提到了，男性其实也是有生育权的，只是其生育权需要靠女性的配合来实现。同时，如果男性的生育权与女性的生育权发生冲突，法律是倾向于优先保护女性的生育权的。那是不是说男性的生育权就是一纸空文，仅仅是说说而已呢？答案当然是并非如此。

首先，从法律上肯定男性的生育权，无疑是对男性配偶权的尊重和保障，是司法进步的一种体现。与此同时，当婚姻关系中男性的生育权无法得到实现时，法律也为其提供了救济途径。《解释（一）》第二十三条明确规定："夫以妻擅自中止妊娠侵犯其生育权为由请求损害赔偿的，人民法院不予支持；夫妻双方因是否生育发生纠纷，致使感情确已破裂，一方请求离婚的，人民法院经调解无效，应依照民法典第一千零七十九条第三款第五项的规定处理。"而民法典第一千零七十九条第三款第五项则规定："有下列情形之一，调解无效的，应当准予离婚：（五）其他导致夫妻感情破裂的情形。"

上述法律法规及司法解释明确，婚姻关系存续期间，如果女方行使自身的生育权，在怀孕后又自行流产、拒绝生育子女的，男方无权进行干涉，也无权因此请求损害赔偿；但因生育权行使发生纠纷，致使双方感情破裂的，则男方可以以此为由，向法院诉请离婚，法院经调解无效后，对于此种情形，应当准予离婚。即相关法律规定对男性生育权给予的救济途径是，因是否生育致使夫妻双方感情破裂的，允许双方离婚，以使得男性能够有可能继续实现自身的生育权。

因此，应当认为，在男性与女性的生育权冲突中，虽然在二者发生冲突时法律倾向于保护女性的生育权，但男性生育权也并非一纸空文，同样受到法律的保护。在男女平等的法律背景下，没有人有权利要求他人以牺牲自己的权利和自由的方式来维护和实现自己的生育权，除非对方是自愿的，否则，这就是对他人权利的侵犯，对法律公平正义的违背。一段幸福美满的婚姻，男女双方之间必定是一种相互包容、相互理解的关系，在子女生育问题上，双方可以也应当通过平等协商、友好沟通的方式来解决双方之间的矛盾冲突。最后，需要再次强调，婚姻需要尊重，对于女性来说，她的肚子就是她自己来做主的。

20 { 不可不学的婚姻财产保护攻略

在微博上搜索"经济独立"这几个字,查找话题,我们可以看到诸如"经济独立且自由的人""女生经济独立到底有多重要""经济独立后的体验"等众多受到人们广泛关注和探讨的话题,其中"女生经济独立到底有多重要"这一话题,讨论量有4万多,阅读量更是超过2亿。这些话题的主旨,就是我们刚刚搜索的关键词"经济独立",而经济独立则必然绕不开一个字——钱。关于人们为什么这么关注钱,这么渴望经济独立,我想每一个还在为生活辛苦奔波的人都有自己的理解。可能现实正如人们常说的:"钱不是万能的,但没有钱是万万不能的。"钱是如此的重要,以至于生活的方方面面都有它的身影,包括婚姻!

看过《绝望主妇》的朋友们可能都知道《绝望主妇》中苏珊丈夫出轨及双方离婚的情节,剧情中令人印象深刻的是,苏珊的丈夫是个离婚律师,有了二心后,开始不动声色地转移财产,结果离婚时苏珊几近净身出户……除了同情苏珊,我们不禁思考,婚姻可能出现危机,但我们不可能人人都是律师,人人都精通婚姻法规，那么，面对婚姻，我们应该如何保护自己的钱呢？在给出建议之前，我们不妨先来看一个案例。

案例
婚内出轨并赠送第三者大量财产

小懵和小南是大学室友，大学时期，小南苦苦追求班花婷婷三年，但未获成功。大学毕业后，迫于家庭压力，小南在家人安排的相亲中认识了小菊，并火速与之结婚、生子。而白富美婷婷则在家人的安排下，与家境优渥的小刚组成了家庭。

然而，天有不测风云。就在小南工作蒸蒸日上，顺利达到年薪百万的小目标的同时，婷婷家却突逢大变。原来受疫情影响，小刚家的公司资金链断裂，为解决公司问题，小刚陷入了高利贷危机。同时，小刚也因为精神压力过大，经常与婷婷大动干戈，夫妻关系濒临崩溃。

偶然间，婷婷通过朋友圈知道，大学时曾苦苦追求过自己的同班同学小南，现在竟然有车有房，年薪百万，再想想自己如今面临的经济危机，婷婷不禁动了心思。于是婷婷开始与小南有一搭没一搭地闲聊，经常一聊就聊到深夜。小南与婷婷就这样慢慢地联系了起来，甚至经常背着自己的另一半约会。

小南知道自己的女神这些年过得不好，于是背着自己的老婆小菊，先后向婷婷转款近200万元，赠送房产一处，手表、珠宝等贵重物品若干。然而，这些事情终于在小菊某次不小心翻到小南手机的聊天记录时被发现了。生活遭此大变，小菊一时手足无措。小懵在得知好友小南的做法之后，也不禁为小菊抱不平，便建议小菊去咨询律师，寻求帮助。

面对律师，小菊哭诉了小南婚内出轨，并赠送第三者大量财产的事实。小菊作为一个家庭主妇，结婚后就没有再去工作，在自己的婚姻中，钱都是小南挣的，自己名下没什么钱，身边的朋友建议自己离婚，但她十分担心，离婚的话，自己是不是就一无所有了？还有小南赠予第三者的财物，小菊无法容忍第三者得到了自己结婚多年都没有得到的东西，想问问有没有办法惩治第三者？

解读

夫妻共同财产

相信每一个和小菊境遇相同的人都会有这样的问题。安抚好小菊的情绪后，律师也耐心解答了小菊的问题。

首先，根据相关法律规定，夫妻在婚姻关系存续期间所得的工资、奖金、劳务报酬、生产、经营、投资收益等财产，都属于夫妻共同财产。在法律上，即便这些财产没有存放在小菊名下，但由于小南是在婚姻关系存续期间取得的这些财产，因此它属于夫妻共同财产。可能它不在小菊名下，但小菊并不是一无所有。

其次，法律对婚前个人财产还进行了一般规定，《民法典》第一千零六十三条规定："下列财产为夫妻一方的个人财产：（一）一方的婚前财产；（二）一方因受到人身损害获得的赔偿或者补偿；（三）遗嘱或者赠与合同中确定只归一方的财产；（四）一方专用的生活用品；（五）其他应当归一方的财产。"小南赠送给婷婷的金钱、房产及手表、珠宝等贵重物品，除非小南能够证明相关财物或用来购买相关财物的金钱为其婚前个人财产，否则，相关财物或用来购买相关财物的金钱应认定为小南与小菊的夫妻共同财产。在法律上，婚姻关系存续期间，非因日常生活需要对夫妻共同财产做出的重要处理应当经夫妻双方协商一致。小南未经小菊同意将夫妻共同财产赠与婚外第三者婷婷，相关行为侵犯了小菊的夫妻共同财产权。而婷婷明知小南有配偶仍与他保持不正当男女关系，并收受小南赠与的财物，违背公序良俗原则，可以认定该赠与行为是无效的。因此，对于小南赠与婷婷的财物，小菊有权主张返还。

实操指南

婚姻中如何保护自己的财产

看完了上面的案例及律师的解答，在婚姻关系中，对于如何保护自己的财产，我想我们可能已经有了一些模糊的想法。但这还不够，想要更好地在婚姻中保护自己的财产，律师还有以下几点建议：

第一，签订婚前财产协议。婚前财产协议，是指男女双方在结婚登记之前就双方各自婚前、婚后所得的财产的归属所作的约定。在结婚登记前，男女双方在法律上还是彼此相互独立的个体，此时男女双方通过共同签署婚前财产协议的方式，明确各自的婚前财产范围、数量等信息及婚后财产划分等事项，对于厘清双方婚前婚后的财产是非常有帮助的。同时，在婚前对男女双方的财产做出合理划分，为自己争取到适当的财产权益，那么无论婚后双方感情状况如何，我想我们都能够多一些应对婚姻难题的底气。

第二，签订婚内财产协议。如果结婚登记前没能签署婚前财产协议，也不用为此沮丧，法律同样允许夫妻双方在婚姻关系存续期间，对夫妻双方的婚前、婚后财产做出划分。比如双方通过签署婚内财产协议，明确无论是婚前还是婚后，双方各自名下的财产均归各自所有或双方名下的财产均为夫妻共同所有，这些都是可以的。

关于婚前／婚内财产协议怎么写，大家在各种网站上都能搜到不少模板，这些婚前／婚内财产协议都大同小异，一般包括:(1)约定双方的基本情况（如姓名、性别、出生日期、身份证号、住所地等);(2)约定原因;(3)约定的财产及财产权利的具体状况（名称、数量、规格、种类、价值、坐落等）；(4)现有财产及财产权利的归属及未来所得财产及财产权利的归属原则；(5)现有债务的承担以及未来发生债务的承担；(6)夫妻关系存续期间财产的使用、处分以及财产孳息归属等。

第三，拿起法律的武器。如果男女双方之间没有财产约定、财产约定不明或财产约定对自身不利的，此时，我们就需要拿起法律的武器来保护自己的财产权益了。比如，双方对婚前婚后财产没有作出约定，那么按照法律规定，婚姻关系存续期间取得的夫妻共同财产，离婚时原则上是均分的，如果另一方想给自己多分，我们当然是要主张依法分割的。再比如，双方签署的财产协议约定无论婚前还是婚后，双方各自名下的财产均归各自所有，而女方婚后因子女抚养放弃工作的，如果离婚，前述财产约定当然对女方不利，但这并不意味着我们就不能为自己争取财产权益了。例如，男方婚后有与他人同居或有家庭暴力情形的，离婚时我们可以依法主张损害赔偿。已签订的财产协议可能无法推翻，但有法定情形的，我们依然可以拿起法律的武器，争取应得的财产权益。

第四，夫妻财产应知尽知。实践中，经常会遇到的一种情况是夫妻一方对于另一方的财产状况一无所知，或者即便知晓另一方的财产概况，但对具体有多少钱、存放在哪张卡中、有哪些大的花销等，都不甚清楚。要知道，如果你都不知道另一方有多少钱或者整个家庭有多少钱，那么即便另一方将夫妻共同财产赠与他人或有其他不当处理，你又如何能发现呢？并且，离婚时主张分割夫妻共同财产，也是需要向法院提供具体财产信息的，比如房产坐落于何处、存款存在哪个银行的卡号为多少的卡中，如果不能明确这些信息，法院是无法对相关财产进行查实分割的。因此，在夫妻共同生活中，夫妻对双方的共同财产，建议做到应知尽知。

总的来说，财产关系作为婚姻家庭关系的一部分，对于婚姻关系的维系有着至关重要的影响。在婚姻关系濒临破裂，夫妻双方劳燕分飞之际，财产分配更是关乎今后各自的生活水平和生活质量。因此，面对婚姻关系，如何有效保障自己的财产，就显得尤为重要了。

"我养你啊"这样的情话可能很感人，但承诺的一方能否始终如一，谁也无法保证。因此，无论男女双方的感情状况如何，我想如果能有力地将自己的"钱"攥在手中，总归是不会错的。

21 网红"蒙娜丽莎"的哭泣,如何远离伤害?

提起家暴,很多人马上就能想起电视剧《不要和陌生人说话》里冯远征饰演的安嘉和,相信大家印象最深的镜头,就是男主角安嘉和一次次对妻子挥舞拳头的片段吧,这些经典家暴场景也是很多"80后""90后"的童年阴影。

在现实生活中,家暴无处不在。比如西藏网红拉姆,因无法忍受丈夫家暴而离婚,但离婚后拉姆却被前夫泼汽油烧死;知名美妆博主宇芽被家暴,录制视频哭诉凄惨经历,希望能帮助大家认识家暴,给其他受害者停止沉默、走出困境的勇气……

遭遇家暴的不仅仅是拉姆、宇芽,还有千千万万的女性,那么什么是家暴?遭遇家暴该怎么办呢?来听律师讲解吧。

> **案例**
>
> **丈夫再三家暴**
>
> 小憎的大学老乡小武是一个长相帅气、举止文雅的男孩,他一直喜欢着班里的小文,正如所有校园爱情一样美

好,小武和小文在大学时光里深深陷入了爱情的长河。毕业后,小武和小文在所有人的祝福下步入了婚姻的殿堂,并且有了一双可爱的儿女。

然而,某天深夜里,小懵接到了小文的求救电话,让小懵帮忙送她去一下医院。后来医生诊断说小文肋骨多处断裂,问是什么原因,需要报警吗?小文坚称,自己只是从楼梯上不小心摔倒了,没什么事。医生走后,小文才对小懵吐露心声。

原来婚后的小武相较于大学时文质彬彬的他已经判若两人了,小武经常喝酒,喝完就对小文拳打脚踢,第二天醒酒后又对小文百般道歉。想到自己两个孩子还小,而且小武也真诚道歉和悔过了,小文就一次次地原谅了小武。然而小武下手一次比一次重,这次竟然踢断小文三根肋骨。

在小懵的鼓励和建议下,小文去咨询了律师。

解 读

家庭暴力

提到家庭暴力,大家最先想到的往往是"打老婆",就像小武对小文的家暴行为一样,大家认为只有女性才是家庭暴力的受害人,但事实上,男性、儿童和老人也可能是家庭暴力的受害者。

关注娱乐新闻的朋友们都应该知道，著名脱口秀主持人王自健曾在节目中自嘲地说自己被妻子家暴，观众都以为是开玩笑，是节目中的段子，直到后来爆出被打的照片，才知道他真的被老婆家暴！这个八卦新闻在当时令观众惊掉了下巴，谁能想到美丽的妻子竟然是施暴者呢？这也提示大家，人人都可能是家暴的施暴者，人人都需要学一些家暴相关的法律知识。

根据《中华人民共和国反家庭暴力法》（以下简称《反家庭暴力法》）规定，家庭暴力是指家庭成员之间及家庭成员以外共同生活的人之间，以殴打、捆绑、残害、限制人身自由以及经常性谩骂、恐吓等方式实施的身体、精神等侵害行为。虽然《反家庭暴力法》仅仅列举了身体暴力和精神暴力，但家暴还体现为性暴力、经济控制等形式，所以其实我们很多人已经在不知不觉中遭遇到了家庭暴力。

家庭暴力一般发生在家庭成员之间，这里的"家庭成员"指的是配偶、父母、子女以及其他共同生活的近亲属。这里的"近亲属"包括兄弟姐妹、爷爷奶奶、孙子女、外公外婆，等等。除此之外，《反家庭暴力法》明确家庭成员以外共同生活的人之间发生的身体或精神侵害，也属于家庭暴力，比如同居情侣之间、寄养家庭成员与寄养儿童之间，等等。2019年在网络上引起广泛关注的蒋劲夫家暴女友事件，以及宇芽被男友家暴事件，都是典型的发生在家庭成员以外共同生活的人之间的家庭暴力行为。

那么，我们不禁会疑问，家庭暴力涉及哪些法律责任呢？施暴者会面临什么处罚吗？

家庭暴力中施暴者面临的处罚

从民事责任角度讲，根据《民法典》的规定，家庭暴力是法定离婚理由之一，而且受害者可以要求家庭暴力实施者承担损害赔偿的民事责任。从行政责任角度来讲，根据《反家庭暴力法》的规定，对实施家庭暴力尚未构成犯罪但违反治安管理行为的，依法给予治安管理处罚。从刑事责任角度来讲，严重的家庭暴力根据不同情形可能构成刑法中暴力干涉婚姻自由罪、虐待罪、故意伤害罪、故意杀人罪、侮辱罪等罪，将受到刑法的规制。其实我们开头讲的故事里，小文被丈夫小武踢断了三根肋骨，伤势已经很严重了，如果当时小文果断报警，小武是很有可能被认定为故意伤害罪，被判处有期徒刑等刑罚的。

实操指南

面对家庭暴力如何自救

由于家庭暴力的受害者一般处于弱势一方，正如开头我们讲的小文的故事一样，家暴受害者往往和小文一样，束手无策，为了家庭、为了孩子往往选择忍气吞声。那么，家庭暴力受害者们只能忍耐吗？是否有救济的途径呢？答案当然是有的，我们给大家说几个办法：

第一，我们要提醒各位家暴受害者，一定要将自己的生命安全放在第一位，在生命安全得到保证的前提下，再考虑求助等其他问题。

第二，根据我国《反家庭暴力法》的相关规定，家暴的受害人，可以找居民委员会、村民委员会等机构寻求帮助，居民委员会、村民委员会以及所在单位应当给予帮助、处理。

第三，家暴受害者可以选择报警求助。报警是最快捷、最有效、全天候的求救方式。一旦遭受家暴后只要条件许可，一定要报警。这里律师提示各位家暴受害者，如果你选择报警，一定在报警后拿到行政处罚决定书、家庭暴力告诫书、调解协议书等法律文书，固定家暴的证据，防止后期将家暴行为起诉到法院时，没有证据支持自己曾经遭受家暴的事实。

第四，家暴受害者可以起诉离婚，追究家暴方刑事责任。通过起诉离婚，终止婚姻关系，尽可能远离施暴者；追究家暴方刑事责任，使其受到刑罚，并接受教育改造。

律师支了这么多招，然而在实践中，家庭暴力仍面临着举证难、认定难等问题。在司法实践中，当事人主张存在家庭暴力的，只有小部分的当事人能够提供包括伤照、病历、报警记录、子女证言、施暴人保证书等相关证据。由于家庭暴力具有一定的隐蔽性，其他人很难知晓，举证比较困难。

在这里也提示大家，如果你遭遇了家庭暴力，一定要注意保存好证据，比方我们前面说的，要在报警时拿到公安机关证明，包括出警记录、报警回执、询问笔录、告诫书、行政处罚决定书等。同时，也需要收集并保存其他证据，比如病历资料和伤情鉴定等材料，施暴者写过的保证书、忏悔书、承诺书，家暴的音频或视频资料，等等。

"及时止损"这个词用在家暴事件里真的是十分恰当，我们见到很多女性为了家庭、为了孩子而委曲求全，蹉跎一生的案例。在最后，我们也希望各位家暴受害者，要勇敢面对自己的人生，敢于和家暴斗争！

22 当爱走到尽头,怎么更好地保全自己?

婚姻的成功取决于两个人,而一个人就可以让它失败。纵使曾经海誓山盟,终究挡不住感情的逝去。今天,我们就来聊一聊,当爱走到尽头,怎么更好地保全自己?

汉乐府民歌中有一首情歌《上邪》,我想很多人都读过,这首民歌以一种极尽夸张的手法准确地表达了热恋中人特有的绝对化心理,并将主人公至死不渝的爱情强调得无以复加,篇幅虽短,但意味深长。我想,很多人在和自己的另一半相处时都曾有过类似的情感状态,也曾为了另一半愿意不顾一切。时过境迁,有的人虽然慢慢过了热恋期,但双方还是能相爱如故,而有的人却彼此渐行渐远,直到分离。相爱是美好的,但不是每一对相爱的人都能一直走下去,当爱走到尽头,我们只能尽量保全自己。可对有的人来说,付出是自己擅长的,谈到保全自己,就不知所措了。实践中,当爱走到尽头,想离不能离,被离婚拖垮身体或精神的情况并不鲜见,如果你还保有怀疑,我们不妨先来看个案例!

案例

历经四次诉讼的离婚

小懵与小美于2015年登记结婚，婚后育有一子。二人因性格差异，矛盾颇多，小懵自2016年起开始外出打工，原告小美分别于2017年3月、2017年11月、2018年7月三次向法院起诉离婚，法院均考虑到婚生子年龄尚幼，被告小懵不同意离婚，且原告小美不能证明夫妻感情确已破裂，判决驳回小美的离婚诉讼请求。其后，小美第四次起诉离婚，法官针对小懵与小美长期离婚诉讼的实际情况，多次从情理、法理、子女成长等角度对双方做工作，最终被告小懵同意离婚，双方就离婚、财产分割、子女抚养事宜达成调解，小美离婚的诉求才最终得以实现。

从小懵与小美的案例中我们可以看到，小美历经四次离婚诉讼才最终得以离婚，其间花费的时间、耗费的精力及支出的费用自不必多说。

解 读

婚姻自由

到这里可能有人会问了，现在不是倡导婚姻自由吗，法律也有明文规定，但为什么离婚却"不自由"了呢？谈到这，首先我们需要明确，婚姻自由包括结婚自由，也包括离婚自由，婚姻自由是婚姻关系双方的一项人身权利，法律也保护这项权利。但同时我们也应当了解，婚姻自由并不是绝对的自由，法律不论是对结婚还是对离婚都是作出了一些限制性规定的，但这些限制并非否定婚姻自由，而是要当事人慎重处理婚姻关系，同时也是对利害关系人利益的保护。

离婚的方式

也正因为法律对离婚有限制性规定，因此，当爱走到尽头，如何实现高效离婚，对于渴望脱离这段婚姻关系的人来说就变得非常重要了。那么，根据我国现行法律，离婚都有哪些方式呢？

首先，根据相关法律规定，离婚有两种方式，分别是协议离婚与诉讼离婚。协议离婚，是指夫妻双方签订书面离婚协议，并亲自到婚姻登记机关申请离婚登记的离婚方式。如果男女双方对离婚、财产分割、子女抚养、债务处理等事项能够自行达成一致，并签订书面离婚协议，则双方可自行前往婚姻登记机关办理离婚登记。协议离婚的优势是方便快捷，如果双方均同意离婚并且能够对上述事项达成一致，无疑选择此种方式是最为经济高效的。但提示注意，协议离婚的，依照现行《民法典》的规定，自婚姻登记机关收到离婚登记申请之日起会有三十日的离婚冷静期，冷静期内任一方不愿意离婚可撤回离婚登记申请，期满后双方未亲自到婚姻登记机关申请发给离婚证的，视为撤回离婚登记申请。因此，协议离婚仅能在双方均同意离婚及对离婚所涉事项达成一致,并在离婚冷静期届满双方共同申请发给离婚证之前无人反悔的情形下才能实现离婚目的,这也是其局限性。

如果双方不能通过协议离婚方式离婚,则可通过诉讼的方式离婚。诉讼离婚,是指通过向人民法院提起离婚诉讼,取得离婚判决书、调解书进而实现离婚的离婚方式。《民法典》第一千零七十九条明确:"人民法院审理离婚案件,应当进行调解;如果感情确已破裂,调解无效的,应当准予离婚。"因此注意,人民法院审理离婚案件,以夫妻感情确已破裂为判决离婚的必要条件。在诉讼离婚情形下,如被告明确表示不愿离婚,法院审理中如原告不能举证证明夫妻感情确已破裂,则离婚的诉请可能不会被法院支持。

关于如何判断夫妻感情确已破裂,法律没有一个统一的判断标准,但《民法典》第一千零七十九条明示了几种可以认定为夫妻感情确已破裂的情形,具体为:"有下列情形之一,调解无效的,应当准予离婚:(一)重婚或者与他人同居;(二)实施家庭暴力或者虐待、遗弃家庭成员;(三)有赌博、吸毒等恶习屡教不改;(四)因感情不和分居满二年;(五)其他导致夫妻感情破裂的情形。"对于夫妻日常生活中对方出现的上述情形,如果诉讼离婚方能够取证留存,在推进离婚诉讼进程上将是非常有帮助的。另外,如果首次离婚诉讼未被判离,根据《民法典》的规定,经人民法院判决不准离婚后,双方又分居满一年,一方再次提起离婚诉讼的,应当准予离婚。因此,如果第一次起诉未能判离,诉请离婚的一方可待与对方分居满一年后再次起诉离婚。

除上述情形外,《民法典》对于夫妻离婚的情形,还有一些特别规定,如"现役军人的配偶要求离婚,应当征得军人同意,但是军人一方有重大过错的除外"以及"女方在怀孕期间、分娩后一年内或者终止妊娠后六个月内,男方不得提出离婚;但是,女方提出离婚或者人民法院认为确有必要受理男方离婚请求的除外"。在离婚过程中,对于符合上述特别规定情形的,也需要加以注意。

实操指南

决意离婚需要进行哪些操作

综上所述,不论是协议离婚还是诉讼离婚,都各有其优缺点。当爱走到尽头,如果您已决意离婚,那么律师建议您:

第一,如果对方在日常生活中有《民法典》明示的可以被认定为夫妻感情确已破裂的情形,建议取证留存,不论是用以协议离婚时与对方谈判,还是诉讼离婚时用以推进诉讼进程,都是非常有帮助的。

第二,如果对方也同意离婚,那么还是可以尝试与对方协议离婚,毕竟这种方式最为经济高效。但也提示注意,律师不建议为了尽快离婚,而在协议离婚时同意对方诸如多分财产等要求,否则,协议离婚后就相关约定反悔的,主张权利的难度将非常大。

23 { 曾经你说你养我,现在我却人财两空

看过周星驰主演的电影《喜剧之王》的朋友可能都会对一个情节印象深刻,那就是发生在周星驰饰演的尹天仇与张柏芝饰演的柳飘飘之间的一段"不上班你养我吗?""我养你啊!"的对白情节。电影最后对两个人的结局没有明确展示就结束了,这种不确定惹人遐想,反而增添了电影的意蕴。但现实生活中,脱口而出的每一句"我养你啊",或早或晚,都会迎来自己的大结局。

之前的章节我们提到过,婚姻的成功取决于两个人,而一个人就可以让它失败。当激情过去,双方之间矛盾突显,曾经的"我养你啊"可能渐渐抛诸脑后,再也回忆不起。更有甚者,形同陌路、反目成仇,曾经你说你养我,现在我却人财两空。听起来像是段子,现实中却会真实发生。下面,我们就先来看一个案例吧!

案例

被离婚的全职妈妈

小美大学毕业后与大学同学小懵结婚,婚后不久双方

有了孩子，小美就一直在家做全职妈妈，婚后七年，双方感情渐渐平淡，但也没有大的矛盾发生。突然有一天，小懵告诉小美自己爱上了别人，要求离婚，小美苦苦哀求，试图挽回，然而小懵心意已决。眼见小美不同意离婚，小懵遂起诉离婚，此时小美已经三十多岁了。法庭上，小懵要求孩子的抚养权，理由是小美没有钱，没有工作，没有抚养能力；小美名下无房，没有住的地方，并且小美没有北京户口，孩子上学成问题。而小美给出的辩解，却只是小懵曾说过让自己安心在家，他会赚钱养家，显得苍白无力。因小懵的这种说法，小美一心扑在家庭上，平常都由小懵固定给生活费，因此也并未发现小懵早早地就将夫妻共同财产进行了转移，离婚分割财产时才发现夫妻共同财产几近于无。虽然知道家庭实际经济情况并非如此，但苦于平日里对家庭经济情况一无所知，小美也拿不出有力证据予以证明，最终只能是有苦难言。

解读

家务劳动补偿制度

上面的案例充分展示了什么是感情蜜月期他说他养你，感情寒冬期他说你不配。可能对全职妈妈来说，辛苦维持的这个家占据了她生活的绝大部分，她们为此付出了一切，可一转眼，自己不仅面临着一腔感情付之东流的境遇，而且还要承受争取抚养权失败，甚至净身出户的不利后果。这对于面对离婚的全职妈妈来说，无疑是雪上加霜。那么，面对这些可能出现的极端情况，全职妈妈们应该如何应对呢？

首先，全职妈妈们应当知道，《民法典》明确了家务劳动补偿制度，即夫妻一方因抚育子女、照料老人、协助另一方工作等负担较多义务的，离婚时有权向另一方请求补偿，另一方应当给予补偿，具体办法由双方协议；协议不成的，由人民法院判决。法律现已对家庭劳务价值作出肯定和保护，不论夫妻共同财产如何分配，全职妈妈们为家庭付出这么多，如果离婚，劳务补偿是全职妈妈们应得的。

婚内共同财产

此外，虽然从相关法律规定上来讲，如果夫妻双方对于婚姻关系存续期间的财产没有明确约定，那么离婚时夫妻共同财产原则上是均分的。但需要注意的是，法律是规定均分没错，但婚姻关系内夫妻共同财产有多少，是需要双方自行向法院明确的，如果您对自己家庭的经济状况一点都不了解，那离婚时，对方一口咬定所有的夫妻共同财产都用于家庭生活了，没有结余，法院也是没有办法查明的。想要法院查明，即便您不知道对方手上具体有多少钱，至少也应向法院提供您所知悉的对方的银行卡信息、股票、证券账户信息等，这样通过调取银行流水、账户资产信息，对于对方掌握的财产还是能有一个梳理的。千万不要抱着虽然我什么也不知道，但只要我向法院申请调取信息，法院就一定能给我查清的想法，否则到最后很有可能是哑巴吃黄连——有苦说不出。

与此同时，掌握对方的银行卡信息、股票、证券账户信息等，通过调出的银行流水等信息，我们也能够观察对方是否存在大额支出并未用于夫妻共同生活，而是赠与婚外第三者，或者在离婚前，对方有隐藏、转移夫妻共同财产的情形。如果对方有上述情形，一经发现，赠与婚外第三者的财产，我们是有权主张返还并在离婚时进行分割的，并且如果对方存在与他人同居甚或重婚情形的，我们还能够请求损害赔偿；如果对方存在隐藏、转移夫妻共同财产等情形，我们还能够向法院主张在离婚时就夫妻共同财产给对方少分或不分。这些情形可能都隐藏在银行流水中。因此，全职妈妈们在专心带孩子、操持家务的同时，建议也多关注家庭的经济情况，有所了解。当一个"甩手掌柜"，不论是经商还是婚姻，都是存在极大风险的。

子女抚养权

其次，对于子女抚养问题，法律多为原则性规定，如"离婚后，不满两周岁的子女，以由母亲直接抚养为原则。已满两周岁的子女，父母双方对抚养问题协议不成的，由人民法院根据双方的具体情况，按照最有利于未成年子女的原则判决。子女已满八周岁的,应当尊重其真实意愿"。根据上述规定,不满两周岁的子女,全职妈妈在争取抚养权上是非常有利的,即便存在经济上的问题,如果庭审中能够提供孩子的外祖父母能够帮忙照看孩子,而自己可以尽快工作的有利证据,也将是争取孩子抚养权的加分项。而孩子如果超过八岁,作为跟孩子在一起时间最多的全职妈妈,我想在征求孩子意愿的时候,应当也是非常有优势的。对于需要按照最有利于未成年子女的原则判决的情况,也不是就毫无办法,比如根据相关司法解释,有"子女随其生活时间较长,改变生活环境对子女健康成长明显不利""无其他子女,而另一方有其他子女"或"已做绝育手术或者因其他原因丧失生育能力"等任一种情形的,在争取孩子抚养权时将会被优先考虑。因此,在面对离婚时,根据实际情况,我们也是可以灵活应对的。

提示注意,在争取孩子抚养权的同时,也不要忘记主张抚养费,对于对方有固定收入的,抚养费可以按其月总收入的20%~30%的比例主张,有两个以上子女的,比例还可以适当提高;即使对方无固定收入,抚养费的数额也可以依据对方当年总收入或者同行业平均收入,参照上述比例确定。另外,律师提示大家,抚养费确定后,也不是一成不变的。以下三种情况下,子女可以要求有负担能力的父或者母增加抚养费:(一)原定抚养费数额不足以维持当地实际生活水平;(二)因子女患病、上学,实际需要已超过原定数额;(三)有其他正当理由应当增加。

夫妻共同债务

最后，有些全职妈妈在离婚时不仅人财两空，甚至还莫名背上债务。在此就涉及夫妻共同债务。

首先，《民法典》明确了夫妻共同债务"共债共签"的基本原则，即夫妻共同债务原则上要由夫妻双方共同予以确认。夫妻双方共同签名确认或虽然只有一方签名，但是另一方事后予以追认的债务为夫妻共同债务。

其次，夫妻一方在婚姻关系存续期间以个人名义为家庭日常生活需要所负债务，可以认定属于夫妻共同债务，超出家庭日常生活需要所负债务原则上不属于夫妻共同债务。比如丈夫借款20万元购买了一辆小汽车，供夫妻二人使用，即使妻子表示不知道该笔借款，也没有在借条上签字，但是因为该笔借款是为了满足家庭日常生活所需的，所以属于夫妻共同债务。但是，如果丈夫瞒着妻子以个人名义向他人借款100万元为自己购买奢侈品或者在外挥霍，没有用于家庭生活，那么该笔借款应当被认定为丈夫的个人债务。

最后，债权人举证证明夫妻一方超出家庭日常生活需要所负债务用于共同生活、共同经营或者基于夫妻双方共同意思表示的，该笔债务为夫妻共同债务。比如，丈夫以个人名义向他人借款100万元，超出了家庭的日常生活需要，但是出借人提交的证据能够证明这笔借款用于借款人夫妻双方共同经营公司，那么该笔借款应当属于夫妻共同债务。

因此，离婚时面对债务问题，对不属于夫妻共同债务的，全职妈妈们一定要尽可能提供证据、据理力争，避免无端背上债务，使自己承受更大的经济压力。

作家柏杨说："爱情是不按逻辑发展的，所以必须时时注意它的变化。爱情更不是永恒的，所以必须不断地追求。"曾经他说他养你，到如今可能变成了说说而已。因此，虽然爱情需要付出，但谨记不要一味付出，毫无保留的付出与信任并不都能得到好的反馈。婚姻路上，唯愿双方且行且珍惜。

24 { 管生也要管养，孩子抚养权怎么算？

娱乐圈中的分分合合不少，赵丽颖和冯绍峰就曾官宣结束两年半的婚姻，并表示会共同抚养孩子。广大吃瓜群众除了关注这两位明星的婚姻八卦、财产分割外，最关注的，大概就是孩子抚养权的归属了。

双方共同抚养对孩子的成长无疑是最有利的。然而，并非所有的夫妻都会以和平方式结束婚姻，离婚更多的是一地鸡毛。无论协议离婚还是诉讼离婚，一旦牵扯到孩子，夫妻双方对于孩子抚养权的归属、抚养权的变更，常常成为争执的焦点。

说起我们今天要讲的离婚抚养权，我们不妨先看一个案例吧。

> **案例**
>
> **离婚后的抚养权归属**
>
> 2009年，小美和小懵登记结婚并生育一子小白。2012年，小白被诊断为孤独症。2018年，小美和小懵感情破裂，两人协议离婚，签署了离婚协议，明确约定"婚生子小白

由小懵抚养，小美无须支付抚养费，可随时探望小白"。孩子年幼而且患有孤独症，虽然协议约定小白由爸爸小懵抚养，但小白一直和妈妈小美居住。时间一久，小美便想把孩子抚养权变更为由自己抚养，小懵也不愿意放弃孩子抚养权，于是小美便将小懵诉至法院。

小美认为，小白确诊孤独症后，自己就辞职全身心照顾小白，陪同小白进行康复训练，自己有多年照顾孤独症儿童的经验，可以更好地照顾小白病情；而且现在自己在家经营网店，收入不错，上班时间自由，更适合抚养小白。而小懵却认为，自己作为企业高管，工作稳定，收入较高，经济实力更强，当然更有能力为儿子提供必要的生活和学习条件。

这个案件的审理法院认为，确立子女抚养权，应首先考虑子女的健康成长，以着重保护子女的利益为原则。本案中，小白自出生至今几乎从未离开过母亲，其已熟悉有母亲陪伴的生活环境。在小白被确诊为孤独症后，十年间，小美坚持带小白进行治疗、康复训练，陪同小孩读书，除了经济上的开销，其耗费的精力和时间亦不可小觑。即使双方离婚后，实际上也是小美在抚养孩子。根据医嘱，小白需长期进行特殊训练，小美的工作性质允许其继续陪同孩子进行康复训练，而小懵的工作性质很难确保其有足够的时间及精力陪伴小白。另外，虽然小白已年满八周岁，但因其患有孤独症,法院不再单独询问其对抚养的意愿。

因此,虽然双方的离婚协议约定小白由小憎抚养,但本着未成年人利益最大化的原则,从更有利于小孩身心健康的角度出发,综合考虑小白目前的生活及身体健康状况等因素,对于小美要求变更小白由其抚养的请求,法院予以支持。

解 读

抚养权的判定

通过这个案例,大家可以看出,在审理婚姻家庭案件中,人民法院非常强调对未成年人的保护,尤其在离婚案件中,人民法院在判决确定子女直接抚养权归属时,更是从子女利益最大化的原则出发。

看完这个案例,大家或许会疑惑,这个案例还是比较特殊的,那么司法实践中,对于不同情况的孩子,其抚养权是如何判定的呢?律师告诉大家,"社会生活的百科全书"《民法典》已经给出了答案。

《民法典》对于判定孩子抚养权设置了三个年龄段,具有很强的操作性,具体为:

第一个年龄段是"两周岁以内的子女",《民法典》规定"以由母亲直接抚养为原则",须注意,司法实践中通常将"哺乳期内的子女"理解为两周岁以下的孩子。那么，两周岁以内的孩子一律由母亲抚养吗？当然不一定，《民法典》只是规定了一般情况下是由母亲抚养。现实中会存在多种特殊情况，比如孩子母亲患有精神疾病，有可能发病时伤害子女，此时，孩子则不宜由母亲抚养。

第二个年龄段是"已满两周岁、未满八周岁的子女"，针对这一年龄段的孩子，法律规定"按照最有利于未成年子女的原则"来确定抚养权归属。那么如何判断什么判决"最有利于未成年子女"呢？法官裁判时会对父母双方的情况进行比较，比如是否有稳定的收入和住所、是否有家暴倾向、老人帮助照顾未成年子女的参与度，等等，都是法官衡量的标准。

第三个年龄段是"已满八周岁的子女"，法律规定"应当尊重其真实意愿"。这是说，八周岁以上的孩子对父母离婚这一事件，已经有了识别、判断能力，可以自己独立做出更愿与谁一起生活的真实意思表示，父母双方争夺孩子抚养权时，要让未成年人自己表达内心的真实想法。我们前面讲的案例比较特殊，因为小白患有孤独症，虽然他已经超过了八岁，法官也没有再询问其内心想法。

除了了解《民法典》对于离婚孩子抚养权归属的规定外，大家还需要注意，孩子的抚养权归属是可以变更的，就像前面我们讲述的小美和小懵的案例一样。根据《民法典》的规定，父母双方协议变更子女抚养关系的，只要有利于子女身心健康和保障子女合法权益，应予准予；而一方要求变更子女抚养关系的，具有"已满八周岁的子女，愿随另一方生活，该方又有抚养能力"等情形的，人民法院应予支持。

实操指南

如何争取孩子的抚养权

很多想要争取孩子抚养权的家长经常电话咨询律师：为了得到孩子的抚养权，我们应该怎么做呀？这里给大家讲讲争取孩子抚养权，大家需要准备些什么证据。

第一，须注意父母双方及孩子爷爷奶奶、外公外婆基本条件的取证。对于孩子父母，须注意工资收入、教育程度、思想品质等方面证据的收集。在当下社会，通常是一方的父母带孩子，因此，孩子爷爷奶奶、外公外婆的身体情况、教育程度等因素，往往也是影响孩子抚养权的一个重要方面。

第二，要注意在平时生活中尊重孩子的意见，取得孩子的认同，在离婚前或离婚过程中，做好孩子的思想工作，让孩子自愿随自己生活，这一点非常重要。

第三，需要注意孩子生活环境方面的取证，比如父母一方的住所距离学校较近，对孩子入学、生活最为有利，这种情况当然是有助于取得孩子抚养权的。

为人父母，我们当然希望每一个孩子都能在一个健康、友爱的环境下成长。无论大家采取什么方式争取孩子的抚养权,大家一定要关注孩子的健康,多听听孩子的心里话,就算没有取得孩子的抚养权,父母也应当多多呵护、关爱孩子。

第四部分

想要安心舒适的家,租房买房得留个心眼

25 看着蓝图和工地你就敢买房？

对于中国人来说，买房是一件终身大事。有的人买房来作为婚房、住所，而有的人可能是用来投资、炒房。目前，房地产市场上一般分为现房和期房两种。现房，顾名思义，就是已经建好、现成的房子，签订房屋买卖合同后，即可立即办理入住并取得产权证。而期房，就是指在建的、尚未完成建设的、不能交付使用的房屋，购房者购买的是开发商进行预售的商品房。

一般来说，期房价格相对较低，挑选余地大，可以提早挑选自己中意的房源。所以很多人会选择购买期房。另一方面，相对于期房资源而言，现房资源较少，一些人也只能无奈地选择购买期房。

在购买期房过程中，由于期房尚在建造，所以购房人无法实地看房，而是通过开发商提供的预售资料、刊登的广告或者展示的房屋效果图来"脑补"房屋的样子，有的开发商可能将售楼处设置在工地附近，让购房人能够更加相信期房真的是"未来可期"，让他们放心地签合同、交钱。可是，仅仅看着这些效果蓝图和施工工地，你就真的敢放心大胆地买房吗？

案例

逾期交房

小憎长期在上海打工，有了一定的积蓄，就想着在老家县城里买一套房子，无论是居住还是增值，都是不错的选择。于是，趁春节过年回家的时候，小憎就带着家人在县城里看了好几处楼盘。经比较，他们最终看中了一处楼盘的房子，展厅里的楼盘效果图显示小区环境优美、交通便利、户型合适、风格高档，价格也不错，而且售楼处的旁边就是在建的工地，可能很快就能够建成。这让小憎和家人都很心动。同时，其他看房的人也很多，小憎担心房子会被别人抢先买走，于是很快就与开发商签订了房屋预售合同。其中合同约定，开发商应当在一年之内交房，如果逾期交房的话，开发商需要按天支付逾期交房违约金。如果逾期交房超过60天，小憎有权解除房屋买卖合同，同时开发商应退还小憎已付的房款，并双倍退还定金。合同签订后，小憎交了5万元定金，并按约定支付了10万元首付款。

但后来，楼盘施工缓慢，竣工遥遥无期，开发商迟迟无法交房。此外，随着房价的变化和楼盘一些负面新闻的出现，小憎有了退房的想法。于是，小憎向开发商提出，

> 房屋逾期交房已超过60天，按照合同约定，自己有权退房，并要求开发商支付违约金和双倍返还定金。但开发商却只愿意退还房款和定金，最多再支付个违约金，而不愿双倍返还定金。双方无法达成一致意见，于是小懵将开发商诉至法院，要求与开发商解除合同，并要求开发商支付违约金和双倍返还定金。
>
> 但令人没想到的是，小懵这看似合理的诉求却未被法院支持。法院最终判决：房屋买卖合同无效，开发商返还小懵购房款和定金，并赔偿部分损失，驳回了小懵要求开发商双倍返还定金的诉求。

解读

商品房预售前的手续

原来，法院经审理发现，开发商与小懵签订房屋预售合同的时候，该楼盘并未取得商品房预售许可证明，且截至起诉的时候，开发商仍然没有取得商品房预售许可证明，并且这时房屋尚未竣工。而根据相关法律规定，商品房预售应当办理预售登记，取得商品房预售许可证明。所以，小懵购买的这个预售楼盘因为没有取得预售许可证，违反了法律、行政法规的强制性规定，所以预售合同归于无效。而合同无效的后果通常就是"互相返还"，开发商应返还小懵的购房款和定金，而开发商关于"支付违约金和双倍返还定金"的违约责任也因为合同的无效而不再承担。因此，法院驳回了小懵要求开发商双倍返还定金的诉求。而赔偿给小懵的部分损失，也只是根据双方的过错程度和实际情况（比如考虑到利息等）酌情支持的一小部分损失。

因此，从小懵的故事中我们可以看出，在购买期房的过程中，我们不能仅仅根据宣传册、效果图、样板间和施工的工地就盲目地买房，还应该注意这个房子的预售手续等是否完备，否则极有可能签了个无效合同，最后竹篮打水一场空。

实操指南

购买期房前须了解事项

我们建议，购买期房，最好先了解开发商的资质、信誉和相关预售手续。

第一，开发商必须具备一定的房地产开发、销售的资质，如果买房时，跟你签合同的是"某食品公司"，相信大家都会怀疑他可能是假开发商吧？大家可以通过开发商提供的营业执照来查阅他们的经营范围，或者自行通过国家企业信用信息公示系统、天眼查、企查查等网站查询开发商的经营范围，看其是否具备"房地产开发、销售"等资质，避免被骗。

第二，选择一些知名度高、信誉好、实力强的开发商开发的房屋，也能够让购房人更放心。现在很多法律文书都会公示在网上，大家可以通过天眼查、企查查、裁判文书网等网站查询开发商的涉诉情况，看看他们是否存在很多诉讼，如果一个开发商涉及诸多诉讼、劣迹斑斑，那么你就要考虑，如果自己买了他们的房子，是否也会遭遇同样的官司。

第三，根据《中华人民共和国城市房地产管理法》（以下简称《城市房地产管理法》）第四十五条的规定，预售的期房还应当具备土地使用权证书、建设工程规划许可证、商品房预售许可证，且开发商投入的开发建设资金已经达到一定要求（总投资25%以上），并确定了施工进度和竣工交付日期。达不到上述条件的话，期房买卖合同就可能无效。所以在购房前，最好要求开发商提供相关证明，审查楼盘的预售条件。当然，按照《最高人民法院关于审理商品房买卖合同纠纷案件适用法律若干问题的解释》（以下简称《商品房买卖合同司法解释》）的相关规定，签订合同时未取得"预售许可证"的，在起诉前取得的话，合同也可以认定有效。但保险起见，签合同前期房就具备预售许可，对购房人来说才是更安全的保障。

当然，购买期房除了要关注开发商的资质、信誉和相关预售手续之外，合同也很重要，比如付款条件、时间和方式，交房时间，违约责任等，都是购房合同的重要条款，一定要注意审核后再签订。同时，不要轻信开发商的口头承诺,很多开发商为了宣传造势,以各种"亮点"吸引购房者的眼球,有的为了达到宣传效果、让你买房,甚至不惜夸大其词、随口承诺,但如果不把这些宣传和承诺落实到合同里的话,事后再去找开发商理论的时候,他们就可能装聋作哑、一问三不知。所以,如何签订合同、应对虚假宣传也是一个很重要的话题,我们之后将在其他章节中详细讲解。

以上就是购买期房应注意的问题。房子是我们的家,是承载亲情的场所,是很多人可能耗费毕生积蓄才换来的一个地方,所以,希望大家在买房时,能够慎之又慎,防范风险。

26 买了学区房，孩子就能顺利入学？

孩子的上学问题，是很多家长非常关注的一个话题。为了不让孩子"输在起跑线上"，有更好的入学、读书条件，很多爱子心切的父母们，就像古代的孟母一样三迁居所。尤其是在一些大中城市里，因为学校按照划分的片区招生，家长为了孩子上学而不得不花大价钱在重点学校附近买房的情况就更为常见。这些口碑较好、师资优良的中小学对应划分片区内的房产，就是所谓的学区房。这些学区房，就成了很多家长宁愿花高价，也要争先购买的房子。

案例

二手学区房的户口陷阱

上一章中，我们分享了小懵买期房的故事。因为楼盘没有预售许可证，导致房屋买卖合同无效，他最终没有买成房子。经此一事之后，小懵也算吃一堑长一智，不敢再买期房，转而打算购买现房或者二手房，心想房子都是盖好的,甚至二手房都有人住过了,跟房主打交道,总比跟开发商打交道少一些陷阱吧,于是就开始到处寻找合适的房源。在找房的过程中,小懵听亲戚朋友们说,买学区房的话,以后子女可以上个好学校。于是,小懵决定要优先考虑学区房。

功夫不负有心人,经过一段时间的比较、筛选,小懵看中了一套二手学区房,房子附近有当地的重点小学和中学,将来子女可以就近就读附近的学校。这个房子的房主是一对老夫妻,因为儿女都已经成年,在外地工作,没有子女上学的需求。于是,这对老夫妻就想着把房子卖了,毕竟学区房价格高,他们把房子卖个好价钱,可以再在别的地方买一个便宜点的房子,还能留点积蓄,或者卖了之后去外地投奔儿女也行。

所以,两位老人对房屋价格也没有过分的要求,人也很好说话,定下来的价格比同区域的学区房便宜一些。于是,小懵很快就与老人签订了房屋买卖合同。接下来支付房款、入住都很顺利,双方过户登记也很顺利,小懵拿着写着自己名字的房本,心想:这下终于可以万事大吉了吧。

可是令小懵没有想到的是,去当地派出所办理户口迁移,要把户口迁移到买来的房屋上时,他却被派出所民警告知这个房屋上仍然有两位老人的户口,这对小懵及其家人的户口迁入和将来子女的入学可能有很大影响。

小懵这次真的蒙了！说好的大家诚实互信呢？买个房怎么就这么难呢？感觉被骗了的小懵气得是咬牙切齿，发誓要找老人讨个说法。于是小懵就联系了老人，让老人立即把户口迁走。但老人却说："我们老两口还没买房，没地方迁户口，而且我们在那里住了一辈子，也不想把户口迁到一个新的陌生的地方去，更不想找子女把户口迁到外地，所以只能先这样。"小懵听到这话，更是气不打一处来，心想：你们不想迁户口，那为什么要卖房子呢，还说是学区房！于是，他一纸诉状把老人告上了法庭，要求老人把户口从房屋中迁出。

但是，让小懵再一次没有想到的是，这么一个明显的、合理的诉求，竟然被法院驳回起诉了。

解 读

法院的理由是：迁出户口的诉讼请求不属于人民法院民事案件的主管范围，户口的变动应由户籍管理部门审批，是否迁移户口的决定属于户籍管理部门的具体行政行为，法院应充分尊重行政机关依法行政的权力，一般不能越权代行政机关做出某一具体行政行为。而且合同中并没有关于是否迁出户口以及何时迁出户口的约定。

简单来说，法院认为这不归法院管。这下，小懵真的是哑巴吃黄连，有苦说不出。谁能想到，买期房出现问题，没买成；现在买二手学区房，买是买成了，但是学区房的价值却难以实现。但是，天无绝人之路，小懵的诉讼虽然被驳回了，但是在法院的协调之下，老人愿意解除合同，退还房款。小懵没办法，也就不得不同意了。最终，双方解除了合同，小懵不得不从没住几天的房子里搬走。走到楼下的时候，小懵望着身后的房子，感叹道：前后忙活了这么久，最终竟又是竹篮打水一场空。

从小懵的这个故事中我们可以看出，在购买学区房的过程中，我们不能只为了子女上学而不顾一切地抢购学区房，而应该先详细了解房屋情况、当地的学区政策等，再决定要不要买，尤其是二手学区房，可能已经有户口登记在这里了，这就可能影响购房人的户口迁入以及实际使用，出现"买了学区房，但孩子不能顺利入学"的情况。

实操指南

购买学区房时的注意事项

对于购买学区房，我们建议从以下几点注意相关风险的防范：

第一，详细了解房屋上的户口情况，以及入学政策。比如，可以询问卖房人或中介，房屋上都有谁的户口？能不能迁出？什么时候能够迁出？或者请卖房人协助，去户籍管理部门（比如当地派出所）申请查询房屋上的户口情况；入学政策可以咨询教育部门和学校。因为实践中，一些二手房上不仅会有卖房人的户口，还可能存在更早之前的房主的户口，如果不查清楚，可能为购房人的落户或实际使用带来不少麻烦。所以，可以提前了解或查询房屋内现有户口的情况，将户口作为是否买房的决定因素之一，以便对是否购入该房做出理智的判断。

第二，在合同中明确约定购房用来就近入学的目的，以及迁出户口的期限和逾期迁出户口的违约责任。根据相关法律规定，当事人可以在合同中约定违约条款。因此，在签订购房合同时，可以约定出售房屋的卖房人应当在合同签订之日起或者交房之日起的一定期限内将户口迁出，并明确约定逾期未迁出的话，应该承担多少金额的违约金。同时，明确在达到某种程度（如逾期30天还不迁出，或者影响户口迁入、子女入学）后，购房人可以解除合同。通过这些违约金及解除合同的条款，可以一定程度上督促卖房人尽早办理户口迁移手续。

第三，预留部分未付房款，或设置"差价补偿条款"。可以在合同中约定，预留部分房款，待卖房人迁出全部户口后再行支付，这样也可以在一定程度上督促卖房人尽快履行户口迁出义务。而如果卖房人拒不迁出户口，则购房人可以行使先履行抗辩权，通俗讲就是你先履行你的义务，我再履行我的义务。

另外,为了避免卖房人始终拒不迁出户口,或者即使迁出了但却实现不了学区房的价值等风险,购房人可以在合同中设置"差价补偿条款"。约定如果卖房人最终不能履行迁出户口义务,并确保房屋户口有入学资格的话,则购房人在选择不解除合同的情况下,可以按照非学区房的价格,要求卖房人退还学区房高出部分的差价;或者约定,如果购房人选择解除合同的话,可以要求卖房人承担在该学区或者相似学区重新购买房屋的额外差价。有了这样的约定,就能够在一定程度上保障购房人购买学区房的利益。因为法院虽然不能直接判决让违约方迁移户口,但是却可以依据合同的约定,判决违约方承担不迁移户口的违约金。

购买学区房是一件大事,所以千万不要大意,要慎之又慎,防范风险,避免竹篮打水一场空,从而无法实现学区房应有的重要价值。

27 中介送米送油送温暖，你要小心被套路

在当今社会，不管是租房还是买房，很多人都选择通过房屋中介进行这些活动。当然，这样做固然能为自身带来一定的便利，但与此同时，我们也要看到委托房屋中介的风险，甚至说起房屋中介，都会令很多与房屋中介打过交道的人感到头痛。

大家知道，房屋中介一般通过促成交易双方的房屋买卖或者租赁事宜来赚取中介费，而一些中介为了赚钱，甚至可以不择手段，实施很多套路使你相信他、听从他的意见。比如，通过小施恩惠，给你送一些优惠券，或免费的米、面、油等物品，从而让你相信他们，进而让他们帮你卖房、购买他们介绍的房子，或者通过他们来出租、承租房子；对于一些上了年纪的老人，有的中介三天两头对老人嘘寒问暖，甚至去老人家里照顾老人起居。类似情况都有可能发生。

面对这些套路，你真的就敢相信他们吗？

案例

二手房中介与假房东

我们再来看看小懵的案例吧,他在房屋中介的套路上就迷了路,走进了迷宫。

小懵经过自己购买期房和二手学区房失败的教训之后,这次打算找专业人士,通过中介来买房,心想这次应该不会再像前两次一样被卖房人给骗了吧。最终经比较,小懵看中了一家房屋中介公司发布的某处小区的房子,该房源价格比较低,房屋位置也比较好。于是小懵联系中介,想要购买这个房子。但是中介却对小懵说:"不好意思,这套房子刚刚成交了,我们还没来得及把您看到的房源信息撤下来呢。您对房子有什么要求吗?我们这还有类似的房源,您要不要看看?要不然,您留个联系方式,有类似的房源我们会及时通知您。"小懵就留下了联系方式,也查看了该中介公司发布的其他房源。

之后,房屋中介带着小懵看了几处房屋。在看房屋过程中,中介多次接听所谓的看房电话,并告诉小懵这个房源很抢手,让小懵赶紧作出决定,否则这么好的房源就被别人订了。听到这话,小懵也很着急,很怕最后抢不到好房子。

后来,小懵在对比了几处房屋之后,基本有了自己比较倾向的房屋,但是房屋的价格却有些偏高。中介看出了小懵的心思，便催促小懵赶紧考虑，不然可能就没了，因为一会儿还有人要来看这套房子。果然过了一会儿，中介接了个电话，说另一个看房人要来了，你们可以一起看房。另一个看房人进来后，简单看了几眼，就对还在考虑的小懵说："您买不买啊，您要不买我可就买了啊！"小懵说还要再考虑考虑。这时，中介把小懵叫到一边对他说："现在如果能定下来的话，中介费有9折优惠，同时有价值1000元的礼品赠送，特别划算，过了这几天优惠就没有了。"

就这样，小懵在一方面怕房子被抢、另一方面觉得能享受优惠的情形下，确定了要购买这套房子，并与中介和中介介绍的房主张三签订了购房意向书。小懵按约定向中介交付了5万元意向金，并打算在1个月内与房主签订正式的房屋买卖合同。

没想到，十几天之后，小懵要求领取赠品、查看房屋产权证的时候，中介却说赠品赠完了，并找各种理由拒绝出示张三的房产证。小懵产生了怀疑，担心这次买房又被坑了，坚持让中介给个说法。最终在小懵的强烈催促下，中介才对小懵说，赠品可以通过其他形式补偿，而张三实际上也并不是真正的房主，而是中介为了尽快完成交易，先找公司的其他人员代签意向书，所以房产证暂时实在拿不出来。中介的这番说辞不得不让小懵怀疑这房子是不是有权属争议或者其他风险，于是便提出不再购买该房。但是，中介的态度立刻发生了180度大转变，坚决不予退还小懵的意向金，并仅口头保证房子没问题。小懵无奈，便向法院提起诉讼，要求中介公司返还5万元意向金。

法院经审理认为，小懵是出于真实意思表示购买房屋，但由于张三并不是意向书所涉房屋的所有权人，所以张三的行为属于无权处分，小懵基于交易安全和风险防范来主张解除合同的理由是充分的，况且涉案房价较高，仅凭中介单方承诺"房屋没问题"这一个保证，小懵担心交易风险的理由显然也是合理的。最后，法院判决中介将其收取的5万元购房意向金退还给小懵。

买房的希望又落空了，小懵这次又有点蒙。

解 读

中介的千层套路

我们暂时先不讨论最后的判决结果，先来看看这个案例中，小懵分别中了中介的哪些套路：

首先，虚构房源，中介以低于市场价的房源在网上宣传，先把买房客户"钓"过来，客户来了之后再说没有，进而推销别的房源。

其次，虚构竞争对手，制造出一种抢购的气氛，意图让客户心理紧张并赶紧买房。而实际上，其他看房人很可能是中介的同事。

另外，只在口头提供优惠，并不真正落实在书面上，事后他们很可能说空口无凭，拒不给予优惠。

实践中，我们还遇到过中介代收房款后跑路的情况，最终对卖房人和购房人都可能造成很大的损失。

实操指南

与中介打交道时的注意事项

在通过中介公司买房、卖房、租房时，我们一定要注意以下几点，避免像小憪一样踩那么多坑。

第一，多方面了解房屋买卖和租赁的市场行情，切莫对过低价格的房源期望过高，要持谨慎态度。比如，通过网络等途径查询意向购买或意向租赁地区的房屋市场价格，一些正规网站，甚至政府网站上会有统计发布的价格信息，这能够让我们对房屋租赁和买卖的市场行情有一个大致的了解。再比如，我们还可以通过向多家中介公司打电话或当面咨询，掌握较多的资料信息，尤其是一些大型、知名、正规的中介公司。这样一来，我们就能够对虚假房源、中介的套路、房主报价是否虚高等有基本的判断，进而能够帮助我们筛选、排除一些无用信息，也有助于我们和房主或房东进行砍价。

第二，理性选房，签订合同切莫操之过急。不论买房还是租房，对于我们很多人来说都是一件大事，切莫被他人操控情绪。房屋的选择、合同价格的确定等均需要在理性的支配下，经过深思熟虑后再下决定。不要轻信中介的催促，尤其是一些虚假的所谓"竞争对手"的催促，更不要因为米、面、油等蝇头小利而置买房、租房的大事于危险之中，否则，很容易捡了芝麻丢个西瓜，得不偿失。

第三，要认真核实房源信息和中介权限，确认无误后再进行交易。对于卖房人或房东是否有权处分或出租房屋、房屋是否已达到上市进行交易的条件、房屋目前所载的户籍信息如何等内容，与最终购房人或承租人能否达到购买或租赁的目的、能否顺利地将合同履行完毕，均有着直接的关联性。因此，在签订买卖合同或租赁合同前，一定要要求中介、房主或房东出具房屋产权证、身份证等，以便我们对房屋产权等信息进行全面的了解，不要轻信中介的口头承诺，一切以真凭实证为准，在确认无误后再进行合同的签订。同时，卖房人或者开发商委托中介对外销售房屋时，一般会与中介签署委托协议，而委托协议中一般有对中介的委托事项或授权范围，比如中介代为宣传、销售，但不得代收任何款项。因此，我们不能看到中介拿着委托协议就轻信他们有代收款的权利，而一定要看具体的委托内容，避免最后房财两空。

第四，空口无凭，一切落实到纸面上。对于中介的介绍，尤其是承诺，如果不能够落实在合同中，对我们来说就是不可控的风险。因为按照诉讼中"谁主张谁举证"的原则，我们要求中介对其承诺进行兑现时，一旦出现争议，需要由我们进行举证，证明他们确实有过相关承诺。否则，我们要求兑现承诺的主张可能难以被支持。因此，对于中介的承诺，我们最好保留好书面凭证，或至少通过录音、聊天截图等方式形成相关的证据，避免届时出现举证不能的不利后果，也不怕有中介拒不认账的风险。

当然，现实中并不是所有的中介都有这么多套路，很多中介公司还是很正规的，但是防人之心不可无，只有我们秉持着谨慎的心态，从多方面注意，才可能少一些风险，少踩一些中介的坑。

28　你的租房合同确定有效吗？

现如今，房屋租赁是一种很常见的现象。对出租人来说，将闲置的房屋对外出租并收取相应的收益，是实现房屋价值的一种途径；对承租人来说，无论是用来居住，还是用来经营，承租的房屋都是生产生活必备的要素，租到一个令人满意的好房子，无疑是所有承租人的愿望和期待。

那么，作为出租人，什么样的房子能往外出租？作为承租人，我们可以租什么样的房子？这是我们在房屋租赁过程中，要首先弄清楚的问题。

但是，我们这里所说的"什么样"的房子，不是指房子的好坏、新旧、户型，因为这些不属于法律规制的范畴。我们这里所讲的，是指法律上规定的哪些房子可以租、哪些房子不可以租的问题，如果租了不可以租的房子，那后果可能就是房屋租赁合同无效。

案例

二房东擅自转租

小懵在经历多次买房失败后,暂时放下了买房的想法,打算先租房居住,于是四处寻找合适的房源。他在各大租房平台、网站上一番查找,也在中介的带领下看过几处房子,但要么租金太高,要么房子太破。一段时间下来,小懵始终没找到心仪的房子。正在小懵心灰意冷的时候,一位同事告诉小懵,他听说自己的同学张三正好有一套空置房对外出租,建议小懵去看看合不合适。小懵赶紧联系了同事的这位同学张三,约了看房时间。看过之后,小懵对房子和价格都很满意,于是很快与张三签订了租房合同,约定租赁期限为2年,月租金为4000元,押一付三。小懵爽快地交了押金和3个月的房租,共计1.6万元。

可没有想到的是,小懵刚入住不到一个月,突然有陌生人敲门,问小懵为什么住了他的房子。小懵解释这是他租的房子,并把租房合同拿给这个陌生人看。但陌生人却说这是他的房子,他以每月3000元的价格租给了张三,他也很奇怪为什么房子不是张三居住而是小懵在居住。同时,陌生人也拿出了房本和租赁合同,合同中明确约定了张三不得擅自转租,但没想到,张三却擅自将房子转租给了小懵。

得知此事后,小懵又气愤又担心,气愤的是张三骗了自己，担心的是这次租房会不会又白折腾一场。作为房主的陌生人也非常生气，认为张三在他不知情的情况下将房子擅自转租的行为极其过分。可事到如今，生气也没办法，如何解决这件事情才是当务之急。于是，房东提出让张三退出租赁关系，让小懵直接将租金支付给自己。小懵觉得这对自己并无影响，同意了房东的建议。但是张三认为自己赚差价很合理，坚决不同意自己退出。

于是，房东将张三和小懵告上了法庭，请求法院确认张三与小懵签订的转租合同无效，并要求解除自己与张三的原租赁合同，要求张三支付违约金。

法院经审理认为，根据相关法律及司法解释规定，承租人未经出租人同意而进行转租，出租人可以解除合同。如果出租人知道转租事实，且在6个月内未提异议的，转租合同有效，反之无效。因房东与张三签订的原租赁合同中明确约定"未经房东同意，张三不得将房屋转租他人"，张三未经房东同意就擅自将房子转租给了小懵，且房东在张三转租后一个月即明确提出了异议，所以，法院认定张三的擅自转租行为对原租赁合同来说已经构成违约，故判决解除房东与张三签订的原租赁合同，同时张三向房东支付违约金。

小懵这次又蒙了，没想到，租个房子也不让人省心，同样是竹篮打水一场空，白忙活一场。

解 读

租赁合同

从小懵的案例中，我们可以看出，擅自转租存在使合同无效的风险。那么除此之外，还有哪些租赁合同无效的情形呢？我们在这里给大家总结了以下常见的租赁合同无效的情形：

（一）未经竣工验收的房屋出租，租赁合同无效。

（二）被确定为拆迁的房屋出租，租赁合同无效。

（三）违建、超期的临建出租，租赁合同无效。但若因此产生争议，在诉讼过程中，涉案房屋在一审法庭辩论结束前取得相关规划或建设、延长的批准，则租赁合同有效。

（四）租赁期限超过20年的，超过部分无效。

（五）承租人经出租人同意将租赁房屋转租给第三人时，转租期限超过承租人剩余租赁期限的，人民法院应当认定超过部分的约定无效，但出租人与承租人另有约定的除外。

也就是说，有以上情形的房子不能租，至少应该慎重考虑。否则，就存在租赁合同无效的风险。而合同无效的后果，往往会涉及两个问题，一个是房租怎么算，第二个是装修怎么办。

对于房租，一般会参照合同约定的租金标准支付房屋占有使用费，同时还可以综合考虑房屋是否具备正常使用条件、承租人是否按照约定的用途使用了房屋、合同双方各自的过错程度等因素。

对于装修，则要综合考虑装修是否经过出租人同意、装修物是否对房屋形成附合物、出租人是否同意利用装修物等因素考虑拆除或折价补偿与否。

总的来说，租赁合同无效后，其处理上一般是互相返还，承租人腾退房屋，将装修拆除或与出租人协商折价；出租人呢，也不返还租金，作为租赁期间出租人不能使用房屋的损失；而造成合同无效的过错方，则应当赔偿对方因此所受的损失，若双方都有过错的，则各自承担相应的责任。这无论是对出租人来说，还是对承租人来说，不仅浪费了精力，最终白忙活一场，还可能因此错过了其他租房机会，或者产生其他经营损失。

实操指南

如何防范租赁合同无效的风险

为了防范租赁合同无效的这些风险，在租房时，尤其是对于承租人来说，在签订租赁合同前，可以采取以下措施进行防范：

第一，实地考察并尽可能地多方了解房屋，防止存在危房、拆迁房等情形。

第二，审查房屋的产权证书。通过要求出租人提供租赁房屋的房产证（原件），可以核实出租人是否具有房屋所有权、房屋是否存在抵押、房屋性质是否符合租赁用途等情况，避免出现无权处分、抵押在先、租赁目的不能实现等风险。审核房产证原件后，还可以将其复印件作为租赁合同的附件予以保留。

第三，若租赁房屋无产权证书的话，则要考虑房屋是否属于违建、临建、转租等情形。如果房屋属于违建、临建，出租人又无法保证或确认后续能够及时取得合法审批文件，则应慎重选择此类房屋，否则风险极大。而如果房屋属于转租，则建议审查承租人是否具有转租权，比如要求出租人提供原出租人同意转租的书面证明，并审核转租的期限是否在主合同约定的租赁期限内，转租的范围是否符合主合同的约定，从而降低转租风险。

第四，注意租赁合同的期限不得超过 20 年。如上所述，租赁合同约定的租赁期限超过 20 年的，超过部分无效。实践中，存在很多名为"买卖"实为"租赁"的房屋租赁或车位租赁合同，约定了 40、50 或 70 年的期限，但在租赁法律关系的范畴中，有效的部分仅为 20 年。因此，建议大家不要贪图一时的利益而签了无效合同。

29 买房租房也要讲究"先来后到"

众所周知,在当前市场环境下,我国房价普遍较高,近年来,多地的房价不断上涨,很多人可能听说过,某些地方因为一条交通线路的修建或一场重大活动的举办而导致当地房价一夜暴涨的情况。而面对涨价带来的经济利益,一些卖房人或者房东就开始动起歪心思,将本来谈好价格甚至签了合同的房子又高价卖给或者出租给了其他人。这就是我们常说的"一房二卖"或者"一房二租"的情况。

案例

"一房二卖"的亲戚

小懵在经历了多次买房失败后,变得"谈房色变",说起买房就担惊受怕,心想怎么就不能简简单单买个房呢。于是,他暂时放下了买房的念头。可后来有一天,一个亲戚突然找到小懵,说自己想把房子卖了,换个大点的房子,问小懵要不要买他的旧房。小懵曾经去过亲戚家,知道房子的地理位置和房屋风格都不错，关键是小懵觉得自家亲戚应该不会骗自己吧，便决定买下亲戚的房子。双方很快签订了房屋买卖合同，约定房价为80万元，小懵先行支付了10万元，后期70万元尾款待过户、交房后再行支付。小懵心想，这次终于可以安心了。过了一段时间，政府突然宣布房子附近要修建一条地铁线，地铁站就规划在小区门口。该消息一经发出，附近的房价突然大幅上涨，小懵也觉得自己捡了个大便宜。然而小懵却迟迟等不来亲戚办理过户登记和交房。小懵多次催促，亲戚却以各种理由推脱，让小懵再等一等。最后小懵等来的却是房子被卖给别人的消息。

小懵这次又蒙了，亲戚卖给我的房子，怎么就又卖给别人了呢？小懵赶紧去找亲戚讨要说法。在小懵的再三追问下，亲戚终于说出实情。原来，亲戚见房价上涨，就瞒着小懵，将房子又以100万元的价格卖了出去，新买家付了全款，甚至已经办了过户登记。亲戚向小懵表达歉意，并表示愿意把10万元退还给小懵。

可是，被气昏头的小懵怎么肯善罢甘休。亲戚之间竟然如此，真是让人心寒。既然你不仁，休怪我不义。于是，又气又恨的小懵将亲戚告上了法庭，要求亲戚继续履行合同，确认房子归小懵所有。

然而，法院最终却把房子判给了在后的购房人所有。小懵彻底蒙了，怎么会这样呢？

解 读

"一房二卖"与"一房二租"

原来,在后的购房人并不知道小慒买房的情况,且支付了合理的房价,属于善意的第三人,且房子已经办理了过户登记。按照"一房二卖"纠纷物权保护顺位规则:"已经办理房屋所有权转移登记的,办理登记的买受人权利优先;都没有办理房屋所有权转移登记但已交付房屋的,实际合法占有房屋的买受人权利优先;既没有办理房屋所有权转移登记也没有交付房屋的,应当综合实际支付购房款等合同的履行情况、合同订立先后等因素,公平合理予以确定;在后的买房人在签订合同时,知道或者应当知道房屋已被其他人购买而恶意办理登记的,权利不得优先于在先的买房人。"因此,在后的购房人权利优先,房子归在后的购房人所有。

但是,小慒的损失怎么办呢?难道就这么认栽了吗?

并不是。按照我国法律规定:"当事人一方不履行合同义务或者履行合同义务不符合约定的,应当承担继续履行、采取补救措施或者赔偿损失等违约责任。"因此,小慒可以依据《房屋买卖合同》的相关约定,向亲戚主张违约责任,要求亲戚返还已付购房款、利息和违约金并要求赔偿损失。

而如果第三人不构成善意,小慒还可以依据《商品房买卖合同司法解释》,请求法院确认出卖人与第三人订立的商品房买卖合同无效。

而对于"一房二租"的情况,根据相关司法解释的规定,出租人就同一房屋订立数份租赁合同,在合同均有效的情况下,承租人均主张履行合同的,人民法院按照下列顺序确定履行合同的承租人:(一)已经合法占有租赁房屋的;(二)已经办理登记备案手续的;(三)合同成立在先的。不能取得租赁房屋的承租人请求解除合同、赔偿损失的,依照《民法典》的有关规定处理。

可见,无论是对于"一房二卖"还是"一房二租",都有其确定顺序,并非我们想当然的"先签合同或先付钱,就一定归其所有或使用"。

实操指南

买房、租房时的注意事项

为了避免相关风险,我们建议在买房或租房的时候,可以从以下几方面着手防范:

第一,选择一些知名度高、信誉好的开发商或房屋中介。

实践中,往往是由于一些个人或较小的公司,为了利益才"一房二卖"或"一房二租",而一些知名度高、信誉好、实力强的开发商或房屋中介,一般会注重自身的商誉,轻易不会违法或违约,所以也让购房人或租房人更为放心。而对于像小憶这样购买或承租亲戚家房子的情形，更要考量亲戚的人品和信誉，如果这个人平常就不靠谱，那么你就要慎重考虑了。

第二，可以在合同中加重卖房人或出租人的违约责任。

一份好的合同是成功的一半。根据相关法律规定，当事人可以在合同中约定违约条款。因此，在签订购房或租房合同时，可以在合同条款中约定违约责任及赔偿责任，提高卖房人或出租人的违约成本。比如，双倍返还定金条款，已付购房款或租金一倍的惩罚性赔偿条款，重新购房或租房的额外差价的损失赔偿条款。通过这些违约条款，可以在一定程度上使卖房人或出租人迫于违约压力而不敢"一房二卖"或"一房二租"。

第三，及时办理网签手续、申请预告登记或尽快过户登记。

购房人买房后，要及时办理网签手续，这样可以在一定程度上阻止卖房人"一房二卖"。但网签并非万无一失，保险起见，最好在合同签订后，向登记机构申请预告登记，由房产管理部门记载于登记簿，购房人领取登记证明。这样一来，未经预告登记的权利人书面同意而对房屋进行处分的行为便无法再进行登记，自然也就无法发生物权效力。可以说是从技术手段上遏制了卖房人偷偷进行二次出卖的行为，可以保障"一房二卖"中在先购房人对房屋的优先权。

第四，作为在后的购房人或承租人，在购房前或租房前，一定要实地看房，了解房屋登记信息，核实是否存在具有优先权的、在先的购房人，避免掉入"一房二卖"或"一房二租"的坑中。

30 交了钱,房子让我一等再等怎么办?

对于中国人来说,买房是一件终身大事。许多人花费毕生积蓄,甚至加上贷款才能买房。但是,有些人交了那么多钱,在满心期待地等着收房的时候,等到的却是开发商的"延期交房通知"。开发商以各种理由拒绝交房,购房人无奈只能一等再等,本来预计很快就能收房、装修、入住的房子,却让购房人觉得收房希望渺茫、遥遥无期。

> **案例**
>
> **不断延期交房的开发商**
>
> 小懵在经历了一次次买房失败后,终于在老家看中了某知名楼盘的房子,签订了购房合同。合同约定的交房时间为2019年5月,但在2019年4月,小懵却收到了开发商寄来的"延期交房通知",称由于工程进度问题,楼盘的最终验收未能如期进行,故现在无法交房,交房时间推迟到2019年9月。在5月收房的希望破灭了,但面对未竣

> 工验收的房子，小懵也没有办法，只能继续等待。可是，令小懵没想到的是，等到2019年8月，小懵又收到了一封通知，称交房时间又将推迟到2019年11月。对此，小懵既气愤，又担心。一方面抱怨开发商不守诚信，一方面又特别担心这次买房会像前几次买房失败一样，最终竹篮打水一场空。于是，有了经验的小懵赶紧去咨询了律师，问现在该怎么办。后来，经律师指点，小懵给开发商回了一封函件，称不同意延期交房并将追究开发商逾期交房的违约责任。后来，虽然开发商仍未能按期交房，但是也并未拖延太久，而且对于逾期责任，双方协商后，小懵也获得了一定的违约赔偿金。

解 读

逾期交房的相关规定

从小懵的故事中我们可以看出，对于交房，不是开发商或者卖房人想逾期就能随意逾期，而是要承担违约责任的。我们先来看看法律是如何规定的。

首先，按照相关法律规定，依法成立的合同，受法律保护，对当事人具有法律约束力，当事人应当按照约定履行自己的义务，不得擅自变更或解除合同。当事人一方不履行合同义务或履行合同义务不符合约定的，应当承担继续履行、采取补救措施或赔偿损失等违约责任。其次,根据相关司法解释的规定,出卖人迟延交付房屋,经催告后在三个月的合理期限内仍未履行,当事人一方请求解除合同的,应予支持,但当事人另有约定的除外。法律没有规定或者当事人没有约定,经对方当事人催告后,解除权行使的合理期限为三个月。对方当事人没有催告的,解除权应当在解除权发生之日起一年内行使;逾期不行使的,解除权消灭。另外,对于房地产开发企业,《商品房销售管理办法》更是明确规定:"房地产开发企业应当按照合同约定,将符合交付使用条件的商品房按期交付给买受人。未能按期交付的,房地产开发企业应当承担违约责任。"

实操指南

购房人如何维护自身权益

对于开发商或者卖房人来说,应严格按照合同约定履行交房义务,不能无故就随意拖延交房,否则,购房人可以按照合同约定的方式追究开发商或卖房人的违约责任。而具体如何追究,购房人可以根据合同约定的内容及自身的实际情况进行选择:

第一,继续履行合同,要求开发商或者卖房人承担违约责任。

购房人在要求继续履行合同、及时交房的同时,还可以根据合同约定的日期及违约金支付比例，向开发商或者卖房人主张逾期交房的违约金。但对于违约金的标准，如果认为合同约定的违约金存在过高或过低的情况，双方都可以请求法院酌情予以降低或调高。而按照相关司法解释规定，约定的违约金过高与否，主要以购房人损失的30%为标准适当确定；而过低与否，则主要根据购房人的实际损失来确定。当然，在司法实践中，部分地方还对逾期交房的违约金标准做了进一步细化，比如江西省高级人民法院就曾于2020年6月发布《开发商逾期交房、办证违约责任纠纷案件审判指引》，对逾期交房违约金的每日标准，一般按照已付购房款或房屋总价款的1‰~3‰为标准进行酌情调整。

第二，解除合同，要求开发商或者卖房人承担违约责任。

如上所述，除合同另有约定外，因开发商或者卖房人逾期交房，经催告后在合理期限内仍未履行的，购房人有权解除合同，此时解除合同系法定解除。但是，需要特别注意的是，该解除权的行使是受时间限制的，需要按上述不同情况在3个月或者1年之内行使，否则解除权将会丧失。而即使是对于上一种"继续履行合同，要求支付违约金"的方式中关于要求支付违约金的权利，也应在3年的诉讼时效期内行使，否则关于违约金的主张也存在不被支持的风险。这就是我们常说的"法律不保护躺在权利上睡觉的人"。

因此，对于开发商或者卖房人逾期交房，购房人可以不用一等再等，而是可以依法行使自己的权利，要求继续履行合同、及时交房，或者要求解除合同、退房，同时可以要求开发商或者卖房人承担违约责任。

但是，对所有的逾期交房，购房人都可以行使上述权利吗？答案是否定的。

因为法律还规定了开发商或卖房人对于逾期交房可以免责的情形，比如：（一）因灾害性天气、突发性公共卫生事件造成逾期交房；（二）因履行商品房买卖合同期间国家或地方法律、法规及政策变化造成逾期交房；（三）因执行行政命令造成逾期交房，但行政命令系因开发商或者卖房人原因造成的除外；（四）因不能预见、不能避免且不能克服的其他客观情况导致逾期交房，或合同中约定的其他免责情形。而一旦出现这些情形，开发商或者卖房人应当及时通知购房人，以减轻可能给购房人造成的损失。否则，如果因为未及时通知而造成购房人损失扩大的话，购房人还可以要求开发商或者卖房人承担这一部分扩大的损失。

因此，面对开发商或者卖房人逾期交房的问题，我们建议可以从以下几个方面着手防范和应对相关风险：

第一，签订好房屋买卖合同，在合同中明确约定交房时间或者交房条件（比如签订合同多少天之内交房、某年某月某日之前交房、在付款达到一定金额后多少天内交房等，不要出现"卖方有权根据实际情况调整交房时间"等不利或者模糊的表述），同时，明确约定开发商或者卖房人逾期交房的违约责任（比如除法定情形外，开发商或者卖房人不得逾期交房，否则每逾期一天应承担总房款万分之三的违约金，逾期超过多少天的购房人有权解除合同等），以明确和严格的违约责任，增加开发商或者卖房人的违约成本，争取使开发商或者卖房人迫于违约压力而不敢轻易违约，尽量从源头上规避相关风险。另外，也可以明确约定预留部分款项，先交房，后付款，以降低购房人的后期风险。

第二，及时督促开发商或者卖房人严格按照合同约定履行交房义务，如通过书面或微信、短信等形式，在交房日期前提前通知开发商或卖房人交房，尤其是在交房日期过后，及时催促开发商或者卖房人立即交房并明确"保留追究其逾期交房责任的权利"，同时，注意保留好这些通知记录。

第三，购房人要提高法律意识，一旦开发商或者卖房人逾期交房，可首先核实其逾期交房的理由是否合理，若不合理，可以明确回复拒绝，并根据实际情况，适时拿起法律武器追究对方违约责任，维护自己的合法权益。

31 收房货不对板，感觉买了个假房子？

购买新房，是现在大多数购房人在购房时的选择，因为新房一般风格较为时尚、配套设施较为齐全、绿化等环境较好，可以由购房人按自己的想法进行装修，不想自己装修的购房人还可以选择购买带有精装修的房子。但是，开发商一般会提前预售新房，购房人购房后一两年才能拿到房子，这也就是我们通常所说的"期房"。有的人花费毕生积蓄，甚至贷款购买期房，按期交了大笔房款后，满心期待地等待着收房、入住，但真的等到收房的时候，却发现房子与自己想象的并不一样，比如曾经说好的房屋面积变小了，房高变矮了，曾经说好的小区带的人工湖没有了，精装修变成毛坯了，等等。遇到这样的"交房瑕疵"或者说"严重货不对板"的情况，难免让购房人的心理预期一落千丈，产生一种被骗了的感觉。

案例

降级到手的房屋

小懵在经历了一次次买房失败、开发商逾期交房等问题之后，终于买房成功，等来了开发商交房的日子。这一天，他满怀期待地去售楼处，跟着销售人员去接收房子，可是小懵却发现，当时买房时说的"大型人工湖和花园"都没有了，原来说好的高档防盗门也变成了普通的入户门。小懵对此十分不悦，立即质问销售人员，销售人员却说合同中并未约定这些，也拒不承认曾经有过类似承诺。咽不下这口气的小懵一纸诉状将开发商告上了法庭，要求开发商进行赔偿。

　　法院经审理认为，小懵与开发商虽然没有在合同中对人工湖、花园、入户门的品牌进行明确的约定，但开发商将人工湖、花园的位置及面积明确标注在了房屋的宣传册上，对入户门的品牌也有相应的暗示，容易引起一般人的误解，这些都对小懵最终决定购买房屋与否具有重大影响。因此，开发商关于人工湖、花园、入户门的品牌的描述应视为双方签订的买卖合同的组成内容，但现在小区却不存在人工湖、花园，开发商交付的房屋的入户门品牌也低于原标准。因此，开发商构成违约。在此情况下，开发商主动与小懵达成和解，对小懵给予了一定的赔偿。

　　至此，经过一系列买房、租房被骗或失败后，虽历经坎坷，但小懵最终如愿以偿，获得了属于自己的房子。

解读

交房瑕疵的相关规定

从小憎的这个案例中我们可以看出,对于交房瑕疵,我们没必要忍气吞声,应该像小憎一样,敢于拿起法律武器维护自己的合法权益。

那么,对于交房瑕疵的问题,法律具体是如何规定的呢?我们一起来看一看。

(一)交房质量问题

按照相关法律法规及司法解释的规定,房屋交付使用后,购房人认为主体结构质量不合格的,可以依照有关规定委托工程质量检测机构重新核验。经核验,确属主体结构质量不合格的,购房人有权退房;给购房人造成损失的,开发商应当依法承担赔偿责任。另外,因房屋质量问题严重影响正常居住使用,购房人请求解除合同和赔偿损失的,应予支持。因此,对于交房质量的问题,在房屋主体结构质量不合格或者质量问题严重影响正常居住使用的情况下,比如房屋的承重结构存在问题,又或者房屋处于常年降雨较多的区域,开发商却未做好防水导致房屋潮湿到不能正常居住的地步,等等,购房人有权解除合同并要求开发商赔偿损失。

(二)交房面积差异问题

按照规定,按面积计价的房屋买卖,当事人应当在合同中载明面积发生误差的处理方式。如果未作约定的，按以下原则处理：（1）面积误差比绝对值在3%以内（含3%）的，据实结算房价款；（2）面积误差比绝对值超出3%时，购房人有权退房，开发商在30日内退还已付房款和利息。购房人不退房的话，交付房屋的产权登记面积大于原本约定面积时，面积误差比在3%以内（含3%）部分的房价款由购房人补足，超出3%部分的房价款由开发商承担，产权归购房人；交付房屋的产权登记面积小于原本约定面积时，面积误差比绝对值在3%以内（含3%）部分的房价款由开发商返还购房人，绝对值超出3%部分的房价款由开发商双倍返还购房人。也就是说，对于交房面积的差异，有一个非常重要的差异指标，就是3%，面积无论比原来合同约定的大还是小，只要超过3%，购房人就有权选择退房；当然也可以不退房，多的一点面积可以花钱买下来，少的一点可以让开发商退还对应的价款。但是，大于3%部分的面积，购房人就不用再付钱了，免费享有所有权；小于3%部分的面积，开发商应该双倍退还对应的价款。

（三）原本的宣传承诺未兑现的问题

按照规定，商品房的销售广告和宣传资料为要约邀请，但是开发商就开发规划范围内的房屋及相关设施所作的说明和允诺具体确定，并对商品房买卖合同的订立以及房屋价格的确定有重大影响的，构成要约。该说明和允诺即使未载入商品房买卖合同，亦应当为合同内容，当事人违反的，应当承担违约责任。刚刚我们讲到小憎的故事，就是适用的这条规定。也就是说，如果开发商在卖房时宣传、承诺了房屋的相关情况、配套设施等，并且如果没有这些宣传，购房人就可能不会购买这个房子或者以这么高额的价格购买房子的话，那么当这些宣传、承诺最后没有兑现的时候，即使这些宣传、承诺没有写在合同里，也应视为合同的一部分，开发商应承担违约责任。

实操指南

如何应对交房瑕疵

面对卖房人，尤其是开发商交房有瑕疵、货不对板的问题，我们建议可以从以下几个方面着手防范和应对相关风险：

第一，选择一些知名度高、信誉好、实力强的开发商开发销售的房屋。一般这样的开发商会比较重视自身的商誉，在房屋质量方面不敢轻易偷工减料，所以，选择他们开发销售的房屋，一般会让购房人更放心一些。

第二，签订好房屋买卖合同。我们之前多次讲到，这次也再次提醒大家，不要轻信开发商的口头承诺，签订好合同、落实到纸面上才是最重要的。因为现实中，很多开发商为了宣传造势，以各种亮点吸引购房者的眼球，有的为了达到宣传效果，把房屋推销出去，甚至不惜夸大其词、随口承诺。如果不把这些宣传和承诺落实到合同里的话，事后你再去找开发商理论的时候,他们就可能装聋作哑、一问三不知,因此,一定要签订好购房合同。同时还要注意合同中的房屋质量等条款是否具备及明确。

第三,注意保留好证据。按照"谁主张谁举证"的原则,一旦出现争议,购房人要求开发商落实当时的宣传及承诺时,需要由购房人进行举证,证明开发商确实有过相关的宣传和承诺,否则,购房人的主张可能难以被法院采信。因此,对于开发商的宣传、承诺,我们最好保留好书面凭证(比如售房时的宣传册等),至少也可以通过录音、聊天截图等方式形成相关的证据,避免届时出现举证不能的不利后果,也不怕开发商交房的时候拒不认账。

第四,提高法律意识,敢于维权、积极维权。作为购房人,我们要提高法律意识,如果开发商交付的房屋出现问题,我们要敢于提出质疑,而不能稀里糊涂地收房。要根据实际情况,争取最大限度地与开发商协商退房、整改或者赔偿,如果协商不成,要敢于适时拿起法律武器追究开发商的责任,维护自己的合法权益。

第五部分

财富管理三生三世?
别把自己埋进坑里!

32 如何以火眼金睛选择靠谱理财机构？

随着生活水平的日益提高，投资理财俨然已经成为公众财产保值增值的主要方式，小到使用微信中的理财通，大到投资股票、基金、贵金属等。人人都在学习理财，个人理财仿佛已经成了公众必修的基本技能。这不，小懵也追随大家的步伐，开启了他的投资理财之路。

案例

未仔细甄别理财机构，贸然投资导致巨额亏损

这天，小懵手里攥着一张存了 50 万元人民币的银行卡，正愁如何大干一场，恰好遇到投资贵金属刚刚赚了 2 万元的表哥。小懵两眼放光，立即决定追随表哥一起投身白银现货交易。

在表哥的介绍下，小懵来到一家贵金属公司。一进公司，业务员便热情地迎上来，向小懵介绍："我们这家贵金属公司有专业的分析师代客理财，收益高，风险低，只要您办理开户手续，之后的一切操作都会有专人负责，而且公司的理财分析师还可以与您签协议共担风险。"

小懵一听，收益高风险低，还有专业的理财师帮忙管理，还能与自己共担风险，表哥介绍的理财公司就是靠谱！于是，小懵当天便与这家公司签订了《客户协议书》，约定进行贵金属产品标的买卖，并直接向该公司账户汇入人民币50万元。紧接着，在业务员的指导和操作下，小懵又与该公司的理财师张三签订了《专户理财协议》，约定由张三代理操作户名为小懵的投资账户。《专户理财协议》中明确约定，到期结算时，盈利80%归小懵，20%归张三；若亏损，由小懵承担80%的损失，张三承担20%的损失。就这样，小懵放心地将自己的账号、密码一同交给了张三，开开心心地回了家。

然而，三天过后，小懵再查账户，发现自己投入的50万元已经亏损了36万元。小懵立即给理财师张三打电话，而这位专业理财师张三的电话却再也打不通了。于是小懵赶到贵金属公司，要求立即注销账户，取回了账户里仅剩的十几万元钱。但是对于亏损的36万元，贵金属公司却拒绝赔偿。贵金属公司声称，《客户协议书》明确规定不得代客理财，签订《专户理财协议》是张三的个人行为，即便张三已经下落不明，也与公司无关。贵金属公司的答复让小懵顿时感觉上当了。

又经过几番交涉，贵金属公司既无法提供张三的下落，也依旧拒绝赔偿小懵损失的 36 万元。于是，小懵决定将张三告上法庭。而由于张三下落不明，法院对此案进行了缺席审理。在法庭上，小懵出示了协议书、资金流水账等证据，还请来了一同参加贵金属投资的表哥出庭作证。最终，法院作出缺席判决，判决张三应当按照合同约定比例承担损失共计 7 万余元。官司虽然赢了，但 7 万元相比 36 万元的亏损相去甚远，而且张三仍然下落不明。

解读

理财需要选择靠谱的理财机构

其实，小懵的境遇一点都不罕见。由于白银现货交易市场变化大，专业技术要求又比较高，所以很多投资者并不懂如何投资，而这些理财机构正是看中了这一点，在推销的时候重点宣传代客理财服务，但实际上在与投资者签订投资合同时又明确约定禁止代客理财。也就是说，这些理财机构一方面打着代客理财的幌子，刻意宣传保本保收益吸引投资者；而另一方面，却通过所谓的专业理财分析师与投资者签订《专户理财协议》来规避公司自身的责任，转嫁公司自身的操作风险。在这种情况下，投资者遭遇亏损后，很难直接起诉公司。而起诉具体业务人员，又可能面临被告下落不明的窘境。

究其根本，还是因为选择了不靠谱的理财机构，听信他们保本保收益的虚假宣传，才会导致小懵甚至更多的投资者陷入投资失败、追索无门的境地。

近几年，P2P暴雷、黑私募圈钱、"虚拟货币"类传销骗局等事件频繁发生，许多投资者被非法理财机构的虚假宣传引诱，投入了大笔金钱，最终平台蒸发，老板跑路，半生积蓄付之一炬，欲诉无门。那么，怎么才能不像小懵一样被坑，挑选真正靠谱的理财机构呢？

实操指南

如何挑选理财机构

在向大家分享如何鉴别理财机构之前，有必要先来理一下理财机构有哪几类。

第一类是指常见的金融机构，比如银行、保险公司、证券公司、基金公司，这类机构由于受到中国人民银行、银保监会以及证监会的监管，相对来说比较靠谱。当然，监管也不能杜绝一切乱象，仍然会有一些不合格的机构以及工作人员掺杂其中，比如未获得证监会批准的黑私募，或者虽然取得了批准，但实际经营的却是民间借贷，甚至是非法集资等非私募业务；比如银行"飞单"，也就是银行客户经理利用职务之便，给投资者推荐第三方金融机构的理财产品，这种情况下，没有银行背书，往往会给投资者带来较大的损失。

第二类则是第三方理财机构，就像小憎遇到的贵金属公司一样，这类机构属于独立的代理理财机构，往往会结合投资者的财产状况和投资需求，为投资者提供综合的理财规划服务以及理财产品。但由于这类机构尚未受到严格的监管，所以行业门槛较低，所谓的专业理财分析师也是良莠不齐，更有资金池空转的现象。因此，这类机构中就有一些会以保本高收益为噱头吸引投资者投资，但在实际操作过程中却又藏有很多猫腻。

除了前面这两大类之外，还有一些其他类型的理财机构，比如迅速崛起又频繁暴雷的 P2P 平台。这类平台严格来说属于互联网金融机构，需要取得相关资质，平台定位也必须是中介机构，自身不可以设立资金池，必须设有银行托管账户，等等。

讲到这里，大家可能也已经意识到了，理财机构那么多，靠谱的理财机构并没有一个明确的榜单，就算是大家最信赖的银行机构，也会有"飞单"的情况发生。因此，想选择靠谱的理财机构，无论如何都是要下一番苦功夫的。

在这里，我建议大家在选择理财机构时，一定要从以下几个方面综合考量：

第一，看资质。不管是哪一类理财机构，首先建议大家登录国家企业信用信息公示系统,查询该企业的经营范围及相应资质,并查看是否存在经营异常情况。然后,依据《私募投资基金监督管理暂行办法》第七条的规定:"各类私募基金管理人应当根据基金业协会的规定,向基金业协会申请登记,报送以下基本信息:(一)工商登记和营业执照正副本复印件;(二)公司章程或者合伙协议;(三)主要股东或者合伙人名单;(四)高级管理人员的基本信息;(五)基金业协会规定的其他信息。"第八条规定:"各类私募基金募集完毕,私募基金管理人应当根据基金业协会的规定,办理基金备案手续,报送以下基本信息:(一)主要投资方向及根据主要投资方向注明的基金类别。(二)基金合同、公司章程或者合伙协议。资金募集过程中向投资者提供基金招募说明书的,应当报送基金招募说明书;以公司、合伙等企业形式设立的私募基金,还应当报送工商登记和营业执照正副本复印件。(三)采取委托管理方式的,应当报送委托管理协议;委托托管机构托管基金财产的,还应当报送托管协议。(四)基金业协会规定的其他信息。"

因此,大家可以根据具体理财机构的性质,进一步查询是否进行相应的备案、登记等。比如,对于基金公司,要核实其是否取得基金销售牌照,核实其基金管理人是否在中国证券投资基金业协会登记,基金本身是否在基金业协会备案。对于其他的第三方理财机构,还可以要求查看他们的资质证照原件，就证照的真实性向相关部门查证等。理财机构资质核实是比较高效的一步，因为大多数黑作坊在这一步就会被过滤掉，可以为大家规避掉很多不必要的风险。

第二，看股东和公司架构。股东背景代表了一个企业的资本实力，建议大家登录国家企业信用信息公示系统，核实理财机构的股东情况，尤其对于那些股东仅有一到两个自然人的，应该慎重考虑。而对于一些第三方理财机构，最好还要多一个步骤，那就是调查公司的管理架构。好的第三方理财公司应该有比较完整的组织架构，比如，应该具有产品部、风控部、市场部、运营部等，保证在产品来源上、风控措施上、资产配置上都能为投资者提供保障。

第三，看营销。正规机构由于受到相关部门的监管以及秉持对投资人负责的态度，在营销上都会比较中规中矩，不会避讳投资的风险，而且会对投资者进行风险适应性调查，判断投资者的风险承受能力，帮助投资者规避风险。但现在市场上的一些理财顾问，在见到投资者时，往往只强调收益而不谈风险，对于这种拍胸脯说保本保收益的，基本可以直接过滤掉。

第四，看收益率。收益率是大家最关心的问题，大多数骗子公司都会在收益率上大做文章。比如，某些 P2P 平台声称年化收益率可以超过 50% 甚至更高，这时候就要注意了，根据相关规定，国家对民间借贷的年利率是有司法保护上限的，中国人民银行授权全国银行间同业拆借中心自 2019 年 8 月 20 日起，每月发布一年期贷款市场报价利率，超过这一利率 4 倍的部分是不受司法保护的。

因此，建议大家在看收益率时，应根据用资项目的具体情况理性判断，切勿被"高收益"冲昏头脑。就像财政部原部长楼继伟所提示的，大家要加强风险意识，不能一看收益高就被忽悠进去，对保证 6% 以上回报率的理财产品，一定要先打个问号。

第五，看产品。大家在选购理财产品时，应该向理财顾问详细询问资金的去向和用途，并考虑资金所投的项目在逻辑上是否有赚钱的可能。在签订合同时，应该确认合同约定的资金用途与理财顾问承诺的是否一致。在正式投入资金后，还应继续追踪资金的实际去向。总结来说，就是要密切关注资金的流向，关注资金所投入项目的进展状况，这样才能便于我们及时做出反应。

第六，认真阅读合同条款。理财顾问的口头承诺要在合同中有所体现，相应的投资风险也要明确披露。也就是一定要确保说的和书面写的是一致的，比如资金用途、资金收益分配、损失责任承担、违约责任条款以及争议解决条款等重要条款，并且在仔细阅读后再决定是否签字。小懵的遭遇告诉我们，签订每一份合同时，都应该仔细阅读合同条款，谨防掭坑。

以上六点，是与大家分享如何选择靠谱的理财机构。

其实，在选择理财机构之前，我更想提醒大家的是，一定要考虑清楚自身的风险承受能力如何。要摆正心态，对收益率有一个合理的期待。这样，才能平心静气地选择合适的理财机构，避免盲目跟风，避免盲目被坑。

33　被"套路"的不只是你的钱

提到"套路贷",大家可能会觉得陌生,但实际上,它早就披着民间借贷的外衣潜伏在了我们的日常生活中。比如我们日常收到的各类贷款推销电话,电脑、手机上时不时弹出的广告窗口,半夜收到的垃圾短信,来自陌生好友的添加请求,甚至路边的电线杆、小区楼道里随处可见的小广告等,都很有可能是"套路贷"伸出的触角。"套路贷"平台正是利用它不断变换的马甲,来诱导大家上当受骗。这不,小懵就上钩了!

案例

着急筹款遭遇"套路贷"

小懵终于买下了心心念念的新房,交完购房首付款后,小懵已是身无分文。可是这时,小懵父亲却突然生病住院,此时的小懵实在无法立即拿出那么多的医药费,只好四处筹借。正在小懵一筹莫展之际,小懵的老同学张三出现了。

张三告诉小懵，他和朋友合伙开了一家小额贷款公司，看在老同学的面子上，张三可以要求这家公司给小懵提供10万元无息贷款，借款期限一个月，但是需要按照"行规"签订一份含有8万元利息的借款合同。张三向小懵保证，只要小懵按时还款，所谓的8万元利息是不需要偿还的。小懵感激涕零，立即与张三赶到这家小额贷款公司，签了借款合同。随后，小懵的账户上就收到了小额贷款公司打来的10万元。

借款到期前两天，小懵与张三联系还款，但是张三回复正在外地出差，让小懵等他回来再还款。而等张三回来时，小懵却被告知，因为逾期已达10天，按照合同约定，小懵已经构成违约，除偿还借款本金及利息共18万元以外，还需支付违约金10万元。

小懵眼前一黑，看着白纸黑字的合同，万万没想到，因为逾期还款，多出来这么多利息和违约金。小懵觉得张三应该也不是坑他，毕竟是自己白纸黑字签的借款合同，只能自认理亏。但是一下子拿出28万元真的很难，情急之下，小懵又听了张三的忽悠，决定采取平账的方式解决。而所谓的平账，其实就是由另一家小额贷款公司代替小懵偿还第一家小额贷款公司的欠款，但小懵需要与第二家小额贷款公司签订36万元的借条，借期一个月。张三说，这36万元的借条中，28万元是偿还第一家小额贷款公司的款项，剩余 8 万元则是第二家小额贷款公司索要的利息。

签完借条回到家之后的小懵越想越不对，自己只借款 10 万元，怎么短短一个多月内，偿还的数额就翻了近两番？小懵决定，这次 36 万元的借款到期之前，一定要找张三讨个说法。

但是小懵签完借条后，就再也联系不上这位老同学张三了。借款到期后，小懵向小额贷款公司表示，找不到张三就不还款。紧接着，小懵及小懵的家人、朋友就被小额贷款公司电话轰炸，小懵的父亲受到人身威胁，小懵的家里还被堵钥匙孔、泼油漆。最后，小懵没有办法，只好前去小额贷款公司进行协商。

小额贷款公司称，还款日期可以延长，也可以停止催收，但是需要小懵抵押自己的房产，还要求小懵签署一份房屋租赁协议，让小额贷款公司可以"合法"地长期占据小懵的新房。这次，小懵不蒙了，他突然意识到，这一系列操作似乎在哪个普法节目上看过。于是，小懵借机离开，立马前往附近的派出所报了案。

不久后，小懵收到了公安机关的反馈。原来，自 2018 年 6 月以来，犯罪嫌疑人张三及其同伙共同成立了两家小额贷款公司，专门从事"套路贷"犯罪活动。该犯罪团伙通过非法获取公民个人信息建立客户资源，利用借款人急需借钱的心理，与借款人签订阴阳合同，放款设置从本金

> 里直接扣除利息的"砍头息"、高额逾期费,蓄意垒高债务等,并采取恶劣手段进行催收,借款人在遭受经济损失的同时,自身及身边亲友的正常生活也受到了严重影响。如今,该犯罪团伙终于落网。
>
> 小憕恍然大悟,原来这就是所谓的"套路贷"啊。如果不是警觉报了警,可能房子也要被"套路"掉了。

解读

什么是"套路贷"

讲到这里,大家一定想问,到底什么是"套路贷"呢?我们又如何在日常生活中准确识别"套路贷"呢?不急,咱们一一道来。

首先,针对"套路贷"犯罪,2019年4月9日起实施的《最高人民法院、最高人民检察院、公安部、司法部关于办理"套路贷"刑事案件若干问题的意见》中,已经对"套路贷"犯罪的认定作出了详细规定。所谓"套路贷",就是指犯罪嫌疑人从一开始就以非法占有借款人财物为目的,假借民间借贷的名义来诱使甚至迫使借款人签订借贷合同及相关的抵押、担保等合同。然后,他们通过虚增借贷的金额、恶意制造借款人违约、肆意认定借款人违约、毁匿还款证据等方式形成虚假的债权债务。最后,他们再借助诉讼、仲裁、公证,或者采用暴力、威胁以及其他手段来非法占有借款人的财物。

就像张三,先是利用小懵急需用钱的心态,忽悠小懵签下超过实际借款金额的借款合同。然后,在小懵借款到期时,刻意拖延时间来制造小懵违约。随后又用"平账"的方式蓄意垒高债务。最后,在小懵拒绝偿还的时候,采用暴力、威胁的方式进行催收,甚至哄骗小懵抵押、"出租"自己的房产等。张三和他的犯罪同伙假借民间借贷的外衣,实则是想非法占有小懵的财物、房产等,这种情况就是"套路贷"。

当然,除了这种以骗取房产为目的"套路贷",还有车贷类"套路贷"和现金贷类"套路贷"。其中,现金贷类"套路贷"最为普遍,这类"套路贷"平台以网络借贷平台和借贷应用为依托,以有消费需求又无经济实力的年轻人,尤其是在校大学生等群体为主要侵害对象,以"无利息、无担保、无抵押"等口号进行虚假宣传,引诱他们落入"套路贷"陷阱。比如前几年的大学生"裸贷"风波,其实就是"套路贷"引发的恶性事件。

实操指南

如何识别并防范"套路贷"

那么,我们如何在日常生活中识别并防范"套路贷"呢?下面,我从四个角度为大家分享如何规避"套路贷":

第一,建议大家对借贷平台进行资质核实。比如,看中一家借贷公司后，可以先登录国家企业信用信息公示系统查询其经营资质，关注其经营异常信息及涉诉案件等。当然，还是建议大家首选正规金融机构，因为正规的金融机构不会乱收费用。如果一个贷款机构巧设各种名目来收取管理费、中介费、手续费等，那么很有可能是想规避民间借贷年利率司法保护上限，这类机构就有诈骗之嫌。

而且，正规的金融机构和借贷机构在放贷之前都需要资质审核，层层风控，而"套路贷"便是以"无抵押、迅速放款"等条件吸引借款人。尤其是无须审核借款人还款能力，仅以车产、房产为借贷条件的机构，更要质疑他们的真实目的。

第二，认真审核各类需要签字的合同等文件，尽量保证约定内容与实际发生数额保持一致。"套路贷"平台一般都会虚增债务，借款人到手金额往往低于借款合同或欠条记载的金额，加上"套路贷"平台往往会伪造银行流水，所以一旦就还款金额产生争议，即便诉至法院，也会增加借款人的诉讼难度。

另外，要注意违约金的设置，"套路贷"平台甚至会在合同中约定按小时收取逾期高额违约金。当然，如果您没有注意到，已经签字了，也不用过分害怕或担心，因为在司法实践中，法院会根据实际情况判断违约金数额，如果平台主张的部分过高，一般也得不到法院的支持。

第三，注意留存借贷期间的所有证据材料，大概包括四类。第一类，保留借款合同，收集银行转账记录、通话录音记录等，避免"套路贷"平台"虚高借款"。第二类，保留保证金、利息、中介费等不合理收费证明，尽量避免利用现金交付等无痕方式让他们非法获利。第三类，保留贷款平台的通话录音，可以还原被"套路"的详情。第四类，保留暴力催收的视频、录音、图像等证据，证明自身受到人身及财产损害。

第四，如果发现自己遭遇"套路贷"，也不要惊慌。应首先确保自身的人身安全，避免与"套路贷"的行为人单独接触。然后，我们应该像小憬一样，及时向警方报案，用法律武器保护自己。千万不要因害怕而与"套路贷"团伙纠缠，让自己在"套路贷"中越陷越深。要相信，我们的背后有法律撑腰。

以上四点，是与大家分享如何识别"套路贷"并维护自身权益。

其实，我更想提醒大家的是，一定要树立正确的消费观念和借贷观念。量入为出，理性借贷，不要贪图享乐、不计后果，这才是防范"套路贷"最根本的举措。

34 借贷不规范？小心你的钱拿不回来

说起民间借贷，大家应该最熟悉不过了。日常生活中，我们经常因为各种原因，向他人借钱，或者借钱给他人。有时候特别熟悉的亲戚朋友急需用钱时，一个电话后我们就能立马转账，可能连借据或者借条都没有，或者借据欠条随意一写，甚至有时借出现金，连收据都没有。

正是因为生活中发生的这些借款都是在熟人之间，所以大家都不会太重视借款规范，或者说抹不开面子去规范借款流程，比如坐在一起签个借据或欠条，明确约定借款用途、利息及还款期限等。可是也正是因为大家忽视了这些借贷最基本的规范性操作，一旦借款双方就借款问题发生分歧或矛盾，借款就很难顺利追要回来，还会导致双方就此产生隔阂，甚至最后对簿公堂。

这不，小懵就深有体会。

案例

好友借钱后反悔,拒付利息

小懵和张三是同窗好友,两人自从毕业以后就一直保持联系,在小懵看来,张三就是他最好的兄弟。2018年,张三因为创业急需用钱,向小懵开口借款人民币10万元,并手写了一张欠条,欠条内容为"今借小懵人民币10万元整"。因为两人关系一向很好,所以,对这笔借款的利息和归还期限等,两人也只是进行了口头约定,而没有写进欠条里。

小懵自己也知道,出借时最好把利息、还款期限之类的内容写清楚,但是心里又有一些纠结。小懵觉得,既然是兄弟借钱,有个欠条,写个大概就可以了,利息写进去反而显得自己很看重利益,而且之前他们之间也经常这么操作,张三也都正常还本付息了。虽然这次借款数额的确比较大,但写简单点,更能表现出自己把朋友感情放在了首位。

就这样,写完欠条,小懵就转给了张三10万元人民币。过了半年,小懵因家里有事急需用钱,就向张三询问何时能还钱,而张三却以生意亏损为由,称自己无力偿还。讲义气的小懵考虑到张三的困境,就告诉张三可以只还当初约定的每月1%的利息,暂以借款期6个月计算即可。但是,让小懵没想到的是,张三却以借条里没写利息为由,拒绝支付利息。这下，小懵警醒了。随后，小懵多次向张三催要欠款，但是张三都以各种理由推脱，并且一直否认自己曾和小懵约定过利息。就这样僵持了一段时间，小懵的心最终还是凉得透透的。无奈之下，小懵只好一纸诉状，将自己所谓的兄弟张三告上了法庭。

解读

民间借贷关系

法院经审理认为，小懵与张三之间的民间借贷关系依法成立，张三在收到小懵交付的借款后，应依约履行归还借款的义务。但是因为小懵与张三之间未明确约定借款利息，所以应认定借期内是无息借款。也由于小懵与张三未明确约定借款期限，因此，小懵可随时向张三主张还款，同时应给予张三合理的准备期限。随后，法院判决张三偿还小懵借款本金人民币10万元，同时，以此为基数，自逾期还款之日起，张三需另外支付逾期还款期间的资金占用利息。

对此，法官也向小懵释明，按照相关法律的规定，自然人之间的借贷合同对支付利息没有约定或约定不明的，视为不支付利息。若借款人未按照约定的期限返还借款，只能按照约定或国家有关规定支付逾期还款利息。也就是说，借款期限内因没有约定利息，法院无法支持小懵的主张，所以，视为借款期限内不支付利息。但是法院可以支持小懵主张的逾期还款利息。

本案中,虽然小懵手里有张三的借条,并以张三曾作出口头承诺为由,要求张三支付借款利息,但是由于张三不承认,小懵也拿不出证据证明两人确实曾有利息的约定,所以在这种诉讼双方说辞互相矛盾的情况下,法院也只能按照相关法律和证据规则作出相应的判决。

此案告一段落后,小懵不仅伤心,还很后悔,如果当初能明白"亲兄弟明算账"这个道理,与张三白纸黑字地约定好利息的话,可能也不会走到这一步,自己损失了财产不说,还让亲戚朋友们看了笑话。

民间借贷也要提高法律意识

民间借贷主要发生在熟人社会中,如亲属、朋友、同事、同学等,就像小懵与张三,双方之间都比较熟悉,在发生借贷时,出于维护亲朋关系,大家往往采用简略、粗放式的操作方式。小懵与张三之间的这起民间借贷纠纷,就是一起非常典型的因对利息约定不明确、相关凭证书写简单而引起纠纷的案件。这个案件也再次说明,无视法律的严肃性,以朋友情谊来代位法律规范意识,不仅无法稳固双方之间原有的情谊,反而可能成为矛盾的导火线。

实操指南

如何规范操作民间借贷

那么,我们在日常生活中应如何规范操作民间借贷呢?别急,下面我们来划一下民间借贷规范操作的重点:

第一,完善借款凭据。《最高人民法院关于审理民间借贷案件适用法律若干问题的规定》(以下简称《民间借贷司法解释》)中第二条第一款规定:"出借人向人民法院提起民间借贷诉讼时,应当提供借据、收据、欠条等债权凭证以及其他能够证明借贷法律关系存在的证据。"可见,在发生借贷纠纷时,如果没有能够证明借贷关系存在的借款凭据,在起诉的第一关就可能被拦住。因此,借款凭据的重要性不言而喻。

借款凭据主要包括两类,第一类是借款合同、借据或欠条。而不管是哪一种,都应写明借贷双方的姓名、身份证号、借款数额、借款期限、借款用途、借款利息、违约责任等,并且在签订时,应手写签名并捺印。

其中,对于欠款数额的书写,鉴于阿拉伯数字容易被篡改,在此,建议大家同时用大写数字固定;对于借款期限,为避免理解出现分歧,可进一步明确约定至某年某月某日;对于违约责任条款,建议约定逾期还款利息或违约金,二者也可以一并约定,只要注意总计不超过民间借贷利率的司法保护上限即可。

对于这一类凭据，如果遇到特殊情况，导致借贷的当场确实无法书写的，应有第三人予以作证，事后再行补充书面凭据。

第二类借款凭据，则是转账记录或收据。依据《民间借贷司法解释》第九条规定，以现金支付的，自借款人收到借款时，借款合同成立；以银行转账、网上电子汇款等形式支付的，自资金到达借款人账户时，借款合同成立。因此，转账凭证非常重要，若出借人仅有借款合同，但无法证明实际已出借款项的，那么借款合同可能会被认定为未生效，进而导致实际出借款项无法顺利追回。

因此，建议大家保留资金转账的记录，不管是银行回单还是支付宝、微信等支付平台的转账记录，都应好好保存。对于出借人以现金方式出借款项的，应要求借款人在收到款项的同时出具收据，收据应载明出借人的姓名、收到款项的具体时间及金额，并由收款人，也就是借款人签字捺印。

第二，审核借贷用途。依据法律规定，非法的借贷关系是不受法律保护的。我们经常提到的借贷要合法，主要是指借贷用途要合法。如果出借人明知借款人借款是为了从事赌博、诈骗、购买毒品或枪支弹药等非法活动的，那这样的借贷行为是不受法律保护的。

这种情况下，出借人出借款项若无法顺利追回，不仅自己的经济利益受损且投诉无门，情节严重的，还可能面临刑事责任。因此，对于借款人的实际借款用途，出借人应注意审核，最好可以在借款合同或借据等凭证中进行明确约定，合理规避自身的风险。

第三，借贷利率应适当。原《最高人民法院关于审理民间借贷案件适用法律若干问题的规定》第二十六条规定，借贷双方约定的利率不得超过年利率24%，且借贷双方约定的利率超过年利率36%的，超过部分的利息约定无效。但《民间借贷司法解释》将原来以24%和36%为基准的两线三区的规定，修改为以中国人民银行授权全国银行间同业拆借中心每月20日发布的一年期贷款市场报价利率（也即LPR）的4倍为标准，以此确定民间借贷利率的司法保护上限。举例来说，以2020年8月20日发布的一年期贷款市场报价利率3.85%的4倍计算，民间借贷利率的司法保护上限则为15.4%。

因此，我提醒大家注意，我国民间借贷利率司法保护上限是浮动的，大家在签订借款合同或借条时，应注意一年期LPR的变动，如有需要，大家可以在中国人民银行官网进行查询。

此外，除上述利率的规定外，还应注意避免民间借贷中出借人预先在本金中扣除利息的"砍头息"操作。对此，《民间借贷司法解释》也有相应的规定，出借人预先在本金中扣除利息的，人民法院还是会将实际出借的金额认定为借款本金。

　　第四，注意催收，保留证据。打官司要讲究诉讼时效，民间借贷纠纷也一样。借款临近到期时，出借人要及时催收。依据我国法律规定，向人民法院请求保护民事权利的诉讼时效期限为三年。为了防止超过诉讼时效期限，我们建议出借人在时效届满前注意催收并保留催收证据。如有可能，也可以让借款人出具还款计划或重新签订借款合同，这样诉讼时效还可以从新的协议签订之日起重新计算。

　　以上就是本章分享的民间借贷规范操作的几个重点。其实多年来媒体和相关部门都对规范化借贷进行过各种各样的宣传，但仍有人因为各种原因，对这种几乎已是常识的要求缺乏理解，忽视规范操作，从而不断引发矛盾纠纷。在此，建议大家提高法律意识，抛开面子，对自己和他人负责。

35 { 我要创业！等等，你好像是非法经营

说到非法经营，大家可能都觉得跟自己不沾边。本章我们就来说一下，离我们比较近的那些非法经营。

> **案例**
>
> **抬价销售口罩触犯非法经营罪**
>
> 2020年年初，受新冠疫情影响，大家纷纷囤积各类口罩，小懵也不例外。但是由于小懵比较蒙，在小懵得知应该囤口罩的时候，各大药店的口罩都已售罄。小懵很是惶恐，毕竟在这种关键时刻，没有口罩岂不等于裸奔！于是，小懵急忙在校友圈里发出了求购口罩的信息。
>
> 不久，小懵的老同学张三便主动联系小懵。张三称，他在淘宝上开了好几家店铺，每家店铺都还有口罩存货，但是受疫情影响，现在的口罩都已经涨到15元一个，不过看在老同学的面子上，张三愿意给小懵打8折。小懵听罢，虽感慨口罩之昂贵，但还是乖乖交出了银票，一下子囤了

100多个。小懵的亲戚朋友听闻还有口罩在售,也纷纷将张三店中的口罩成批量地加入了购物车。

小懵见疫情逐渐严重,大家都在求购口罩,便心生一计。他盘算,如果趁这时倒买倒卖一波口罩,肯定能小赚一笔。于是,小懵一边感慨自己有做生意的天分,一边拨打张三的电话。谁知,张三的电话却一直打不通。小懵不甘心,于是通过各种渠道寻找张三。最终,小懵从警察的口中得知了张三的踪迹。

原来,张三在淘宝网上以不同企业的名义分别注册了三家店铺,日常主要销售艾制品。2020年1月初,新冠疫情暴发,疫情防护急需的口罩紧缺。2020年1月22日至24日期间,张三从洛阳、盘锦等地以每只0.5元至5元不等的价格购入不同品牌口罩共计5万只,共计支付金额14万元。为牟取暴利,张三在2020年1月22日至29日期间,抬高口罩价格,将销售价格从每只2.8元,陆续涨至每只15元。经审计,张三经营的三家网店销售口罩的经营数额为人民币52万余元。经认定,张三销售口罩的平均加价率为275%。最终,张三因涉嫌非法经营罪,依法被判处有期徒刑二年,并处罚金26万余元。

小懵的创业梦还没开始就已经结束了。小懵这才明白过来,原来自己想趁机大赚一笔的想法有多危险,一不小心,创业变非法经营,还会让自己身陷囹圄。

解 读

非法牟取暴利、数额较大，属于非法经营

张三在疫情发生之前未进行过口罩商品的销售活动，在疫情防控期间销售口罩平均加价率达到275%，该平均加价率远远超出非疫情防控期间市场销售价格与成本价格之间的合理比例，已经不符合人民群众的普遍认知以及公平正义的观念。同时，张三供称他因想多挣点钱，在1月24日当天就三次调整价格，直至1月29日，定价已提高为15元，这些都表明了张三具有牟取暴利的主观故意。因此，张三违反国家在预防、控制突发传染病疫情等灾害期间有关市场经营、价格管理等法律法规的规定，囤积居奇，哄抬疫情防控急需用品的价格，牟取暴利，严重扰乱市场秩序，违法所得数额较大，已构成非法经营罪。

属于非法经营的行为

讲到这里，大家可能会好奇，除了张三这种哄抬物价、扰乱经济秩序的行为，还有哪些行为属于非法经营？怎么创业，才能避开"非法经营罪"这颗炸弹呢？不急，我们逐一分类分析。

第一类，未经许可，经营法律、行政法规规定的专营、专卖物品，或者其他限制买卖的物品。

所谓专营、专卖物品，是指法律、行政法规规定只能由特定部门或者单位经营的物品，比如烟草、食盐、麻醉药品等。其他限制买卖的物品,是指国家法律、行政法规规定的不允许在市场上自由买卖的物品,如棉花、化肥、农药、种子等。也就是说,有些东西是需要经过许可才能经营的,如果没有许可就私自经营,可能就触犯非法经营罪了。对人的身体健康可能造成影响的物品、关系到粮食安全的物品、涉及环境保护的物品等,一旦涉及,一定要先向市场监管、卫生健康、农林等部门咨询是否需要经营许可。

第二类,买卖进出口许可证、进出口原产地证明以及其他法律、行政法规规定的经营许可证或者批准文件。比如一些制假售假的产业链中,多有涉及非法制造、买卖进出口许可证、进出口原产地证明等文件。许可、证明文件是维护市场正常秩序、保证商品质量、进行行业管理的重要凭证,是绝对禁止买卖的,千万不要触犯。

第三类,未经国家有关主管部门批准,非法经营证券、期货、保险业务的,或者非法从事资金支付结算业务的。比如,很多小型创业公司未经批准自立门户,非法经营证券、期货业务,情节严重的,便构成非法经营罪。

第四类,其他严重扰乱市场秩序的非法经营行为。这一类属于兜底条款,在司法实践中,多由司法解释来规定,而且涉及面非常广,也与我们日常生活关联更密切,下面,我们分为不同领域来梳理一下。

(1)食品领域

在食品领域,依据相关司法解释规定,以提供给他人生产、销售食品为目的，违反国家规定，生产、销售国家禁止用于食品生产、销售的非食品原料，比如工业用牛羊油等，或生产、销售国家禁止生产、销售、使用的农药、兽药、饲料等，又或者私设生猪屠宰厂，从事生猪屠宰、销售等经营活动等，情节严重的，都将构成非法经营罪。

（2）金融博彩领域

首先，依据相关司法解释规定，违反国家规定，未经依法核准，擅自发行基金份额、募集基金，情节严重的，将以非法经营罪定罪处罚。这一点大家要注意，现在市场上基金公司越来越多，如果大家的创业项目也将涉及基金业务，请大家务必依法依规，获得相关部门的核准。

其次，依据相关司法解释规定，违反国家规定，使用销售点终端机具，比如POS机等，以虚构交易、虚开价格、现金退货等方式向信用卡持卡人直接支付现金，情节严重的，将以非法经营罪定罪处罚。司法实践中，会有一些业务人员私自与客户达成虚假交易，利用POS机刷卡套现，大家应注意，这样的行为不仅可能构成非法经营，恶意透支的，还可能构成信用卡诈骗罪。

再次，依据相关司法解释规定，未经国家批准擅自发行、销售彩票的，将以非法经营罪定罪处罚；以提供给他人开设赌场为目的，违反国家规定，非法生产、销售具有退币、退分、退钢珠等赌博功能的电子游戏设施设备或者其专用软件，情节严重的，将以非法经营罪定罪处罚。

司法实践中，大学生创业私自发行、销售彩票的案例或私自开设电子赌场的案例也不在少数。在此提醒大家，博彩类的所谓创业项目大都是在法律的边缘试探，创业还是绕开博彩类业务较为妥当。

最后，涉及民间借贷的非法经营罪，大家也应该注意。依据相关法律法规，违反国家规定，未经监管部门批准，或者超越经营范围，以营利为目的，经常性地向社会不特定对象发放贷款，比如2年内向不特定多人（包括单位和个人）以借款或其他名义出借资金10次以上，扰乱金融市场秩序，情节严重的，也将以非法经营罪论处。因此，有钱不能任性，不管是个人还是单位，未经有关部门批准，均不可非法放贷。

（3）网络领域

依据相关司法解释规定，违反国家规定，以营利为目的，通过信息网络有偿提供删除信息服务，或者明知是虚假信息，通过信息网络有偿提供发布信息等服务，扰乱市场秩序的，以非法经营罪定罪处罚。我们这里说的有偿提供信息删除或发布服务构成非法经营罪的标准，分别是个人非法经营数额在5万元以上，或者违法所得数额在2万元以上的；单位非法经营数额在15万元以上，或者违法所得数额在5万元以上的。

这一点需要大家注意，互联网时代，花钱删帖这一举动大家一点都不陌生，比如公关公司请专业公司或人员删帖，粉丝花钱请大量专业人士为自己的偶像删帖等，这甚至是很多电视剧中的桥段。但是，这种以营利为目的，有偿提供删除信息服务的行为，在盈利数额达到起刑点后，实际也已经构成了非法经营罪。因此，以赚钱为目的的删帖服务，其实也不像大家想的只是动动手那么简单，同样也是在法律边缘试探的职业。

以上便是本章与大家分享的创业路上可能涉及的那些非法经营行为。

其实涉及非法经营的行为还有很多，无法在此一一列举。三十六行，行行都有自己的规矩。希望大家在创业时，多做做功课，不要像小懵一样，一拍脑袋就想着要发大财，毕竟人间正道是沧桑，脚踏实地才是最好的致富之路。

36 投资被骗？警惕遇上集资诈骗！

近年来，社会财富的规模增大，正规金融的服务局限性也逐渐凸显，两者叠加影响，使得民间融资的体量显著增加。然而，随着民间融资市场的迅速活跃，以集资诈骗、非法吸收公众存款等为代表的金融违法犯罪活动逐渐增加。

这类案件的受害者多为下岗职工、退休老人等群体，但通过类似的案例显示，青壮年、成年男性乃至已经积累了一定财富规模的"成功人士"成为受害者的概率也正在增加。这不，小懵就是其中之一。

案例

非法集资骗投资，损失巨大难追回

小懵在成家立业后偷偷攒了几年的私房钱，但是他觉得，攒三五年才能攒够10万元，这攒钱的速度可能还跟不上通货膨胀，攒来攒去岂不是攒了个寂寞。于是，小懵决定拿着10万元去投资点什么。正巧，老同学张三出现了。

张三称，他跟一些朋友成立了一家Ａ公司，公司规模大，实力雄厚，目前正在筹集资金准备上市。张三告诉小懵，只要小懵投资入股，在公司股票未上市前，小懵每年每股有0.3元的分红；上市后，小懵还能获得高额回报。张三还承诺，如果公司股票3年内未上市，张三的Ａ公司将对小懵购买的股权进行回购。

小懵一听，两眼放光，自己马上就可以成为上市公司原始股股东了，这样的好机会怎么能放弃。于是，小懵想也没想，就与张三签订了投资协议，将自己辛苦攒到的10万元全部投入。但没过多久，小懵就接到了派出所的电话，要求他前往派出所配合调查。

原来，张三利用挂名股东虚假出资注册成立了Ａ公司，在未取得国家证券监管部门批准的情况下，虚构公司业绩及发展前景，以转让Ａ公司股权的名义，向社会公开募集资金。其间，张三以Ａ公司的名义，将公开招聘来的业务人员安排到附近的企事业单位、大专院校家属区等地，以老年人为主要对象，虚假宣传Ａ公司股权已在某交易所挂牌交易等信息，采用夸大收益和股权担保、股权回购虚假承诺等手段，诱使群众购买Ａ公司股票。

截至张三被抓之前，张三以公司名义通过上述活动拉拢了1000余名人员进行投资，集资数额共计人民币1100余万元。这1100余万元资金，除向部分投资人分红外，仅

> 有极少部分资金投入到公司生产中,大部分金额(1000余万元)均用于向业务员支付高额回扣、归还张三个人在开设公司过程中的借款以及支付公司经营费用、白条冲账、归还张三本人及其亲属的借款等,至今无法追回。

解读

为何张三的行为构成集资诈骗罪

在未取得国家证券监管部门批准的情况下,A公司自成立直至案发,均以虚假宣传进行非法集资为其主要活动,公司的主要经营费用来自非法集资款,且该款项基本未投入公司的实际生产中,可以认定张三成立A公司的目的就是进行集资诈骗。因此,张三以非法占有为目的,采用违法"转让股权"的方法非法集资,且数额特别巨大,其行为已构成集资诈骗罪。法院最终判定,张三犯集资诈骗罪,判处有期徒刑十五年,罚金30万元;公安机关查扣的张三房产两处,评估拍卖后所得价款,按比例发还被害群众;未退赔的赃款继续追缴,陆续发还给被害群众。

小懵的10万元私房钱至今还在追缴中,可以说已经是遥遥无期了。其实,该案吸收的大部分资金已经难以追回了,造成的经济损失特别巨大。而这些受骗参与非法集资的人,以40至60岁年龄段中老年人居多,许多人毕生的积蓄一夜化为乌有,生活陷入困顿,对当地社会稳定也造成了极大危害。

非法吸收公众存款及非法集资的具体情形

说到这里,大家应该了解了,非法集资主要针对的就是中老年人,骗钱的形式也非常多。

其实早在 2010 年,最高人民法院就发布了《关于审理非法集资刑事案件具体应用法律若干问题的解释》,并于 2022 年 3 月 1 日修改。这份司法解释较为明确地列举了构成非法吸收公众存款罪的 12 种行为,还列举了构成集资诈骗罪的 8 种情形,在很大程度上能够帮助普通大众甄别非法集资行为。然而,社会法治意识淡漠、民众风险识别能力不足,这些都为非法集资违法犯罪活动提供了可乘之机。

下面,我带领大家熟悉一下构成非法吸收公众存款罪以及集资诈骗罪的具体情形,也让大家保护好自己的钱包。

首先,违反国家金融管理法律规定,向社会公众,包括单位和个人,吸收资金的行为,且同时具备下列四个条件的,除《刑法》另有规定的以外,应认定为"非法吸收公众存款或者变相吸收公众存款",这四个必备条件为:

(一)未经有关部门依法许可或者借用合法经营的形式吸收资金,比如张三的 A 公司;

(二)通过网络、媒体、推介会、传单、手机信息等途径向社会公开宣传;

(三)承诺在一定期限内以货币、实物、股权等方式还本付息或者给付回报,比如张三对小懵的上市、回购等承诺;

（四）向社会公众即社会不特定对象吸收资金。

以上就是构成非法吸收公众存款罪的四个条件。在满足这四个条件的情况下，实施司法解释列举的 12 种情形的，以非法吸收公众存款罪定罪处罚；如果实施这 12 种情形之一的同时，又满足司法解释列举的 8 种认定为"以非法占有为目的"的情形，那么，行为人将以集资诈骗罪定罪处罚。

我们先来列举这 12 种构成非法吸收公众存款罪的情形：

（一）不具有房产销售的真实内容或者不以房产销售为主要目的，以返本销售、售后包租、约定回购、销售房产份额等方式非法吸收资金的；

（二）以转让林权并代为管护等方式来非法吸收资金的；

（三）以代种植（养殖）、租种植（养殖）、联合种植（养殖）等方式非法吸收资金的；

（四）不具有销售商品、提供服务的真实内容或者不以销售商品、提供服务为主要目的，以商品回购、寄存代售等方式非法吸收资金的；

（五）不具有发行股票、债券的真实内容，以虚假转让股权、发售虚构债券等方式非法吸收资金的，前面举的小懵的例子，就属于这种情形；

（六）不具有募集基金的真实内容，以假借境外基金、发售虚构基金等方式非法吸收资金的；

（七）不具有销售保险的真实内容，以假冒保险公司、伪造保险单据等方式非法吸收资金的，这一类生活中也比较常见，大家应该引起注意；

（八）以网络借贷、投资入股、虚拟币交易等方式非法吸收资金的；

（九）以委托理财、融资租赁等方式非法吸收资金的；

（十）以提供"养老服务"、投资"养老项目"、销售"老年产品"等方式非法吸收资金的；

（十一）利用民间"会""社"等组织非法吸收资金的；

（十二）其他非法吸收资金的行为，也就是兜底性质的规定。

上面的 12 类情形，在依据司法解释的规定，相应数额或发展人数达到起刑点后，就构成非法吸收公众存款罪。第八和第九两类在生活中非常常见，若数额不大，案件无法进入刑事案件侦查领域时，大家可能都会通过民事诉讼解决；但是一旦犯罪金额达到规定数额，或者达到其他起刑点，那么就是刑事案件。一般这类案件影响也会非常大，多数情况下，被骗金额难以追回。

我们再来说一下集资诈骗。如果是以非法占有为目的，使用诈骗方法实施上述 12 种情形之一的，应当依照《刑法》规定，以集资诈骗罪定罪处罚。那么，如何界定"以非法占有为目的"呢？司法解释列举了 8 种情形，具有下列 8 种情形之一的，可以认定为"以非法占有为目的"：

（一）集资后不用于生产经营活动或者虽然用于生产经营活动与筹集资金规模明显不成比例，致使集资款不能返还的，比如前面例子的张三；

（二）肆意挥霍集资款，致使集资款不能返还的，这类情形非常常见；

（三）携带集资款逃匿的，这类情形也非常常见；

（四）将集资款用于违法犯罪活动的；

（五）抽逃、转移资金、隐匿财产，逃避返还资金的；

（六）隐匿、销毁账目，或者搞假破产、假倒闭，逃避返还资金的；

（七）拒不交代资金去向，逃避返还资金的；

（八）其他可以认定非法占有目的的情形，也就是兜底性条款。

所以，如果有嫌疑人实施前述的12种情形时，还存在以上8种情况，同样达到司法解释规定的起刑点的，那么，依据法律规定，应该以集资诈骗罪定罪处罚。

以上就是非法吸收公众存款罪和集资诈骗罪常见情形及规定。社会财富的规模增大，大家多多少少都有投资的想法。在做决定前，一定要擦亮双眼，仔细甄别。天上不会掉馅饼，不要想着占便宜，这样就可以尽可能避免被骗。

第六部分

"剁手"买买买?
买之前得懂点法!

37 { 减完又降,"剁手党"如何识别价格猫腻?

案例

商家虚构原价

我们的主人公小懵,在某电商购物节期间,看上了一条貂皮围巾,页面上显示促销价 5800 元,在促销价旁边的括号里还显示另外一个价格为 1 万元,并且在这个数字上作了划线处理。小懵觉得优惠力度太大了,赶紧以 5800 元的价格下单并付款。收到货以后,小懵觉得质量并不好,于是拿给懂行的朋友看。朋友告诉小懵,卖 5000 多元差不多,但原价 1 万元应该不太可能。小懵觉得自己被忽悠了,智商受到了侮辱,作为一名资深"剁手党",他行走江湖这么多年,就没吃过这么大亏。

小懵不但购物经验丰富,维权水平也不含糊,决定要找商家讨个说法,要求商家退货、退款,并支付三倍价款的赔偿。没想到商家也不是吃素的,断然拒绝了小懵,小懵只好起诉到了法院。法院经审理认为,商家采用的标价形式,极易让小懵产生被线划掉的"1万"就是商品原价的误解,使得小懵基于促销价和划线价之间较大的优惠力度而作出购买决定。

同时,商家一直以所谓的"促销价"5800元销售,从未以划线价1万元完成过交易,因此1万元的划线价不属于"原价"。商家利用使人误解的标价,欺骗、诱导小懵与其进行交易的行为,应当认定为价格欺诈行为,商家除退钱以外,还应支付小懵三倍价款的赔偿,即17400元。小懵在这次维权中大获全胜。

解读

价格欺诈行为

这个案例中,商家虚构了一个根本不存在的原价,通过这个原价与所谓的促销价进行对比,来诱骗消费者下单购买。根据国家市场监管总局制定的《明码标价和禁止价格欺诈规定》,利用这种虚假折价、减价的手段来销售商品或提供有偿服务的,属于价格欺诈行为。这种情况下,消费者除可依据《中华人民共和国消费者权益保护法》(以下简称《消费者权益保护法》)第五十二条要求商家退款之外,还可以依据第五十五条要求获得三倍价款的赔偿。

那么商家在网页上标注原价时又有哪些规矩和讲究呢?我们来看下一个案例。

案例

不存在的划线价

小懵趁着购物节促销之际,还给自己买了一部手机。当时网上标明的促销价为 3400 元,在旁边也有一个被划线处理的价格,是 3900 元。收到手机之后,手机的质量没有问题,但小懵在网页的成交记录中发现,在他之前的订单也都以 3400 元成交,没发现有 3900 元成交的交易记录。小懵觉得:难道自己又被宰了一刀?于是直接起诉到法院,要求三倍价款的赔偿。法院查明,商家长时间地以 3400 元的价格销售该款手机,但在页面上一直标注促销价 3400 元、划线价 3900 元,其划线价 3900 元高于小懵购买前七日内的最低成交价格 3400 元。法院认为,即使小懵可以查看以往交易记录并对同类产品进行价格比对,也不能降低商家标注真实价格信息的法定义务。因商家未能及时修改页面中标注的原价,使小懵误认为存在优惠而购买手机,构成价格欺诈,商家应向小懵赔偿三倍价款。

解读

如何认定真正的原价

在法院的认定中,提到了"本次促销活动前七日内的最低价格",这就是我们认定原价的一般标准。

如何确定真正的原价，根据相关规定有以下三点。

首先，商家折价、减价，应当标明或通过其他方便消费者认知的方式表明折价、减价的基准。

其次，未标明或表明原价的，则以同一商家在同一经营场所内，在本次促销活动前七日内的最低成交价格为基准。

最后，如果促销前七日内没有交易，以本次促销之前最后一次交易的价格作为原价。

所以前面那个案例中，小懵购买这款手机时的原价应该是3400元，而不是没有成交记录的3900元。商家没有正确地标注原价，也构成了价格欺诈。

案例

促销结束后迅速再次降价

现实中还有这样的情况，抢购的促销商品没过几天就又降价了。再举个例子，小懵的女朋友小美，点灯熬油、争分夺秒地抢购了一件秋季外套，促销价1599元。谁知刚过两天，小美还没收到货呢，就发现又降到1499元了，比自己熬夜抢购时的价格还低。小美感觉自己的心在滴血，立刻发微信把这事告诉了小懵，问他该怎么处理。小懵立刻给小美发了200元红包，先安抚一下小美的情绪，然后说自己确实也不清楚到底能不能要求商家赔偿。

解 读

促销结束后迅速再次降价促销是否合理

那么,商家在一次促销结束之后很快地再次降价促销合法吗?消费者是否有权利要求商家赔偿呢?

根据目前的法律规定,除那些由政府定价和政府指导价的商品或服务以外,商品销售基本都实行市场定价,也就是由商家综合考虑成本、利润、市场需求等因素确定销售价格。允许商家自主定价,可以保持商家之间的竞争秩序,对消费者也是有利的。

所以,促销结束后又降价并不违反法律规定,除非有例外情况,我一会儿再讲。

虽然法律没有明确规定促销后又降价的,商家必须补差价,但有些电商平台会制定解决这种问题的价格保护规则,消费者可依据平台的价格保护规则申请补差价。

如果平台并未制定相应的规则,也可以尝试和商家或平台协商,要求补差价,或者走先退货,再以低价重新购买的流程,来避免多花冤枉钱。

但是,如果在降价的过程中存在价格欺诈行为就另当别论了。

举个例子,根据"七日内最低交易价格为原价"的原则,如果商家促销之后再降价,就应当及时调整标注的原价,否则仍涉嫌价格欺诈。

比如,促销时原价1000元,促销价900元,结束后立刻又降价为 850 元，如果促销期间存在 900 元的成交记录的话，促销期结束后的原价就应该标注为 900 元。如果仍用 1000 元做原价，则涉嫌价格欺诈。

还有一些商家在促销前先把售价抬高，然后在这个抬高的价格基础上打折，制造虚假的折扣。比如，一款皮鞋平时售价是 1500 元，促销活动开始之前的几天，把售价上调到了 2800 元。促销活动当天则声称 5 折优惠，售价 1400 元，实际上只比平时售价低了 100 元，却以 5 折的噱头来诱骗消费者，这也是典型的价格欺诈行为。更有过分的，打折后的价格比平时的价格还高。

生活中出现过的价格欺诈行为有很多花样，在国家市场监管总局发布的《明码标价和禁止价格欺诈规定》中都有明确的列举，建议大家平时多看一看，一旦遇到能够快速识别。

实操指南

遭遇价格欺诈后怎么办

第一，和商家协商解决，或者通过平台协商。

第二，可以向消费者协会寻求帮助，由消费者协会组织调解。

第三，通过诉讼、仲裁解决。当然，还可以向价格监管部门投诉，由监管部门予以查处。根据《价格违法行为行政处罚规定》，对于实施价格欺诈行为的，应当责令其改正，没收违法所得,并处违法所得 5 倍以下的罚款;没有违法所得的,处 5 万元以上 50 万元以下的罚款;情节严重的,责令其停业整顿,或者由市场监督管理部门吊销其营业执照。如果是个人卖家,并且没有违法所得的,处 10 万元以下的罚款。

  所以,面对促销中的各种价格猫腻,剁手党们应该多一些据理力争,少一些忍气吞声,这样才能让那些耍坏的商家受到惩罚。同时也呼吁商家在降价促销的时候,多一些真诚,少一些套路,既然消费者都自嘲地承认自己应该剁手,就请不要再用这些套路让他们伤心。

38 花里胡哨的营销手段，如何雾里看花？

一提到虚假宣传，立刻让我想起当年上大学时，学校附近有一个小卖店，每天不停地用带录音功能的扩音喇叭播放老板的录音："紧急拆迁，疯狂甩卖，所有商品，一律两块。"临近毕业才发现，我大学上了四年，他也疯狂甩卖了四年，就是不知道他到底还拆不拆迁。从他那买的东西，质量普遍不怎么样，就是在销售低价的劣质商品而已。

像这样利用虚假的甩卖价来销售商品，是当年典型的虚假宣传手法。随着监管部门的查处，这种现象现在很少见了，但虚假宣传的花样随着商品的更新换代而不断翻新，仍属于高发的违法行为。我们的男一号小懵就遇到过。

> **案例**
>
> **虚假宣传的不同套路**
>
> 小懵喜欢健身，教练告诉他除了坚持锻炼以外，饮食也要注意，要多摄入蛋白质。于是，小懵在网上购买了一

款健身套餐，包括蛋白粉和左旋肉碱片。产品详情中称该产品属于"减脂增肌组合"，功效是减脂增肌。小憎收货后发现，左旋肉碱片没有保健品标识，且根据包装上的食品生产许可证号查询，该商家许可生产的居然是糖果制品。于是，小憎马上与商家联系要求退货并予以赔偿。但商家只同意给小憎退货，拒绝赔偿。小憎向来不惯着这种商家，直接起诉到了法院。

法院经过审理，认为商家对蛋白粉和左旋肉碱片的功效介绍属于虚假宣传，所谓减脂增肌，并不是吃了这两样食品就能实现的。商家的宣传误导了小憎决定购买这款健身套餐，商家的行为构成欺诈，除了向小憎退款之外，还应按照该商品价款的三倍赔偿小憎的损失。

小憎这次维权得到了法院的支持，但是小憎的女朋友小美在另一次维权中就没这么顺利了。

案例

不构成欺诈的虚假宣传

小美在网上买了一个国外进口的熟铁炒锅。后来小美发现页面中多次出现"顶级""最健康"这种绝对化的词语，并且声称炒菜时释放出的铁元素能够造血、运输营养物质、提高免疫力和促进新陈代谢。小美一收到锅，就去和小懵显摆:"看看,我买的炒锅棒吧。"小懵一听,这商家明显在虚假宣传啊,可以找他要三倍赔偿。于是,小美也起诉到了法院。

法院认为,一般消费者购买炒锅的主要目的是用于烹饪,所以应该更加关注炒锅的设计、材质,并且对炒锅的材质所能达到的功效有基本的认识。虽然商家存在使用绝对化词语、炒锅有医疗保健功效等虚假宣传,但并不会因此导致一般消费者陷入错误认识,不足以对购买行为产生误导。所以商家的虚假宣传行为不构成欺诈,小美虽然有权要求商家退款,但无权主张三倍价款的赔偿。至于商家的宣传内容是否违反相关法律法规,应受到何种行政处罚,属于行政监管部门的管辖范畴,不属于法院审查范围。小美只得无奈地接受了判决结果。

解 读

虚假宣传与欺诈的区分

小懵和小美的这两次维权经历,告诉我们面对商家的虚假宣传,消费者是否有权主张三倍赔偿,要看虚假宣传行为是否对消费者的购买行为产生了误导,是否对作出购买商品的决定造成影响。如果对购买行为产生了误导,则会进一步构成欺诈行为。也就是说,虽然虚假宣传和欺诈都有"表意不真实"的外在表现,但虚假宣传行为并不必然等于欺诈行为。

虚假宣传行为，既违背诚实信用原则，又破坏市场竞争秩序，还可能损害消费者权益。因此，对虚假宣传行为的规制，在《消费者权益保护法》《中华人民共和国反不正当竞争法》（以下简称《反不正当竞争法》）中都有所体现，即经营者不得对商品或者服务的质量、性能、用途、有效期限、销售状况、所获荣誉等信息做虚假或引人误解的宣传。在最高人民法院的司法解释中，也要求法院应当综合考虑日常生活经验、一般消费者的认知等因素来认定虚假宣传行为。这里所说的一般消费者的认知，是指一般消费者根据日常生活经验和注意力，能否识别宣传内容的真伪，进而影响对商品的认知。根据《消费者权益保护法》的规定，消费者权益因虚假宣传行为受到损害的，有权要求商家赔偿。由此可见，虚假宣传行为如果侵害到消费者权益，也会产生相应的民事责任，消费者有权要求商家退货、退款，以赔偿损失。但是，此时不能以构成欺诈要求退一赔三的惩罚性赔偿。

什么是欺诈行为呢？根据最高人民法院的意见，一方故意告知对方虚假情况，或者故意隐瞒真实情况，诱使对方作出错误意思表示的，可以认定为欺诈行为。回到前面小美买炒锅的案例，虽然商家存在故意的虚假宣传行为，但是否构成欺诈，还需要法院判断小美的购买行为和商家的虚假宣传行为是否有关联。如果两者之间存在关联，虚假宣传的内容误导小美作出了购买行为，就能构成欺诈，小美才有权主张三倍价款的赔偿。

消费者是否受到虚假宣传的误导而购买商品，虚假宣传是否进一步构成欺诈这个关键点，需要法院结合具体案件情况进行自由裁量，目前并没有统一的标准。

根据法律规定，实施虚假宣传行为的商家还应当依法承担行政责任。《反不正当竞争法》《中华人民共和国广告法》（以下简称《广告法》）对商家的虚假宣传、虚假广告行为规定了相应的行政处罚标准。虚假宣传的，处20万元以上罚款，最高可罚200万元，并吊销营业执照；发布虚假广告的，处广告费用3倍以上罚款，最高可达广告费用的10倍，并吊销营业执照。更严重的是还有可能构成虚假广告罪，我国《刑法》规定，如果广告主、广告经营者、广告发布者违反国家规定，利用广告对商品或者服务作虚假宣传，情节严重的，处二年以下有期徒刑或者拘役，并处或者单处罚金。

实操指南

怎样应对虚假宣传

在现实生活中，有哪些经常遇到的虚假宣传呢？

第一种，是我们最常见的，买到的商品与宣传的性能、功能、质量、用户评价、曾获荣誉等不相符。

第二种，宣传时使用绝对化用语。比如，最佳、最高级、国家级等词语。

第三种,把未经科学实验证明的观点当作事实进行宣传的。比如"5倍对抗更强变异细菌",如果商家不能提供科学实验报告来证明为什么是5倍,为什么是变异的细菌,则构成虚假宣传。

第四种,使用有歧义的词语误导消费者的。比如,商家销售"蒙古牛肉干",消费者购买之后发现根本不是牛肉干,于是找商家理论。商家答复说,我们卖的是肉干,牌子是蒙古牛,是蒙古牛牌的肉干!

如果遇到了虚假宣传的商家,我们可以怎么做呢?

第一,可以与商家进行协商,如果协商不成,可以向人民法院提起诉讼。如果虚假宣传尚未构成欺诈,但已损害消费者权益的,需要向消费者承担民事赔偿责任;如果虚假宣传构成欺诈,就需要承担退一赔三的赔偿责任。

第二,消费者可以向市场监管部门举报。若查证属实,虚假宣传的商家应受到相应的行政处罚。

第三,对于那些虚假广告,也可以向公安机关报案,要求追究刑事责任。但要注意,并不是所有做虚假广告的都构成犯罪,只有给单个消费者造成直接经济损失数额在5万元以上的,或者给多个消费者造成直接经济损失数额累计在20万元以上的;或者违法所得数额在10万元以上的;或者假借预防、控制突发事件的名义,利用广告作虚假宣传,致使多人受骗上当,违法所得额在3万元以上的;或者虽未达到上述数额标准,但两年内因利用广告作虚假宣传,受过行政处罚二次以上,又利用广告作虚假宣传的;或者造成人身伤残的……才涉嫌构成犯罪。

所以,面对五花八门、花里胡哨的商业宣传,消费者要慧眼识珠,分辨真假。那些精妙的宣传文案会让我们拍案叫绝,而虚假的宣传手段也会令我们深恶痛绝。当遇到虚假宣传,大家要积极地向监管部门举报,如果自身权益因虚假宣传受到侵害,更要勇于维权。这样才有助于改善商业宣传的大环境,让虚假宣传无处遁形。

39 | 7天还你靓白肌肤？
揭穿美丽谎言！

案例

商品功效与宣传不符

我们的主人公小美，天生丽质，人见人爱，为保持自己姣好的容颜，在网上购买了一款面膜，称可以保湿、美白、滋润、控油。收货后发现，面膜包装盒上标注的功效没有"美白"两个字，也没有标注特殊用途化妆品批准文号（2021年1月1日起，《化妆品监督管理条例》将化妆品分为"特殊化妆品"和"普通化妆品"，"批准文号"改为"注册证编号"，下文均采用该条例的新表述）。小美认为自己上当受骗，买到了假货，在与商家协商未果之后，起诉到法院，要求商家退货并赔偿三倍价款。

法院认为，根据相关法律法规，具有美白功效的化妆品属于特殊化妆品，应按相关规定取得特殊化妆品注册证并标注注册证编号。本案中，商家销售的面膜实际上并不具有美白功效，属于普通化妆品，不需要取得特殊化妆品

> 注册证，按规定只需要完成备案即可。但是，商家在网页介绍中宣称该面膜具有美白功效，已对小美的购买行为产生误导，构成了欺诈行为，商家应当退款并按价款的三倍予以赔偿。小美的主张最终得到法院支持。

解读

特殊化妆品

那么，什么是特殊化妆品呢？根据国务院的相关规定，用于染发、烫发、祛斑美白、防晒、防脱发的化妆品以及宣称新功效的化妆品为特殊化妆品；宣称有美白功效的化妆品，属于以上祛斑美白类的化妆品，应按照特殊化妆品进行管理。

特殊化妆品必须经国家药品监督管理局注册，并且取得特殊化妆品注册证。拿到注册证之后，才能生产或者进口，销售时必须在包装上注明注册证编号。普通化妆品应当在产品上市销售之前报省级药品监督管理部门备案。无论是特殊化妆品的注册信息，还是普通化妆品的备案信息，大家都能在国家药品监督管理局的网站上进行查询。在特殊化妆品的名称里，宣称的功效不能超出规定的功效；在普通化妆品的名称里，不能含有特殊化妆品的功效。

所以，我们在购买或使用特殊化妆品时，如果发现没有注册证编号，可以向当地药品监督管理部门举报。根据相关的监管规定，生产未经注册的特殊化妆品，将没收产品和全部违法所得，并处罚款；根据情节还可以责令该企业停产，或者吊销化妆品生产许可证，10年内不予办理化妆品行政许可申请，对该企业的责任人员处以其上一年度从该企业取得收入的3倍以上5倍以下罚款，终身禁止其从事化妆品生产经营活动。

另外，无论是特殊还是普通化妆品，在广告宣传中都不能出现以下三种用语：

（一）不得明示或暗示产品有医疗作用。比如修复受损肌肤、清热祛湿、活血解毒等。

（二）不得含有虚假或者引人误解的内容。比如全效速白、7天还你靓白肌肤、百分百纯天然等。

（三）不得欺骗、误导消费者，例如使用他人名义保证或暗示其功效。如华佗、扁鹊、白求恩等古今中外的名医，或《黄帝内经》《本草纲目》等医学名著。

如果我们发现化妆品广告违反了上述规定，也可以向市场监管部门举报，由其依据《广告法》给予相应的行政处罚。

案例

质量不合格的化妆品

像小美这样，买到仅仅对功效进行夸大的化妆品，应该算是不幸之中的万幸。但是，人在江湖飘，哪能不挨刀？因为使用化妆品，对我们的身体健康造成伤害的事情也时常发生,一旦遇到该怎么办?我们来看下一个案例。

小美虽然天生丽质,但还总觉得自己脸不够白、不够嫩。在一位化妆品店主的推荐下,小美购买了一款美白霜,花费2000元。用了一段时间后,她的皮肤果然更白更嫩了。但没过多久,眼睛周围却出现浮肿的情况。小美马上去医院检查,经医生诊断,居然是轻度的汞中毒。小美认为一定是美白霜有问题,于是向药品监督管理部门举报。执法人员对美白霜进行抽样送检,检测结果显示,美白霜的汞含量超过了《化妆品安全技术规范》关于汞的限量标准。小美因后续治疗又损失3000元,于是将美白霜的生产厂家诉至法院,要求其返还购物价款并按价款的10倍支付赔偿金2万元。

法院审理后认为,根据最高人民法院的司法解释,消费者与化妆品生产厂家,或者销售商之间的纠纷,参照适用食品药品纠纷的规定。在食品药品纠纷中,厂家生产不符合安全标准的食品,消费者除有权要求返还货款以外,还有权向厂家主张10倍价款的赔偿金。本案参照适用以上规定,厂家生产有害物质超标的美白霜,并且小美因使用该美白霜遭受了实际损害,因此小美要求厂家退还购物价款并按价款的10倍支付赔偿金,是具有事实和法律依据的。

解读

遇到化妆品质量问题如何主张赔偿

这个案例告诉我们，因化妆品质量问题使身体健康受到损害时，能够参照食品药品纠纷的规定主张赔偿金。但是由于 10 倍价款的赔偿金属于惩罚性赔偿，且从具体文字表述看，相关司法解释并未明确将惩罚性赔偿制度向化妆品领域扩展，因此在司法实践中，法院一般会从具体案情出发，考虑赔偿金数额。另外，消费者既可以要求生产厂家退款并支付赔偿金，也可以要求销售商退款并支付赔偿金，但是条件有所不同。直接向生产商主张赔偿金会相对容易一些，因为化妆品是哪个厂家生产的是相对容易查明的事实，厂家生产质量不合格的化妆品就应该支付赔偿金。向销售商主张赔偿金则相对困难一些，如果销售商能证明自己履行了进货查验义务，能如实说明进货来源，查验了生产厂家的营业执照、生产许可证、化妆品检验报告，法院很可能认定销售商并非明知，不会支持消费者的主张，除非销售商售卖的化妆品明显是"三无"产品或者过期产品。

在行政监管方面，根据相关规定，生产或者销售不符合强制性国家标准的化妆品，监管部门应没收产品及违法所得，并处罚款，根据情节还可以责令该企业停产，或者吊销化妆品生产许可证，对该企业的责任人员处以其上一年度从该企业取得收入的 1 倍以上 3 倍以下罚款，10 年内禁止其从事化妆品生产经营活动。

现实中一些商家为了增加销量,会对化妆品功效进行虚构或夸大,还有些无良商家会生产、销售质量不合格,甚至有害的劣质化妆品。遇到这两种情况,大家在依法主张其承担赔偿责任的同时,都可以向监管部门举报,要求对其违法行为予以查处。

实操指南

购买化妆品的注意事项

在购买化妆品时,尽量到大型商场的化妆品专柜、连锁店等正规渠道购买。购买时,警惕夸张的广告宣传用语,注意识别包装上的生产日期、使用期限、生产厂家和地址、生产许可证编码等信息,查看信息是否齐全。另外,不要过于看重短期功效,有些化妆品虽然能在几天内迅速见到效果,但可能会含有违禁成分或有害物质,危害人体健康。如果在使用中出现瘙痒、皮疹、水肿等问题,应立刻停用并去医院检查。如果确认是使用化妆品所导致的,要积极地依法维权。总而言之,先有健康,才有美丽。大家在爱美、追求美的同时,更要保护好自己。

40 快递丢失损毁怎么办?

消费者在网购时,与卖家之间是买卖合同关系,根据法律规定,通过互联网订立的电子合同的标的为交付商品并采用快递物流方式交付的,收货人的签收时间为交付时间;在标的物交付之前,毁损、灭失的风险由卖方承担,交付之后由买方承担,法律另有规定或者当事人另有约定的除外。所以在买卖双方没有特别约定的情况下,货物毁损、灭失的风险应由卖家承担,消费者有权要求卖家补齐或退换。

卖家和快递公司之间是货物运输合同关系,我们平时发快递时,与快递公司之间也成立货物运输合同关系。那么我们作为寄件人,寄出的货物发生毁损、灭失的话,该如何索赔呢?我们先来看一个案例。

> **案例**
>
> **快递公司拒绝对未保价物品按市价赔偿**
>
> 小懵给父母买了一台电脑,自己试用一段时间觉得没

有任何问题，就委托快递公司把电脑运回老家给父母用。快递公司收取了 80 元运输费后，给小懵出具了快递运单。运单背面的条款显示，未保价的货物损坏的，最高赔偿金额为 500 元。小懵没有对电脑进行保价，也未在寄件人签名处签名。小懵的父母收货时，打开包装箱一看，发现电脑屏幕被碰碎了，其他部位也有被磕碰的痕迹，就拒绝签收。小懵要求快递公司按电脑的市价 4000 元进行赔偿，快递公司认为小懵没有保价，按照运单上的条款最多赔 500 元。双方协商不成，小懵诉至法院，要求快递公司赔偿损失 4000 元。

法院认为，小懵与快递公司双方形成货运合同关系。快递公司因运输不当对货物造成的损失，应按照货物的实际损失进行赔偿。虽然运单背面的条款载明未保价的货物赔偿限额为 500 元，但本案中小懵未在寄件人签名处签名，快递公司也未能提交证据证明向小懵提示过保价条款。所以，不保价只赔 500 元的条款在小懵和快递公司之间不产生效力，快递公司仍应按照货物的市场价格承担赔偿责任，法院最终支持了小懵的诉讼请求。

解　读

快递公司预先拟定的格式条款对用户有约束力吗

法院这样判的法律依据是什么呢？对于货物毁损、灭失的赔偿额，如果寄件人和快递公司之间有约定，则按约定；没有约定的，双方可以协商；如果协商不成，则按照货物在收货地的市场价格计算。

所以，快递公司为了减轻自身的赔偿责任，经常在纸质运单的背面或者在电子运单中写有减轻其赔偿责任的条款。例如"未保价的快件丢失的，在运费的 × 倍限度内赔偿损失"。这些内容还经常以加粗或者使用其他颜色的形式予以突出。其目的就是为了与寄件人就赔偿金额事先进行约定，通常约定的金额仅为几倍运费，低于大多数货物的市场价值。

这种合同条款，属于预先拟定并且未与对方协商的格式条款。根据法律规定，提供格式条款的一方，应当以显著方式提示对方注意条款的内容，如果没有证据证明提示了，就会被认定这个条款无效；如果利用格式条款免除自己责任的话，条款内容也可能被认定为无效。

所以，快递公司自己拟定的这类保价条款不一定会成为货运合同的一部分。如果寄件人阅读了条款内容并在纸质运单上签字的话，通常代表其接受协议内容，此时如果没有保价，快递公司可在约定的赔偿限额内对寄件人进行赔偿。如果寄件人没有在纸质运单上签字，或使用的是电子运单，快递公司需要证明其在承接业务时就保价条款向寄件人进行了告知或提示；否则，保价条款对寄件人没有约束力，快递公司仍按货物的市场价格进行赔偿。

关于快递损失赔偿的法律规定

在寄快递的时候，选择 EMS 这样的邮政企业，还是选择顺丰、申通这样的快递企业，确定赔偿金额规则会有区别吗？答案是没有，用谁都一样。

《中华人民共和国邮政法》规定，快递业务不在邮政普遍服务的范围之内，快递邮件的损失赔偿适用民事法律的有关规定，就是我们前面讲到的对赔偿额有约定时按约定，没有约定时按市价赔偿。对于快递企业运送的快件，《快递暂行条例》规定，对保价的快件，按照约定的保价规则确定赔偿责任；对未保价的快件，适用民事法律的有关规定。从本质上讲，也是先按双方约定赔偿，没有约定的话，按市价赔偿。所以不管是用邮政企业还是快递企业，确定赔偿金额的规则都是相同的。

案例

未全额保价的，如何赔偿

另外一个问题，如果我们没有对货物全额保价，保价金额小于市场价格，就只能保多少赔多少吗？也不一定。我们来看下一个案例。

小懵从商场买了几盒冬虫夏草，一共花费 10 万元，然后到快递公司的营业网点寄给老家的父母，让他们补补身体。小懵把所有要寄的冬虫夏草分装在 5 个礼品盒里，在每个礼品盒外都标明了冬虫夏草。营业网点的工作人员询问小懵这 5 个盒子里是什么货物，小懵告知其是冬虫夏草后，工作人员就对货物进行打包，办理托运手续。小懵填运单时，货物一栏填的是"土特产"，只保价 5000 元。快递寄出了五六天，小懵父母一直未收到货物。小懵开始找快递公司，要求快递公司查询快件的运送进度。又过了五天，小懵收到快递公司的通知说快件丢失了。小懵怒不可遏，要求快递公司赔偿 10 万元。快递公司称保价 5000 元，最多只能赔 5000 元。于是，小懵把快递公司告上法庭。

法院审理后认为，快递公司在办理承运时未按照物品的名称、数量等情况据实进行查验，允许小懵随意填写与所寄货物内容不一致的快递详情单，又允许小懵对价值较高的冬虫夏草按 5000 元保价，导致了快递详情单内容与实际货物不一致、货物实际价值与保价不一致的后果。快递详情单记载的《快递服务合同》应属于格式条款，快递公司不严格执行收件验视制度，未按快递详情单的要求对保价货物的价值据实填写，也未在交付机场托运的快递详情单的保价栏中填写保价内容，致使保价条款存在于形式上，未表达双方当事人的真实意思。快递公司对不正确履行收件验视制度存在重大过失，根据法律规定，因故意或者重大过失造成对方财产损失的，合同中订立的免责条款无效，快递公司承运的货物丢失后，不能以小懵自愿选择了保价金额为由来限制赔偿数额的范围，应按照收货地的实际市场价格 9 万元予以赔偿。

可见，即使未全额保价，如果能证明快递公司在收件和运送过程中存在重大过失，导致货物丢失或毁损，寄件人也能按市场价值主张全额赔偿。

实操指南

寄快递如何避坑

所以我们在寄送贵重物品时，最好还是多花点钱，选择全额保价，这样快递公司就没有任何理由拒绝全额赔偿了。目前我们更多时候会用快递公司的应用或微信小程序进行下单，网页中大多都会对保价进行额外提示，告知没有保价则只在限额内承担赔偿责任。所以我们在寄快递时，应该理性评估是否对货物保价。

就赔偿数额发生纠纷时，除了通过诉讼途径解决之外，我们还可以通过"邮政业申诉服务平台"网站或者通过邮政业消费者申诉专用电话"12305"，对邮政企业、快递企业的服务质量和产生的纠纷进行申诉。

41 { 直播带货翻车，我找谁去维权？

案例

直播间的劣质产品

在直播带货火爆的背后，消费者维权难的问题也是一大诟病。面对鱼龙混杂的商品、水平良莠不齐的主播，合法权益受到侵害时，该如何维权呢？我们先看一个案例。

小懵在直播平台观看一个名为"谁来起诉我"的网红主播的写字视频，看到该主播推销书法教程和钢笔的广告，有明确的价格和主播的微信联系方式。小懵通过文字留言与主播在直播视频中互动，确认了购买数量和价格，然后添加主播的微信完成付款，购买书法教程和钢笔。但小懵收货后，发现钢笔笔尖的两个钢片高低不平，书写时墨水流淌过猛，笔画粗细不随书写力度而变化。小懵多次通过微信告知主播钢笔存在质量问题，而主播以"大老爷们什么性格""你不上班吗，我时间很宝贵"等话语搪塞小懵。小懵要求平台提供主播身份信息以解决纠纷，平台拒绝提供。小憎认为直播平台发布虚假广告并拒绝提供主播信息，于是起诉直播平台，要求直播平台退一赔三。

法院认为，小憎和主播是通过互相添加个人微信并转账交易建立的买卖合同关系，小憎和主播并未通过直播平台提供的购物链接进行交易，小憎和平台之间不存在买卖合同关系，最终法院驳回了小憎的诉讼请求。

解读

直播带货不同模式下的责任承担

这个案例告诉我们，作为消费者，要想顺利维权，先要弄清楚直播带货的经营模式：主播究竟是自主卖货，还是受托卖货？

如果是自主卖货，主播是在销售个人经营的店铺或者自己所在企业的商品，这时主播个人或者其所在企业就是销售者，也是直播间运营者。消费者与主播个人或者其所在企业之间成立买卖合同关系。

如果是受托卖货，主播是利用自己的网络人气来帮助其他商家推销商品，可能是帮助电商平台推销自营商品，也可能是帮助入驻平台的商家推销商品，此时消费者与电商平台或商家之间成立买卖合同关系。主播个人实际上是商品推荐者，与广告代言类似。

分清经营模式之后，我们要进一步确定主播的身份。主播在直播间对商品进行介绍和推荐，本质上属于《广告法》规定的商业广告活动。那么从《广告法》的角度，主播个人或者其所在企业的身份，还可能构成广告主、广告发布者或广告代言人。

根据《广告法》的规定，为了推销商品，自行或者委托他人发布广告的主体，属于广告主；为广告主发布广告的主体，属于广告发布者；除广告主之外，在广告中以自己的名义或者形象对商品作推荐的主体属于广告代言人。

如果主播是自主卖货，主播个人或者其所在企业同时具有广告主和广告发布者的身份。

如果主播是受托卖货，主播首先具有广告代言人的身份。主播在直播过程中，虽然不会宣称自己是其推销商品的品牌代言人，但从其对商品进行推荐、试用的实质上看，一般应属于《广告法》规定的"广告代言人"。一些人气爆棚的主播通常在直播平台拥有独立运营的直播间，能够自主决定每天推销哪些商品，并且绕过平台，直接向商家收取坑位费。这种情况下，主播个人或其所在企业还具有广告发布者的身份。

在确定了经营模式和身份之后，就能进一步确定主播应承担何种责任了。

受托卖货的模式下，主播个人或其所在企业作为直播间运营者，应标明其并非实际销售者，同时标明真正的实际销售者。直播间运营者不能证明其已尽到上述义务的，消费者有权要求其承担责任。直播间运营者证明其已尽到上述义务的，其是否要向消费者承担责任，由法院根据直播间运营者与销售者的约定、合作模式、交易过程以及消费者认知等因素予以综合认定。

根据《广告法》的规定，如果以虚假或引人误解的内容欺骗或误导消费者，使消费者合法权益受到损害，广告主应依法承担民事责任；广告发布者不能提供广告主的真实信息的，消费者可以要求广告发布者先行赔偿。因此，主播自主卖货的，主播或者其所在企业作为广告主，应依法向消费者承担民事责任；主播受托卖货，并且有实力对推销商品进行自主选择的，作为广告发布者，如果不能向消费者提供商家的真实信息，消费者有权要求主播先行赔偿。

主播受托卖货，属于广告代言人时应承担什么责任呢？根据《广告法》的规定，对于关系消费者生命健康的商品，比如食品药品、化妆品、母婴产品等，广告代言人与广告主承担连带责任；对于其他商品，广告代言人在明知内容虚假的前提下与广告主承担连带责任。所以，受托卖货的主播，如果推销的是关系生命健康的商品，主播需要与商家承担连带责任；推销其他商品的，在明知存在虚假内容时才与商家承担连带责任。

除了商家和主播之外，平台是否有责任呢？根据《中华人民共和国电子商务法》的规定，电子商务平台对其自营商品依法向消费者承担责任。所以主播推销平台自营商品的话，平台向消费者担责。主播推销入驻商家商品的，如果电子商务平台知道或者应当知道入驻商家的商品不符合保障人身、财产安全的要求，或者有其他侵害消费者权益的行为，没有采取删除、屏蔽等必要措施的，平台应与商家承担连带责任。直播营销平台如果不能提供直播间运营者的真实姓名、名称、地址和有效联系方式的，消费者有权要求平台承担赔偿责任。

案例

在直播间购买的商品与宣传不符

至于广告主应向消费者承担哪种赔偿责任，是否应该退一赔三或者退一赔十，仍需要根据《消费者权益保护法》《食品安全法》的相关规定予以判定。我们来看下面这个案例。

小懵在直播平台观看一个名叫"我不是被告"的主播直播带货，主播在直播中连线了一个商家，并向观众推荐该商家生产并销售的卫生纸等商品。小懵觉得价格很便宜，于是购买了该商家的卫生纸。但是收货后他发现，卫生纸的规格大小与直播中展示的样品规格不一致，比直播时展示的样品小了一半。小懵向平台投诉，平台对该主播的直播间封禁7天，并向小懵提供了主播身份信息，但是赔偿问题仍未得到解决。小懵这次为了保险起见，将商家、主播和平台的运营公司一起告上法庭，要求商家退一赔三，主播和平台运营公司承担连带责任。

法院审理后认为，小懵与商家成立买卖合同关系，主播介绍商品时使用的是商家提供的样品，样品规格大于商家实际发货的卫生纸，商家利用主播的宣传推荐误导了小懵的购买行为，已构成欺诈，应当退款并支付三倍价款的赔偿金。主播在直播中以自己的名义推荐这款卫生纸，构成《广告法》规定的广告代言人，但其对样品与实际商品规格不一致事先并不知情，所以主播不需要承担连带责任。平台接到投诉后，已采取封禁直播间的必要措施，并向小懵告知了主播身份信息，也不需要承担连带责任。

实操指南

直播间网购如何避坑

所以作为消费者，如果从主播的直播间买到吃亏上当的商品，要先弄清到底谁是销售者。主播自主卖货的，主播或者其所在公司承担赔偿责任；买到的是平台自营商品的，平台运营公司应该承担赔偿责任；买到的是入驻商家的商品的，该商家承担赔偿责任。消费者如果实在搞不清楚主播以及平台是否也应该担责的话，可以同时要求主播以及平台承担连带责任，由法院根据具体案情认定其是否需要担责。

此外，消费者还应注意留存证据。如果对直播中推荐的某个商品拿不准主意，担心上当受骗，可以对主播推销该商品的过程进行录制,保留视频证据。还要注意保存商品的展示图片、对订单信息和支付页面进行截图,等等,便于以后能较为顺利地维权。

42 代购、拍卖、二手……新消费的坑有哪些？

案例

虚假海外代购

在疫情期间，某小区一位居民向社区民警反映，小区居民的微信群里有一个韩国代购，回国后不仅没有居家隔离，还天天发快递，希望民警能督促她遵守社区防疫规定。这位韩国代购的朋友圈记录了她二月份去韩国时详细的代购过程，起飞、落地、扫货、结账、打包等环节滴水不漏。但是两个小时以后，民警回复说，这个韩国代购近期根本没出过国。这下群里担心疫情传播的邻居们都踏实了，找这个代购带货的买家们都炸锅了，疫情防控的诉求瞬间切换成了维权打假。

那么，面对这种虚假海外代购的套路，消费者是否有维权依据呢？根据法律规定，微信代购作为代理人，不履行职责，造成被代理人损害的，应当依法承担继续履行、采取补救措施或者赔偿损失等违约责任。所以，上当受骗的买家可以要求代购退货退款,如果代购拒绝,可以向法院起诉。

实操指南

微信代购如何避坑

通过微信找代购的话,为了便于通过诉讼维护自己的合法权益,请大家尽量找自己认识的、知根知底的人,以便因为纠纷协商不成的时候,能顺利地起诉到法院。在联系代购的过程中,记得留存充足的证据,比如与代购的微信聊天记录、支付代购费的转账记录、开箱验货时的视频或图片、鉴定费用的发票及鉴定报告等。

网上有段子说,人生就像微信朋友圈,你永远猜不到下一个做代购的是谁。而且要找一个靠谱的代购也是真心不容易,所以消费者在找代购买东西之前,要对商品的质量和价格有初步了解,明显低于官方价格的一定要多长个心眼,保持警惕,牢记天上不会掉馅饼的至理名言。如果实在找不到放心的代购,还是建议去专柜购买,别因为贪图便宜,却弄得自己不开心。

案例

网上竞拍成功，商家不发货

下面我们再说一下网上拍卖。现在各大电商几乎都设立了拍卖平台，商家可以通过拍卖的方式销售商品，起拍价由商家自定。因此，"一元起拍"成为各平台和商家吸引消费者参与拍卖的噱头。消费者想参与拍卖的话，除缴纳保证金以外，还要签订《竞拍服务协议》获得竞拍资格。实践中会出现消费者竞拍成功之后，商家以各种理由拒不发货的情况，这时候该如何处理呢？我们来看下面这个案例。

小懵在某电商平台看到一件翡翠在拍卖，起拍价一元。小懵想参与竞拍，于是用自己的平台账号登录，然后网页中弹出了《用户竞拍服务协议》。小懵在页面最底端勾选了"已阅读并同意"的选项后，进入保证金支付页面，在支付了2000元保证金后获得了竞拍资格。竞拍当天，小懵以1.3万元的价格竞拍成功，并且收到了平台退还的保证金。但是，过了三天，商家也没发货，小懵询问商家怎么回事。商家说这块翡翠已经在线下卖给了别的客户，因为工作人员失误又挂到了网上，这块翡翠不是工业品，只有这一块，不能用其他的翡翠替代，同时还把1.3万元退还给了小懵。小懵认为双方已通过拍卖的方式成交，对方就应该交货，否则应按这块翡翠的市场估值3万元赔偿，于是起诉到了法院。

法院最终认为,商家未履约发货,并明确表示翡翠已在线下销售且不可复制,所以不能交货,事实上已经不能继续履行合同,只能要求其赔偿损失。《用户竞拍服务协议》中约定,"若商家具有成交不卖的违规行为,用户将获得所缴纳保证金金额一倍的违约金作为赔偿"。由于商家已经退还了1.3万元的成交价款,同时,小懵不能证明自身损失多于约定的违约金,法院最终判决商家按照保证金的一倍向小懵支付违约金2000元。

解读

商家不发货,如何索赔

这个案例告诉我们:(一)如果拍卖的标的物是不可复制的特定物,商家履约不能的情况下,可以不再发货;(二)商家不发货的,要向消费者承担赔偿损失的违约责任;(三)双方对违约金数额有约定的,按约定数额赔偿,没约定的,需要消费者证明自己受到的实际损失。

所以大家在网上拍卖时,要注意竞拍服务协议中是否明确约定了违约金数额,如果没有明确约定,要注意保存能够证明拍卖品市场价值的证据,以便确定自己受到的实际损失,从而要求商家承担赔偿责任。

案例

二手物品交易纠纷

最后我们再说说二手物品交易。有的人想与闲置物品"断舍离",有的人想低价淘好货,但由此也引发了很多二手物品交易纠纷。小憎在闲鱼二手交易平台上买了一台苹果笔记本电脑,价格6500元。收货后觉得是组装机,拿去鉴定后发现果然如此,于是小憎向法院起诉了卖方,要求卖方退款并支付价款三倍的赔偿金。

法院认为,卖方交付的电脑不符合双方约定,构成违约,小憎要求卖家退款的请求符合法律规定。根据卖家在闲鱼平台的历史交易记录,卖家并非长期靠倒卖闲置物品来获取利益,这次卖电脑也不是以营利为目的的销售行为,因此卖家不属于《消费者权益保护法》规定的经营者,小憎没有权利主张三倍价款的赔偿。

所以我们看到,二手平台上的卖家,如果不是长期靠倒卖闲置物品获利的,就不属于经营者,买家主张退款可以,但是不能要求三倍赔偿。

实操指南

二手物品交易如何避坑

在二手物品交易平台购物,还有哪些需要注意的点呢?

第一,选购二手物品时,尽量要留意卖家是否经过实名认证和信用等级的高低,初步甄别卖家的诚信度。同时,要注意查看其他买家的购物评价,谨慎选择负面评论过多的卖家。

第二,由于二手物品定价没有统一标准,新旧程度也无法准确衡量,只能依赖卖家的描述。所以,针对价格低于市场价较多的商品要谨慎考虑,理性消费。

第三,尽量不要脱离二手物品交易平台进行付款,在验货无误后再点击"确认收货"。如果对方发来其他渠道的付款链接,一定要仔细查验是否为钓鱼网站。如果需要当面交易、线下付款,一定注意安全,尽量选择人多且有视频监控的公共场所进行交易。

另外,由于二手物品交易的特殊性,不只是买家要注意风险防范,当我们作为卖家出售物品时,也要提防买家的不诚信行为。比如,有的买家收货后私下损坏或者调换物品,然后以卖家发货与图文不符等理由要求退货退款;有的买家收货后对物品进行调包,说卖家卖的是值钱的A物品,发出的却是不值钱的B物品;还有的买家要求退货后,退回来一个高仿品,把真品留下再次转卖;等等。各种阴招、损招让卖家防不胜防。

这时候我们作为卖家,最好对物品打包发货的过程进行录制,注意拍摄寄出物品的细节,比如标签、编号、特殊痕迹等，以便于区分，防止买家收货后调包。同样，我们作为买家收货时，也最好对开箱验货的过程进行录制，并拍摄收到物品的细节，防止卖家说你调包。

43 遇到暴力杀熟的"三无"产品，说好的退一赔三呢？

如今打开微信、微博等社交媒体，铺天盖地都是"朋友们"发布的商品广告，护肤品、食品、服装、奢侈品等应有尽有。这些利用社交媒体卖货的商家被称为微商。微商给消费者带来便利的同时，也存在重重隐患，比如价格混乱、售后服务不完善。更严重的是，有些微商贩卖各种来路不明的"三无"产品，专坑爱看朋友圈的人。

"三无"产品一般是指没有生产日期、没有质量合格证、没有厂家名称和地址的来路不明的产品。如果我们在超市、商店、网店买到了"三无"产品，是可以主张商家构成欺诈并要求其退一赔三的。但是通过社交媒体，从个人那里买到"三无"产品时，售卖商品的个人通常不被认定为经营者，就不能依据《消费者权益保护法》要求他退一赔三，只能按普通的买卖合同纠纷来处理。我们来看下面这个案例。

案例

通过微信朋友买到"三无"口罩

我们的主人公小懵和以前的大学同学钱某通过大学校友的微信群互加了微信,成为微信好友。钱某在朋友圈发布出售口罩的消息,并保证是三证齐全的医用外科口罩。2020年2月9日,小懵因自用需要,在微信中向钱某购买了300个医用外科口罩,单价为每个3.7元,并通过微信转账的方式向钱某支付了口罩款共计1110元。钱某通过一个广东的口罩厂商向小懵快递发货口罩300个。小懵验收货物时发现,口罩包装上没有生产厂家名称和地址,标注的标准也不符合医用外科口罩的国家标准,于是拒收,并将口罩退回发货人。小懵找钱某要求退款,钱某说自己也是被别人骗了,没有把货款退给小懵。于是,小懵将钱某起诉到了法院。

法院认为,钱某交付的口罩不符合双方约定,行为已构成实际违约,且合同无法继续履行,小懵主张解除合同并返还货款,依法应当支持。于是,法院判决钱某向小懵返还货款1100元,并支付自2020年2月9日起的利息。

实操指南

从微商处购物如何保护自己的权益

小憕这次维权成功,有以下几点是值得大家借鉴的:

第一,从自己认识或熟悉的微商那里购买商品,防止因不知道对方真实姓名和住址,无法通过法律渠道维权;

第二,在微信聊天时,以文字形式与卖家约定商品的规格和质量要求,防止后续卖家不承认;

第三,始终保存与卖家的聊天记录,未做删除,完整地保留了证据;

第四,收到货物时,注意先验货,再签收,买到"三无"产品时坚决地拒绝签收;

第五,与卖家协商不成,或者无法与卖家取得联系时,及时依法维权。

从个人微商处购物时,如果能同时做到以上几点,就基本能够保护好自己。但大家还是应该尽量规避风险,对一些看上去就显得来路不明的商品,尽量不要购买。

案例

微商杀熟,真假混卖

利用社交媒体销售"三无"产品的微商,如果销售金额较大的话，还很容易涉嫌刑事犯罪。所以，如果花费了较大的金额，买到的却是"三无"产品，还可以通过向公安机关报案进行维权。

比如，小懵通过朋友介绍，认识了一个做奢侈品代购的微商金某。金某每天在朋友圈刷屏，发布代购奢侈品包包、服装鞋帽的信息，还会发一些心灵鸡汤式的广告语来拉近与客户的距离。比如下面这种：

"如果不敬业，早不发圈了；如果是骗子，早就消失了；长期坚持的，都是靠谱的；我没有捷径，只有靠勤奋；你刚好需要，我刚好专业；翻翻我的圈，我一直都在。"

精美的奢侈品图片，加上推心置腹的鸡汤式文案，让小懵也有些心动。为了打消小懵的顾虑，金某还答应陪小懵一起到专柜去验真。于是，小懵便和金某完成了第一次交易。随后金某主动陪小懵到专柜去验货，果然是真品。小懵对金某更加信任了。一来二去，两人还成了好哥们儿。此后一年，小懵通过金某代购奢侈品名牌包、服装十余次，累计消费将近10万元。

直到有一天，小懵陪女朋友逛专柜时，被火眼金睛的柜姐指出，小懵的背包很可能不是正品，经验证后还真是一个"超A"品，就是高仿品。小懵瞬间觉得事情不妙，又将之前入手的、没经过专柜验真的全部进行了验货，结果显示十余件商品里，有四件是A货，而小懵为这四件商品支付的价款总额有 3 万多元。

小懵要求金某解释，然而金某称自己也是被上家欺骗，会马上找上家理论。但是半个月过去了，金某也没给出任何解释，小懵再继续追问时，金某微信不回，电话也不接了。

忍无可忍的小懵最终报了警。金某在警方的盘问下如实交代了自己售假的事实。金某说，针对小懵这样彼此信任的"熟客"，他找了些 A 货来混售，还说自己其实很小心，只针对少数几个熟客"杀杀熟"，销售假货的金额总计 6.5 万元。最终，金某因明知是假冒商品仍然隐瞒事实、欺骗被害人进行销售，并且属于当地诈骗数额较大的情形，其行为触犯了诈骗罪，因其主动退赔了被害人的全部损失并取得谅解，被判处有期徒刑一年，缓刑一年，并处罚金 3.5 万元。

这个案件里，金某先利用真货以及主动提供验真服务的方法赢得这些熟客的信任，在熟客们放松警惕，认为他卖的是真货之后，再用低价的高仿品卖出真货的高价来"杀熟"，并且是把高仿品和真货穿插在一起销售，真可谓是，服务时感天动地，"杀熟"于悄无声息。另外，那些在网上明目张胆地售卖高仿品或者其他伪劣"三无"产品的微商，还可能涉嫌销售伪劣产品罪、销售假冒注册商标的商品罪等罪名。

实操指南

微商购物踩坑后的维权渠道

大家一旦发现从微商处购物被骗了,有以下几个渠道维权:

第一,可以向社交媒体平台举报。比如,在微信中搜索"腾讯110"小程序,选择"网络诈骗",再选择违规行为类型为"交易诈骗",然后填写交易信息并上传转账截图、被对方拉黑的页面截图等证据。

第二,报警。如果对方在微信上用物品照片和各种话术忽悠你,最终寄给你的是"三无"产品,而且交易金额达到了当地的立案标准的话,对方就涉嫌诈骗,可以到派出所报警。如果警察经调查认为没有达到诈骗程度,则按民事纠纷处理,此时可以自行向法院起诉。

第三,是诉讼。向法院起诉是我们推荐的最后才使用的一种维权途径,因为一方面耗时耗力,另一方面还要花诉讼费。另外在起诉之前还要准备好相关的证据,例如,涉及下单购买、售后服务、假货赔偿等内容的聊天记录、转账记录、快递单据,等等。而且这些证据大部分都属于电子证据,因此大家一定要保存好,注意不要被手机的自动清理功能删除。

总之,微商本身并不低端,而是一些无良的卖家把微商群体的名声搞臭了。所以如果有一天,你和我也都做起了微商,一定要诚信经营;如果遇到了黑心微商,也一定要果断举报,清除那些害群之马。

44 大额消费的霸王条款，真的就能不退不换吗？

我们普通人一辈子也偶尔有几次大额消费，来购置一些重要资产。现实生活中，最重要的大额消费莫过于买房、买车了，如果商家在这个过程中再给我们挖坑设坎儿，那可就太闹心了。所以在买房、买车的时候，我们一定要仔细地看看合同，是不是预设了很多不公平的霸王条款。

解读

购房合同中的霸王条款

我们先说下购房合同。开发商提供的购房合同通常都是事先拟好并打印出来的格式合同，其中常见的霸王条款有以下几类。

（一）免除开发商的违约赔偿责任

比如，合同条款中约定："因开发商自身原因逾期交房的，购房者同意给予开发商60天的宽展期，在宽展期内，开发商无须承担违约责任。"

开发商如果逾期交房，购房者是有权要求开发商承担违约责任的。但是在该条款中，开发商用格式条款约定了一个宽展期，免除了自身的违约责任，属于无效的格式条款。

再比如，条款中约定："保修期间房屋不能居住使用的，开发商提供临时居住房屋或者相应的租金作为补偿后，不再承担其他赔偿责任。"

根据相关法律规定，开发商应承担房屋修复费用及修复期间给购房者造成的其他损失，除购房者另外租住房屋的费用外，其中还可能包括因不能使用房屋而导致的其他直接或间接损失。上述条款中"开发商提供临时居住房屋或相应租金作为补偿后，不再承担其他赔偿"的内容，涉嫌免除开发商应当承担购房者其他损失的责任，也属于无效的格式条款。

同时《合同行政监督管理办法》也规定，经营者不得在格式条款中免除自己依法应当承担的违约责任，否则市场监管部门可对其予以行政处罚。

（二）排除购房者主要权利的条款

比如，合同条款中约定："合同签署后，若因政府行为导致项目整体用地规划方案变更，开发商无须另行通知购房者，也无须承担任何赔偿责任。"

根据《商品房销售管理办法》的规定，开发商在规划变更后，有义务在10日内通知购房者，购房者有权在收到通知后15日内解除合同并退房。开发商不履行通知义务的话，购房者除有权退房之外，还有权要求开发商承担违约责任。因此，该条款中开发商不通知购房者，并且不承担任何责任的约定，排除了购房者的知情权以及解除合同的权利，也属于无效的格式条款。

（三）混淆概念

例如，合同条款中约定："合同所指不可抗力，包括自然灾害、战争、暴乱、国家相关法律、法规和政府相关政策调整及变动、政府主管机关、测量机构原因导致房屋面积测量误差等非开发商可预料及控制的情况。对因不可抗力发生的延期交房或者其他违反合同义务的，开发商有权相应顺延履行相应义务，且不承担违约责任。"

对何为"不可抗力"，法律有明确规定。开发商在条款中列举的"政府主管机关、测量机构原因导致房屋面积测量误差等非开发商可预料及控制的情况"的情形，显然不属于不可抗力。该条款通过混淆法律概念的方式免除了开发商的责任，也属于无效的格式条款。

上面列举的这几类条款，相信很多购房者或多或少都遇到过。在房地产市场火爆的情况下几乎难以发现这些不合理之处，普通购房者也需要花很长时间阅读、分析合同内容才能发现，如果不熟悉相关的法律法规，很容易掉进类似的陷阱里。

购车合同中的霸王条款

其实，我们买车时，签的购车合同里也存在类似的套路，我们再分别来看一下。

(一)免除经营者质量保证责任的

比如,"若按买方要求或经买方许可后,对车辆进行改装或加装,因改装或加装部分产生的产品质量问题由买方自行承担,卖方概不负责"。

根据相关法律规定,经营者售出的车辆应具备应有的使用性能,不具备应有的使用性能并且事先未说明的,经营者有义务对车辆予以修理、更换或者退货;给消费者造成损失的,经营者应当赔偿。

所以,车辆如果由经营者改装之后售出,若该车辆因经营者改装造成产品质量有瑕疵,经营者对改装部分也应承担质量保证责任。假设消费者是在第三方改装的车辆,改装部位和因改装造成的车辆质量问题则应由第三方承担质量保证责任。至于非因改装原因产生的质量问题,仍应由经营者承担质量保证责任。

(二)经营者以交付车辆时消费者已检验为由,免除己方责任

例如,合同条款中约定:"买方应对车辆的型号、外观、内饰、配置、功能、随车物品和文件等进行认真检查、确认,如有异议,须当场向卖方提出,否则,车辆交付完毕后发现前述问题,卖方不承担责任。验收完毕后,即视为卖方交付的车辆符合合同约定,质量合格。"

根据相关法律规定,消费者签收货物时仅对数量及外观瑕疵负有检验义务,对于隐蔽的质量瑕疵,则规定了最长两年的提出异议时间,如有质量保证期的,适用质量保证期的期限。另外,

根据《家用汽车产品修理更换退货责任规定》，家用汽车包修期限不低于 3 年或行程 6 万公里，"三包"期限不得低于 2 年或 5 万公里，以先到者为准。

而该条款规避了经营者应承担的质量保证责任，反而加重了消费者责任，同时还刻意混淆了外观瑕疵和质量瑕疵的概念，有意在合同条款的用词上规避质量保证责任。

（三）扩大经营者免责范围的条款

例如，合同条款中约定："因非卖方的客观原因，如厂家调整生产，或自然灾害等造成运输过程中的延误，导致延期交付车辆的，卖方不承担违约责任。"

经营者作为交易双方相对强势的一方，应负担更为严格的合理审慎义务。"因非卖方的客观原因"的表述扩大了经营者的免责范围。经营者针对能够预见或者应当预见的客观因素，应为合同能够正常履行而做出最大努力。毕竟经营者显然比消费者更容易了解市场动向，"厂家调整生产"的情况经营者通常能够比消费者提前了解。

同时，根据《消费者权益保护法》的规定，因厂家原因导致经营者对消费者违约，消费者有权要求经营者承担责任，经营者承担责任后可向厂家追偿。但该条款中，经营者将违约责任直接转嫁到厂家，不符合法律规定。

实操指南

买房买车遇到霸王条款如何处理

除了以上所提到的各类条款,在买房、买车的合同中可能还存在其他侵犯消费者权益的内容,让大家防不胜防。

第一,一旦发现开发商、车行提供的合同里存在霸王条款,消费者可投诉至市场监管部门。如果已经签署了包含霸王条款的合同,消费者也可通过消费者协会进行调解或进行民事诉讼。

第二,其实如果我们能识别这些合同陷阱的话,自己不跳进去,比跳进去之后再想办法维权会更加省心省力。因此,我们在订立合同时,应该认真阅读销售方提供的购房、购车合同,查看是否有利用格式条款免除销售方责任、排除消费者权利的内容,消费者可以要求销售方修改不公平的条款。如果销售方不肯修改,消费者可向市场监管部门反映,或者去其他卖方处选房选车,货比三家,毕竟房子、汽车属于大额消费品,多对比对比总没有坏处。如果消费者真的不留神,签下了含有霸王条款的合同,可以通过维权保护自己的合法权益,例如拨打"12315"消费者投诉举报电话进行投诉,或者通过媒体曝光、法律诉讼来解决合同纠纷。

买房、买车这类大额消费，因信息不对称，极容易造成买卖双方的地位不平等，作为消费者，我们应了解基本的法律知识，必要时维护自己的合法权益。

45 说好的无理由退货，为什么这么难？

解读

无理由退货的条件及相关规定

所谓无理由退货，就是说消费者购物之后，在满足法律规定的前提下，无论商品质量有没有问题，都有权利向商家退货，还不用向商家解释理由。比如你自己买了件衣服，到手之后后悔了，没问题，可以退；别人说这衣服不适合你，也能退；你家养的猫看了，吓得要离家出走，照样能退。

究竟在什么条件下可以主张无理由退货呢？根据法律规定，商家通过网络、电视、电话、邮购等方式销售商品，消费者有权自收到商品之日起七日内无理由退货。

网络购物、电视购物都属于非现场的、远程的购物方式。这种方式下，消费者无法接触到商品的实物，不能与商家当面磋商，所以消费者和商家之间的信息是不对称的，或多或少都会对消费者购买商品的意思表示带来影响，所以法律赋予消费者收到货物后七天内可以单方解约的权利。

不适用无理由退货的商品及相关规定

但是,并非所有远程销售的商品,消费者都有权利无理由退货。《消费者权益保护法》列举了四种消费者不能主张无理由退货的商品。

(一)消费者定做的商品。这类商品是商家根据消费者的个性化要求特别制作的,如果消费者可以无理由退货的话,商家很难二次销售,对商家来讲不公平,商家的合法利益反而会受到损害。

(二)鲜活易腐的商品。比如水果、肉类等生鲜食品,时间因素对这类商品的价值影响很大。如果允许消费者无理由退货,商家收到退回的商品时,商品很可能已经腐烂变质。

(三)在线下载或者消费者拆封的音像制品、计算机软件等数字化商品。这类数字化商品的特点是,一旦被消费者下载或者拆封,就存在被无限次复制的可能性,如果允许消费者下载或者拆封后无理由退货,势必会影响该数字化商品的多次销售,减少了商家原本能够获得的正当利益。

(四)已经交付的报纸、期刊。报纸、期刊类的商品具有很强的时效性,与鲜活易腐的商品类似,其价值与时间的关系很大,时限一过,报纸、期刊本身的价值会大大降低。所以,报纸、期刊如果已经实际交付给了消费者,也不能被无理由退货。

需要说明一点，法律并不禁止商家在上面列举的四类商品上对消费者做出更高标准的承诺，比如，某个商家为了招揽更多客户，明确承诺对消费者定做的商品予以无理由退货的，该承诺已成为双方买卖合同的一部分，消费者有权要求商家履行其承诺。

另外，法律还规定商家和消费者可以就某些性质的商品，经消费者在购买时确认的情况下，可以不适用无理由退货。这种允许双方协商确定不适用无理由退货的商品包括以下几类。

（一）拆封后容易影响人身安全或者生命健康的，或者拆封后容易导致商品品质发生改变的。这种商品与包装外部的空气或人体接触后，容易变质，如果二次销售的话，会对其他消费者的健康造成威胁。比如食品、药品、化妆品、贴身衣物等。（二）一经激活或试用后价值贬损较大的商品，比如，需要用户激活的手机、电脑等电子设备，以及游戏点卡、充值卡等。（三）销售时已向消费者明示临近保质期，或者有瑕疵的商品。

即使商家想对上面三类商品不适用无理由退货，也必须经消费者确认，不得自己单方在网页中声明不适用无理由退货，这种单方声明对消费者无效。哪种形式属于消费者有效的确认呢？对此，商家应当在消费者购物流程中，设置一种"一对一"的提示程序，向消费者明确说明该商品属于不适用无理由退货的商品。比如，在消费者将商品加入购物车或下单后付款前，在线客服通过聊天软件将相关情况告知消费者，让消费者确认是否继续购买；或者消费者下单后付款前或加入购物车后进入一个确认页面，须消费者再次确认才能购买成功等方式。如果消费者在收到提示后仍然购买，则能认定消费者已经确认。就是说，商家的提示必须是针对消费者的单次购买行为。

七天无理由退货的期限如何计算

那么七天的无理由退货期限如何计算呢？根据《消费者权益保护法》的规定，期限的开始日是收货日。按照《民法典》的规定，消费者和商家对期限的计算方式达成一致约定的，按照双方约定的方式计算；如果双方没有达成任何约定，则应从收货日的下一天开始计算，比如，消费者5月1日收货，七天的无理由退货期限从5月2日开始计算，从5月2日到5月8日这七天，消费者都有权主张无理由退货，如果最后一天5月8日是法定休假日，还应顺延到之后的第一个工作日。

另外，七天的无理由退货期限有时还会重新计算。举个例子，小懵在网上购买服装，小懵平时穿L码，与商家核对过身高体重后，商家也推荐L码，就下了单。收货后，小懵发现衣服的尺码比一般衣服偏小，于是联系商家换一个大一点的XL码。商家说这款衣服XL码的没货，又向小懵推荐了其他款式的衣服。于是，小懵同意改换其他款式。小懵把原来的衣服寄回之后，又收到新款XL码的衣服，试穿发现该款式又偏大，还是不合适，无奈只能联系商家退货。但此时商家认为从小懵第一次收货起已经超过了七天，拒绝退货退款，小懵无奈起诉到法院。

法院认为，小懵在商家的推荐下换货，等同于第一次买卖合同双方同意终止，又平等自愿地缔结了新的买卖合同，第二次网络购物的风险又附加在了消费者身上，此时无理由退货的期限应重新计算，消费者第二次收货后七天内仍有权提出退货，对小懵的诉求予以支持。所以说，如果消费者在网购过程中存在换货的情况，七天的无理由退货期限应该重新计算。

退货商品"完好"的标准

消费者要求无理由退货时，法律规定退货的商品应当达到"完好"的标准。所谓"完好"的具体标准是：能够保持商品原有品质、功能，商品本身、配件和商标标识齐全，就视为商品完好。对于破坏商品完好的情形，相关规定也进行了列举，所以大家要注意有些行为是会影响商品退货的。比如，对于食品、化妆品，不能损坏必要的一次性密封包装；对于电子类产品，不能破坏、涂改产品认证标志和机器序列号，不能留有难以恢复原状的外观使用痕迹，不能产生激活信息、授权信息等数据类使用痕迹；对于服装、鞋帽、家居类的商品，不能受到污损，也不能剪掉商标标识。否则，都会影响大家无理由退货。

消费者基于查验需要而打开商品包装，或者对商品进行合理调试的，不影响商品的完好。例如，小懵最近喜欢上了无人机，花了一万多块钱在网上买了一台，拿回家一看，机型太高端了，根本不会操作，就联系商家想要退货。结果商家不给退，理由是产品包装已经拆封了。商家拒绝退货的理由是不合法的,如果仅仅因为无人机产品包装已经拆封,但商品的完好并没有被破坏,商家不能拒绝退货;如果无人机的外观上已经有难以恢复原状的使用痕迹,或者操作系统里已经留存了数据类使用痕迹的话,就达到了破坏商品完好的标准,商家有权拒绝退货。

运费承担和与因质量问题退货的区别

再说一下运费的承担问题。无理由退货的情况下,运费原则上需要由消费者承担;如果双方约定商家承担运费的话,商家应当履行承诺。

最后再提醒大家,无理由退货保障的是远程购物的后悔权,在出现"不喜欢""不想要了"等非商品质量问题时可以适用。如果商品本身存在质量问题,大家切勿盲目选择"无理由退货",这时应要求商家履行"三包"义务,予以修理、更换或退货,并承担运输、修理等必要费用。如果大家盲目选择无理由退货的话,相当于放弃了要求商家履行"三包"义务的权利,并且需要自己承担退货的运费,对大家来说是吃亏的。

46 充得多，坑得多，预付卡秒变闹心卡

案例

单用途商业预付卡

大家日常办的各种预付卡主要分为两类：一类叫作单用途商业预付卡，像平时用的购物卡、洗车卡、美容卡都属于单用途商业预付卡。根据相关规定，能发行这类预付卡的行业包括三个：零售行业、住宿和餐饮行业、居民服务业。这种预付卡通常在卡的背面附有购卡章程或用卡说明，不会和消费者签书面合同。

另一类是其他行业发行的预付式消费卡，比如培训机构、旅行社、体育场馆办理的消费卡或者会员卡，就不属于单用途商业预付卡。办理这类消费卡的时候，商家通常都会跟消费者再签一个书面合同，最终发给消费者的消费卡或者会员卡，是消费者购买了相应服务的一个凭证，双方的权利义务以合同的约定为准。

我们先讲一个"单用途商业预付卡"的案例。小憎在

商场购买了20张购物卡,每张1000元,价值2万元,并把卡放在了车里。结果当天晚上车窗被撬,20张购物卡也被盗走了。发现被盗后,小懵赶快报了警,也与商场取得联系,将相应卡号的购物卡冻结。商场承诺,三年后此卡失效,可以补办。三年后,小懵多次与商场沟通补卡事宜,都没能成功,商场的理由是这些购物卡是"不记名卡",不能补办。小懵不得已诉至法院,要求商场补办20张总额共计2万元的购物卡。

法院认为,小懵买的购物卡上没有任何身份信息,只有金额,商场销售的应当是不记名卡。但是根据相关规定,不记名卡有效期不得少于3年,发卡企业对超过有效期、尚有资金余额的不记名卡应提供激活、换卡等配套服务。现在小懵购买的20张不记名购物卡因被盗而丢失,且已过了3年有效期,小懵有权要求商场补办购物卡,法院最终支持了小懵的诉讼请求。

解 读

预付式消费的弊端

我们看到,单用途商业预付卡又分为记名卡和不记名卡。对于记名卡,每张卡的限额不得超过5000元,不得设置有效期;对于不记名卡,每张卡的限额不得超过1000元,有效期不能少于3

年，已过有效期并且尚有资金余额的，商家应提供激活或者换卡服务。因此，从时间角度讲，消费者不用担心因为长时间没有使用导致预付卡作废。但是，如果时间拖得过长，会存在商家因经营不善破产或者跑路的风险。所以消费者办理了单用途商业预付卡之后，为避免遭受损失，最好还是尽快使用。

预付式消费让消费者获得实惠的同时，也有部分不良商家利用这种模式暗藏陷阱，让消费者陷于被动境地。商家利用预付式消费侵害消费者合法权益，主要表现为以下几种情形：

（一）商家不按照约定的标准提供商品或者服务，或擅自提高价格。消费者在首次进店消费时，为吸引消费者办卡，商家会努力提高服务质量；消费者一旦办卡后，商家便丧失了维持服务质量的动力，消费者再次进店消费时，就会发现服务质量下降，或者商家提高了商品或服务的单价。

（二）更换经营者后，新的经营者拒绝向消费者履行义务；或者商家经营不善关门，导致消费者无法消费。

（三）办卡容易退卡难，商家可能会以各种理由拒绝消费者的退款要求。

实践中之所以发生这三种现象，主要是由于商家与消费者之间存在信息不对称，商家一旦经营不善或者投资失败，消费者对商家的权利只能作为一般债权寻求救济；如果商家破产了，消费者在破产程序中很难得到赔偿，最终承担了商家的经营风险。

商家向消费者发行的预付卡或者会员卡，既是消费凭证，又是双方之间已成立合同关系的证明。上面所说的第一种不按约定履行的情况，属于商家不完全履行合同。比如在美容美发服务中，美容美发店承诺消费者预存金额达到3000元的，由从业十年以上的发型师提供服务；但是在随后的履行过程中，美发店可能会随意派一个发型师提供服务，实质上降低了服务标准。再比如，消费者用团购的方式到餐厅用餐，但是，餐厅通过限制店内团购就餐人数的方式来拖延履行合同，导致消费者要等待很长时间才能享受团购服务。

上面所说的第二种商家关门的情况，属于商家不履行合同。比如商家更换经营者、停业、跑路等，导致无人向消费者履行合同，消费者的权利落空。

上面所说的第三种退卡难的情况，属于商家拒绝承担违约责任。商家违约后，《消费者权益保护法》赋予了消费者一种选择权。如果消费者认为继续履行合同对其更有利，选择要求商家继续履行合同的话，商家就应当继续履行，但是商家已经停业或者跑路、没有履行能力的情况除外。如果消费者认为，继续履行合同会对其权益造成损害，可以选择终止合同，要求商家退还预付款。这时无论商家是否具备履行能力、是否愿意继续履行合同，都应该把剩余的预付款退还消费者，并承担预付款的利息，以及消费者支付的交通、通信等合理费用。

案例

预付式培训课程的退费

小懵和一家培训公司签订了课程服务合同,该公司对小懵提供英语培训服务,共计安排课程114课时,课程费用共计4.6万元。合同约定,未开课之前,小懵要求解除合同退还费用的,公司有权扣除合同总金额的20%作为违约金;合同签订后10个工作日内,如果已经开课,小懵要求解除合同退还费用的,公司有权扣除合同总金额的30%作为违约金;合同签订后满20个工作日,如果已经开课,小懵单方解除合同的,所付费用不退。结果小懵只上了6个课时,外教就因为个人原因回国了,在国外待了将近3个月也没有回来,其间公司也没有安排其他外教。小懵找到公司协商退费,公司只答应退还剩余课时费用的一半。小懵无奈之下只能先接受,随后向法院起诉要求退还剩余费用及利息。

法院认为,双方签订的课程服务合同是公司为了重复使用而预先拟定的格式合同。该合同的违约条款中,只对小懵在签订合同后多长时间内解除合同而承担的违约责任进行了约定,对因公司自身原因造成合同无法履行的违约责任没有约定,该条款加重了消费者责任,排除了商家责任,应为无效条款。课程费用应根据双方实际履行情况进行结算,公司只为小懵授课6个课时,剩余未授课的费用公司只退还了一半，剩余一半费用也应予退还，并支付相应的利息。法院支持了小懵的诉讼请求。

所以，在商家违约的情况下，消费者有权要求商家退还剩余款项并支付相应利息，大家在日常生活中要积极维护自己的合法权益。

实操指南

如何防范预付式消费的风险

最后，对如何防范预付式消费的风险，再给大家几点提示。

第一，办卡时要看清合同或者购卡章程，不轻易相信商家的口头承诺，办卡前要再三思量、理性消费。办卡后，注意保存好合同、发票、收据等材料，以便发生纠纷时维权使用。

第二，不要被商家或者销售人员的话术所惑，从而非理性地、一次性充值大笔金额，避免因商家卷款跑路造成自身较大财产损失的风险。

第三，如果因服务或产品质量、拒绝退款等问题与商家产生预付式消费纠纷，可通过市场监管部门或消费者协会调解解决，也可到法院或仲裁机构通过诉讼、仲裁的方式维权。

  第四，办理了预付卡之后，可以关注商家所在辖区市场监管部门发布的消费预警信息，查看商家近期被投诉的次数，有没有不良的经营信息。一旦发现商家有关闭经营场所、人去楼空等情况出现，及时向市场监管部门或公安机关反映情况。

第七部分

日常生活中不起眼的刑法

47 人善被人欺，什么情况算是正当防卫？

不知道你是否有关注社会新闻，如果有的话，你一定听说过"于欢辱母杀人案""昆山龙哥反杀案""赵宇见义勇为案"等轰动一时的案件。而最近，"抚顺按摩师反杀深夜强行入室者"一案又引发了网友们的热议。

> **案例**
>
> **抚顺按摩师反杀深夜强行入室者案**
>
> 2018年9月18日凌晨2时7分许，吕波酒后来到某足疗休闲馆，持手机在门外敲门。于海义在足疗休闲馆一楼足疗室的足疗床上休息，被敲门声叫醒。吕波在店外敲门称要进店足疗，于海义未给其开门。吕波在门外推拽上锁的大门，欲进入店内，于海义返回足疗室取出折叠尖刀返回，并在客厅门口掰开折叠尖刀。此时被害人推拽开大门，通过门厅并扒开门厅与客厅间的屏风，于海义持折叠尖刀刺中吕波腹部一刀，致其倒地。在二楼休息的丛某某、

王某某听到声音来到一楼并拨打120及110，后于海义随120救护车将吕波送至抚顺市矿务局医院，并于医院内逃离。吕波经抢救无效死亡。

此案在2020年11月18日一审宣判，被告人于海义因防卫过当而构成故意伤害罪，获刑4年，附带赔偿原告经济损失人民币35000元。这个案子宣判之后，引起了热议。讨论的焦点，集中在于海义的行为构成正当防卫还是防卫过当。

解读

正当防卫与防卫过当

有人认为，一个醉汉大半夜跑到我已经打烊的工作单位兼住所，在被告知已经打烊之后，依然准备破坏门锁、强行进入，并且对我破口大骂、拳打脚踢的，我又不知道他身上有没有携带凶器，我当然可以采取行动，捍卫自己的生命安全，而且就应该被认定为是正当防卫呀。无论这个人是重伤还是死亡，凭什么我在我的住处里，自己保护自己还要被判刑呢？法院的判决太让人失望了！

那么，我们就来仔细说说，法院的判决到底是否合理合法，为什么一审法院认定于海义的行为构成防卫过当而不是正当防卫呢？这就要从我国司法对于正当防卫的规定说起。

《刑法》第二十条第一款规定:"为了使国家、公共利益、本人或者他人的人身、财产和其他权利免受正在进行的不法侵害,而采取的制止不法侵害的行为,对不法侵害人造成损害的,属于正当防卫,不负刑事责任。"这就是我国《刑法》关于正当防卫最直接的法律规定。

对于防卫过当,《刑法》第二十条第二款规定:"正当防卫明显超过必要限度造成重大损害的,应当负刑事责任,但是应当减轻或者免除处罚。"同时该条第三款则强调:"对正在进行行凶、杀人、抢劫、强奸、绑架以及其他严重危及人身安全的暴力犯罪,采取防卫行为,造成不法侵害人伤亡的,不属于防卫过当,不负刑事责任。"这款说的是特殊防卫或者无限防卫的情形。

根据这样的法律规定,我们可以从以下这些方面来确认是否构成正当防卫:

第一,起因。正当防卫的起因必须是具有客观、现实的不法侵害。这里具体又分为三点:

首先,正当防卫必须针对不法行为。不法是指法律法规所不允许的,构成犯罪的违法行为,包括一些侵害人身、财产,破坏社会秩序的违法行为。不能对合法、正当的行为如依照法令的行为、正当业务行为等进行防卫。如不能在警察正常执法时对警察"正当防卫"。

但不是对于所有的不法行为,我们都可以实施正当防卫。比如对于贪污罪、假冒注册商标罪、重婚罪等不具有紧迫性、攻击性和破坏性的犯罪，我们不能实施正当防卫。这个原理我相信大家都能够理解。试想，如果你是某单位工作人员，有一天一名其他单位的办事人员带着两瓶茅台酒来找你，想要请你在处理他们单位业务的时候高抬贵手，你能反手抄起酒瓶砸过去就跑，还主张自己是在对行贿行为进行正当防卫吗？

其次，正当防卫必须是面对侵害行为的。侵害是指对法益有威胁或者侵害，通俗来讲，就是只有生命财产安全受到威胁或者侵犯时，才能成立正当防卫。侵害行为包括作为的不法侵害，也包括不作为的不法侵害。例如，张三驾车把李四撞倒在地，李四奄奄一息，张三准备驾车跑路，此时小懵冲出来使用暴力迫使张三把李四送去医院，小懵的行为也可以成立正当防卫。

最后，正当防卫必须是面临"客观、现实"的不法侵害。当事人对误认为存在的或主观臆想出来的不法侵害，不能构成"防卫"。如警察在追击小偷时，被小懵正好看到，小懵以为警察是坏人，一脚上去把警察绊倒，还对正在逃跑的小偷大喊："你快走！我来收拾这家伙！"虽然警察马上表明了自己的身份，小懵依然以为警察是为了逃脱而撒谎，对警察实施了暴力。这种情况下，小懵的行为不仅不能构成正当防卫，还可能构成其他犯罪。

第二，时间条件。正当防卫的时间点应该是不法侵害正在进行的时候。

不法侵害的开始时间，一般认为以不法侵害人开始着手实施侵害行为时开始。但是在不法侵害的现实威胁十分明显紧迫，且待其实施后将造成不可弥补的危害时，可以认为侵害行为已经开始。不法侵害的结束时间是当合法权益不再受紧迫现实的侵害威胁的时候，视为不法侵害已经结束。

2020年8月，最高人民法院发布《最高人民法院、最高人民检察院、公安部关于依法适用正当防卫制度的指导意见》（以下简称《指导意见》），确认对于不法侵害已经形成现实、紧迫危险的，一般认定为不法侵害已经开始；对于不法侵害虽然暂时中断或者被暂时制止，但不法侵害人仍有继续实施侵害的现实可能性的，司法上也认定为不法侵害仍在进行。在财产犯罪中，不法侵害人虽已取得财物，但通过追赶、阻击等措施能够追回财物的，可以视为不法侵害仍在进行；对于不法侵害人确已失去侵害能力或者确已放弃侵害的，应当认定为不法侵害已经结束。

《指导意见》还特别强调，对于不法侵害是否已经开始或者结束，应当立足防卫人在防卫时所处情境，按照社会公众的一般认知，依法作出合乎情理的判断，不能苛求防卫人。对于防卫人因为恐慌、紧张等心理，对不法侵害是否已经开始或者结束产生错误认识的，应当根据主客观相统一原则，依法作出妥当处理。

在实际案例中，防卫不适时是常常发生的情况。我们还拿小憎作为例子。比如说，小憎与女朋友小美发生争吵，邻居老王过来劝架。结果没想到，在气头上的小憎不仅不领情，还拿起厨房的菜刀刺向老王。老王转身就跑，小憎紧随其后。这时老王的儿子小王见状，拿起门口的打狗棍，朝小憎的脖子打去。小憎被打昏，倒在地上。这种情况下，小王的行为就属于正当防卫。但是如果这时候，老王看到小懵昏倒在地，便捡起路边的砖头，反复用砖头砸向小懵的头部，导致小懵死亡，那么老王的行为就是事后防卫或者是事后加害，涉嫌故意杀人罪。因为这时不法侵害人小懵已经丧失了侵害能力，不可能继续造成更严重的危害结果。简而言之，民间的俗话"先下手为强"和"君子报仇，十年不晚"，在现代法治社会中，不仅不属于正当防卫，还有可能构成严重的其他犯罪。

第三，防卫对象。正当防卫必须针对不法侵害人本人进行。

防卫行为只能针对不法侵害人本人进行，对于多人共同实施不法侵害的，既可以针对直接实施不法侵害的人进行防卫，也可以针对在现场共同实施不法侵害的人进行防卫。但在这里有一点需要我们注意，就是在面对共同不法侵害时，一般来说，只能针对正在进行不法侵害的人进行防卫。例如，张三教唆李四杀害王五，那么在李四对王五行凶的时候，王五能直接攻击张三来正当防卫吗？答案是否定的，王五只能对实施杀人行为的李四进行正当防卫，而不能针对教唆犯张三。

前面我们提到的《指导意见》还明确了，明知侵害人是无刑事责任能力人或者限制刑事责任能力人的，应当尽量使用其他方式避免或者制止侵害；没有其他方式可以避免、制止不法侵害，或者不法侵害严重危及人身安全的，可以进行反击。也就是说，即使侵害人是未成年人或者精神病患者，虽然可能无须为自己实施的行为负刑事责任，但是因为他的行为侵害了他人的权益，是不法侵害，所以受侵害人依然可以成立正当防卫。

如果受侵害人的防卫行为导致了第三人伤亡的，如果受侵害人主观上有故意导致这一结果的意图，那么受侵害人将会成立故意犯罪；如果主观上没有故意而是过失的话，受侵害人将成立过失犯罪；如果既不是故意也不是过失，那就是单纯的意外事件，不受刑法追究。

有的读者可能会问，那什么是过失呢？过失就是行为人明知道他们的行为可能会导致某一结果，或者应当知道某一结果可能会发生，但是因为行为人的疏忽大意或者过于自信这个结果不会发生，实施了特定行为，从而导致了危害结果。行为人在主观上是并不希望这个结果产生的。比如大家可能知道的失火罪、交通肇事罪，就属于过失犯罪。

第四，防卫限度。正当防卫不能明显超过必要限度，造成重大伤害，防卫是为了制止侵害而不是加害对方。

这一条也是我们在司法实践过程中经常遇到的难点。需要说明的是，这个条件不适用于特殊正当防卫的情形，也就是我们前面说到的《刑法》第二十条第三款："对正在进行行凶、杀人、抢劫、强奸、绑架以及其他严重危及人身安全的暴力犯罪，采取防卫行为，造成不法侵害人伤亡的，不属于防卫过当，不负刑事责任。"

"重大伤害"一般指重伤或死亡，这一款是说，在面对行凶、杀人、抢劫、强奸、绑架等严重威胁人身安全的暴力犯罪时，不要求受侵害人在一般正当防卫的限度内进行防卫。也就是说，不能认为只要导致了侵害人重伤或死亡就一定是防卫过当，需要综合考虑是否"必要"以及有没有"明显超过必要限度"。这里需要参考很多因素，如综合考虑保护法益、制止不法侵害的合理需要，不法侵害的程度、缓急、环境、手段，不法侵害的具体对象，等等。

当然，"没有明显超过"意味着，正当防卫造成的损害可以大于不法侵害所造成的损害，不能过分要求双方手段或者损害相当。其中"明显"两字进一步说明，如果只是轻微地超过必要限度，不成立防卫过当。

那么除了特殊正当防卫，如果一般防卫行为明显超过必要限度的，就是我们一直在说的防卫过当了。防卫过当不是一项具体罪名，需要根据具体的防卫行为来确定行为人的罪名。我们再来说说小懵的例子，如果小懵和小美在家休息时，听到外面有小偷试图撬锁进来，小美勇敢地大喝一声把小偷吓跑了，这种情况既谈不上正当防卫，更谈不上防卫过当。如果夜深人静的时候，小偷又回来了，而且这次顺利进了小懵和小美的家，正在睡觉的小懵听到声音，发现了正在行窃的小偷，就拿起旁边的花瓶向小偷砸去，小偷被砸成轻伤，跪地求饶。这种情况是能够被认定为正当防卫的。但是，如果小懵明知道小偷已经受了轻伤，不能继续实施盗窃行为，自己已经实现了保护财产的目的，但仍然不停地暴打小偷，造成小偷重伤或者死亡的，应该认定为故意的防卫过当，可能被认定为故意伤害罪，乃至故意杀人罪。

第五点也是最后一点，防卫意识。我国的主流观点一般认为，防卫人具有防卫的主观意识时，才能成立正当防卫。

正当防卫必须是为了使国家、公共利益、本人或者他人的人身、财产和其他权利免受不法侵害。行为人认识到自己的行为是在对抗正在进行的不法侵害时，就应该认为具有防卫意识。

应当强调的是，防卫挑拨和打架斗殴一般原则上不成立正当防卫。防卫挑拨最典型的就是"有本事你过来打我呀""有种你就动手啊"或者推搡对方的情形，所谓的受侵害人故意挑动对方对自己进行侵害，再借机"反击"侵害人。由于受侵害人本人也具有犯罪故意且实施了违法行为，所以不构成正当防卫。

在打架斗殴中，斗殴的双方由于都不具有正当性，都不成立正当防卫。如果一方停止斗殴、求饶或者逃跑，或者一方手段突然升级可能导致对方重大身体伤害或者死亡的，才有一定的构成正当防卫的可能性。

《指导意见》也要求，由于防卫行为与相互斗殴具有相似性，准确区分两者要坚持主客观相统一原则，通过综合考量案发起因、对冲突升级是否有过错、是否使用或者准备使用凶器、是否采用明显不相当的暴力、是否纠集他人参与打斗等客观情节，准确判断行为人的主观意图和行为性质。

因琐事发生争执，双方均不能保持克制而引发打斗，对于有过错的一方先动手且手段明显过激，或者一方先动手，在对方努力避免冲突的情况下仍继续侵害的，还击一方的行为一般应当认定为防卫行为。

双方因琐事发生冲突，冲突结束后，一方又实施不法侵害，对方还击，包括使用工具还击的，一般应当认定为防卫行为。不能仅因行为人事先进行防卫准备，就影响对其防卫意图的认定。

最后，我们来总结一下以上五个要点。正当防卫的起因必须是具有客观、现实的不法侵害；时间点应该是不法侵害正在进行的时候；必须针对不法侵害人本人进行；不能明显超过必要限度造成重大伤害，而且防卫人应该具有防卫的主观意识。你明白了吗？

尽管自卫和反击是人的本能，但现代生活被法律承认的"复仇行为"是被严格界定着的。在过去，正当防卫条款大多时候是一条"沉睡条款"，让人们在与不法行为作斗争时少了不少底气。"人善被人欺"让人们常常感到无可奈何，而近几年，在时代的洪流中，一批正当防卫的案例正在涌出。有的案件好似流星，转瞬而逝；有的案件则描绘着司法的运行轨迹，让司法朝着更加良善的方向运行。我们还是要坚信"正能胜邪，邪不压正"，敢于"路见不平一声吼"，勇敢地向不法行为说不！

48 除了醉驾，还有什么是道路交通犯罪行为？

年关岁尾的时候，年会、尾牙宴、年夜饭等各种聚会开始热闹了起来，可能你也要参加不少。不用我多说，大家应该都知道：开车不喝酒，喝酒不开车。酒后驾车不仅害人害己，还要受到行政处罚，达到醉酒程度的还会构成刑事犯罪。只不过啊，这个罪名并不叫"酒驾罪"或者"醉驾罪"，而是叫作"危险驾驶罪"。

说到危险驾驶罪，其实它也是一个比较新的罪名。它的设立主要是因为2000年之后，我国酒驾、飙车等严重危害社会公共安全的事件频出，尤其是2005年到2011年期间，发生了多起引起社会极大关注的案件。例如你可能有印象的著名的"我爸是李刚"案、南京张明宝醉驾案，那段时间，社会上还流传着一些所谓的都市传说。

> **案例**
> **二环十三郎案**
> 2008年前后，北京曾有名噪一时的"二环十三郎"，

传说他能在13分钟内驾车开完晚高峰时段的北京二环路。结果,当这个所谓的"二环十三郎"和他的朋友在繁忙的车流中疯狂飙车时,被北京交警布下的卡点截获,最后此人和他的朋友因为违反《中华人民共和国道路交通安全法》(以下简称《道路交通安全法》)和《治安管理处罚法》,被行政拘留7日,罚款500元。

对于这个处罚结果,你觉得如何呢?实际上,由于当时我国《刑法》中只规定了交通肇事罪,没有危险驾驶罪,而要构成交通肇事罪,《刑法》上要求必须造成了实害结果,也就是至少要发生一定的实际损害结果才能被认定为交通肇事罪。因此,对于"二环十三郎",依照当时的法律,只能通过行政处罚进行处理。但是,如果如今发生类似的事情,可能就不是行政处罚那么简单了。

解读

交通肇事罪

我们先来说说交通肇事罪。我国《刑法》第一百三十三条规定:"违反交通运输管理法规,因而发生重大事故,致人重伤、死亡或者使公私财产遭受重大损失的,处三年以下有期徒刑或者拘役;交通运输肇事后逃逸或者有其他特别恶劣情节的,处三年以上七年以下有期徒刑;因逃逸致人死亡的,处七年以上有期徒刑。"

在这里，有几个方面需要给大家强调一下。

首先，交通肇事罪的主体，并不限于司机（也就是驾驶员），乘车人、车辆所有人，甚至单位主管人员等，都可以构成交通肇事罪。比如张三作为乘车人，指使司机违章驾驶，由此导致交通事故的，司机构成交通肇事罪，张三同样也构成交通肇事罪。

其次，这里的交通工具不限于机动车。非机动车在公共交通领域内违章，危害公共安全，造成重大事故的，也构成交通肇事罪。比如李四驾着马车或者骑着自行车，在市区道路违章造成重大交通事故的，李四构成交通肇事罪。

再者，就是我们刚才讲的，交通肇事罪是一项过失犯罪，需要发生实害结果才成立犯罪。也就是说，要构成交通肇事罪，行为人不仅需要有肇事的主观过失和肇事的行为，还需要有肇事的结果。简单来说，造成以下结果的，即可成立交通肇事罪：（一）死亡一人的；（二）重伤三人的；（三）重伤一人，并且有严重情节的，这里的严重情节具体指的是酒驾、毒驾、无照驾驶、严重超载、肇事后逃逸。

另外，交通肇事罪里的过失是指行为人对造成的结果有过失。虽然行为人违反交通法规是故意的，但是这种故意不是刑法意义上的故意，而是行政法上的故意。比如王五驾车想闯红灯，认为不会出什么事，结果不幸撞死了行人。王五闯红灯的行为是他故意为之，属于行政法上的故意违法，但是他对行人的死亡结果不具有主观故意，毕竟他并没有杀人的意图，应当属于刑法上的过失。当然，如果行为人是故意的，就会构成其他犯罪了。

需要说明的是，根据司法解释，醉驾肇事后继续驾驶，又造成事故，导致他人死亡的，应当直接认定为以危险方法危害公共安全罪。比如南京的张明宝案、四川的孙伟铭案、河南的玛莎拉蒂醉驾案，行为人都按照以危险方法危害公共安全罪被判处了无期徒刑。

说完交通肇事罪，我们来说说危险驾驶罪。

> **案例**
>
> **重庆万州公交车坠江案**
>
> 可以说，抢夺公交车方向盘、制动杆的事件在近几年简直是屡见不鲜。最有代表性的，应该就是 2018 年 10 月轰动全国的"重庆万州公交车坠江事件"，这个事件致使 13 人遇难、2 人失联。经过调查，悲剧发生的原因竟然是一位乘客错过了下车站点，与驾驶员激烈争执、互殴，导致车辆失控，撞断大桥栏杆坠入长江。在这个事情发生之后不久，也就是 2019 年 1 月，最高人民法院、最高人民检察院和公安部就联合印发了《关于依法惩治妨害公共交通工具安全驾驶违法犯罪行为的指导意见》，规定对于致人重伤、死亡或者公私财产遭受重大损失的，依照刑法，按照以危险方法危害公共安全罪处罚，而以危险方法危害公共安全罪的量刑幅度，最高可至死刑。

解 读

危险驾驶罪

危险驾驶和交通肇事两罪一脉相承，危险驾驶罪的具体条文，也是被列在交通肇事罪的条文之后的。根据 2020 年中国社会科学院法学研究所和社会科学文献出版社联合发布的《法治蓝皮书》，以醉驾为主体的危险驾驶罪已经成为 2019 年上半年审理最多的刑事案件，超过了盗窃罪。

2020 年 12 月 26 日《刑法修正案（十一）》通过后，我国在《刑法修正案（八）》的基础上，进一步完善了这个交通类犯罪的新成员。现在，除了飙车、醉驾这两个我们日常生活中比较常见的行为将受到危险驾驶罪制裁，还有校车超载超速、违规运输危险化学品、抢夺公交车方向盘、殴打正在开车的公交车司机这四种情况。

其中在危险驾驶中，醉驾应该是最为人们熟知的类型。醉驾，即醉酒驾驶机动车，要求驾驶人员血液中的酒精含量大于或等于 80 毫克/100 毫升。如果是酒驾而没有达到醉驾程度，则不构成本罪。但是这里并不要求行为人认识到自己已经达到了这个具体的标准，只要行为人认识到自己是在醉酒状态下驾车就可以。比如，小憎聚会喝了酒，他在开车之前，特意拿出了"祖传"的酒精测量仪，测了一下自己的酒精水平，发现自己的酒精浓度是 75 毫克/100 毫升，没有达到 80 毫克/100 毫升的醉驾标准，于是放心地开车上路了。结果半路遇到了交警检查，一抽血，发现酒精浓度已经达到了 90 毫克/100 毫升。原来，是小懵的测量仪坏了，那这里，小懵依然可能构成危险驾驶罪。

还要强调的是，根据司法解释，虽然一般以血液酒精含量检测鉴定意见来认定是否醉酒，但是如果犯罪嫌疑人在呼气检测时就已经达到醉酒标准，又在抽血之前逃脱的，可以以呼气酒精含量检验结果作为认定其醉酒的依据；行为人为了逃避法律追究，在呼气检测或者抽血检测之前又饮酒，经过抽血检查又达到了醉酒标准的，应当认定为醉酒。所以，像从医院逃跑或者当着交警面喝酒的"骚操作"，大家一定不要效仿。

危险驾驶的第二种情况，是追逐竞驶且情节恶劣的，也就是俗称的飙车或者怄气别车等行为。具体来说，追逐竞驶是指行为人在道路上高速、超速行驶，随意追逐、超越其他车辆，频繁、突然并线，近距离驶入其他车辆前的危险驾驶行为。"情节恶劣"的判断标准是追逐竞驶行为的危险程度。追逐竞驶要求行为人主观上有故意，但是并不要求行为人必须有赌博竞技或者追求刺激的目的。

超员超速行驶是危险驾驶的另一种情形。这是在各地校车事故频发、旅游大巴意外不断的大背景下，我国在刑事立法上重拳出击的措施之一。也正因此，刑法上对这一项规定作了一定的限制，即只有从事校车业务、旅客运输业务的超员、超速，才可能成立危险驾驶罪。在公路上从事货运而严重超载或者严重超速的，不成立危险驾驶罪。

抢夺公交车方向盘和殴打正在开车的公交车司机是通过《刑法修正案（十一）》列入危险驾驶罪的两种情形。2019年，我国各地相继又发生了多起抢夺公交车方向盘、与驾驶员争执、攻击驾驶员的事件。为了明确这类行为的刑事责任，增强震慑效应，遏制这种悲剧的发生，《刑法修正案（十一）》规定："对行驶中的公共交通工具的驾驶人员使用暴力或者抢控驾驶操纵装置，干扰公共交通工具正常行驶，危及公共安全的，处一年以下有期徒刑、拘役或者管制，并处或者单处罚金。前款规定的驾驶人员在行驶的公共交通工具上擅离职守，与他人互殴或者殴打他人，危及公共安全的，依照前款的规定处罚。有前两款行为，同时构成其他犯罪的，依照处罚较重的规定定罪处罚。"

如此一来，就把前面提到的这些行为从之前一律按以危险方法危害公共安全罪定罪的认定中独立出来了，单独构成危险驾驶罪。之前按照以危险方法危害公共安全罪定罪，最少判处三年以上有期徒刑。今后若按照危险驾驶罪定罪，最高则是处一年以下有期徒刑，刑期大大降低。

这么一看，难道国家是要对这种行为网开一面吗？其实并不是的。根据该条第三款规定，如果抢夺方向盘、殴打驾驶员，造成人身伤亡或财产重大损失，同时构成其他犯罪的，依照处罚较重的规定定罪处罚。也就是说，行为人仍可能构成以危险方法危害公共安全罪。在公交方向盘上撒泼的后果、该负的刑事责任，一个也不会少。

讲到最后,你有没有觉得,这一章提到的好多事情,我怎么感觉都似曾相识,好像在头条、热搜里看到过呢?的确,危险驾驶罪形成今天的规模,与我们众多的社会案件密不可分。毕竟,《刑法》最重要的任务之一,就是保护人民群众的生命财产安全。

再一次提醒大家,无论是自己驾车,还是乘坐他人车辆,抑或是乘坐公共交通,都一定要遵纪守法、文明乘车。这是给自己和他人最好的保护。

49 什么是"你瞅啥"的标准回答?

夏日之时,相信对于许多大朋友、小朋友来说,这可能是一年中最期待的季节了吧。当然,这几年受疫情的影响,大家要减少聚会,但是在保证防护到位、保持社交距离的情况下,随着"地摊经济"的发展,相信许多人也免不了在夏日的晚风中溜达,吹着小风,一片烟火气中,三五好友说着笑着,啤酒、可乐、烤肉串,冰棒、西瓜、小龙虾,统统安排上。夏日难免火气壮,三两杯下肚后,有时麻烦也就跟着来了。这不,咱们小憎今儿就遇上了。

案例

打架斗殴竟被行政拘留

之前我们说过,小憎先是遭遇了分手,后又遇上了电信诈骗,被犯罪分子坑走了钱不说,还骗走了小憎的感情。这天,郁闷的小憎叫上自己的好哥们儿出来吃夜宵,说到这些糟心事,不配点啤酒怎么行?于是两人推杯换盏,就着烤串喝着酒,不知不觉就喝到了眼神迷离、舌头打结。

就在此时，一位姑娘从小懵身边走过，小懵顿时一愣，这熟悉的身影，太像小美了。姑娘在小懵旁边那桌落座，同桌还有一位男士。小懵近视200度，今天又恰好没戴眼镜，就呆呆地盯着姑娘看，还不时往前凑凑，想看看是不是小美。客观地说，大半夜的，一位男士眯着眼睛这么打量一位姑娘，确实不大好。这不，小懵的举动也惹火了姑娘旁边的男士，他对着小懵问道："你瞅啥？"还没等小懵张口，小懵的哥们儿先抢答了，大声回呛："瞅你咋地！"这一回答坏了事，双方你来我往，火药味越来越重，最后竟动起手来，从推搡变成了撕打，小懵和姑娘各拉一边，终于把两人拽开了。可此时，警车也到了，四人被警察带到了附近的派出所。最终，小懵的哥们儿和与姑娘同桌的男士被公安机关以寻衅滋事为由，分别处以行政拘留五日，并处罚款200元。

解 读

寻衅滋事

有的朋友可能会说，就是因为发生口角而动个手，原来就要付出这么大的代价啊？要知道，依照我国《治安管理处罚法》第二十六条的规定："有下列行为之一的，处五日以上十日以下拘留，可以并处五百元以下罚款；情节较重的，处十日以上十五日以下拘留，可以并处一千元以下罚款：（一）结伙斗殴的；（二）追逐、拦截他人的；（三）强拿硬要或者任意损毁、占用公私财物的；（四）其他寻衅滋事行为。"小憪的哥们儿和对方的行为就属于上述法律规定的其他寻衅滋事行为，扰乱了公共秩序，经公安机关调查认定，虽然尚未达到入罪标准，但也因此对他们处以了治安管理处罚。

而且，这还是情节较轻的情况，如果实施寻衅滋事行为，情节恶劣的话，是可能构成犯罪的。那么，到底什么叫作寻衅滋事呢？达到什么程度，就构成犯罪了呢？

首先，我们要先了解寻衅滋事的行为。在不考虑情节是否恶劣、是否构成犯罪的情况下，根据《刑法》第二百九十三条的规定，寻衅滋事行为一般分为四大类，分别是：第一，随意殴打他人；第二，追逐、拦截、辱骂、恐吓他人；第三，强拿硬要或者任意损毁、占用公私财物；第四，在公共场所起哄闹事，造成公共场所秩序严重混乱。

另外，需要大家注意，这里的辱骂、恐吓他人和起哄闹事，并不仅局限在面对面的现实生活中，互联网也并非法外之地。根据《最高人民法院、最高人民检察院关于办理利用信息网络实施诽谤等刑事案件适用法律若干问题的解释》的规定，利用信息网络辱骂、恐吓他人，以及编造虚假信息，或者明知是编造的虚假信息，仍在信息网络上散布，或者组织、指使人员在信息网络上散布，起哄闹事，造成秩序混乱的，也同样属于寻衅滋事行为。

其次，寻衅滋事是一个较为综合的法律概念，除了要看上述的客观行为，还要考虑行为人的动机综合判断，我们一般将这些动机分为三种：

第一种，是出于寻求刺激、发泄情绪、逞强耍横等，无事生非，实施上述行为的。咱们还是拿小懵来举例子，如果小懵在人财两空之后心情极度烦躁，走在街上看谁都不顺眼，买根冰棍想消消火，尝了一口不太喜欢这个味道，就拒绝付钱，还和老板发生口角，进而辱骂老板，对冰柜拳打脚踢的话，就可以认定为寻衅滋事。简单来说，就是没事找事。

第二种，是因日常生活中的偶发矛盾纠纷，借故生非。例如，小懵走在路上，不小心被人撞了一下，对方对小懵说："没长眼睛啊！"小懵正愁一腔怒火无处发泄，就和对方对骂起来，进而动手殴打对方的话，也可以认定为寻衅滋事。可以理解成，双方有小矛盾，本来可以化解，但是却有人借机耍混闹事的情况。但是这里需要注意，矛盾是由被害人故意引发或者被害人对矛盾激化负有主要责任的除外。意思是，假如对方骂了小懵之后，小懵并没有还口，接着往前走，这时候对方不依不饶，追着小懵骂，还对小懵推搡厮打，逼得小懵不得已使出看家本领——军体拳36式——还手，结果对方受伤了。这种情况下，由于是对方故意找事引起矛盾并且激化矛盾的，虽然对方受了伤，但一般也不会认定小懵寻衅滋事。

第三种，是因婚恋、家庭、邻里、债务等纠纷，实施殴打、辱骂、恐吓他人或者损毁、占用他人财物等行为的，经有关部门批评制止或者处理处罚后，还接着干，破坏社会秩序的。例如，小憎实在思念小美，给小美发了无数信息却都没有得到回复，于是他半夜跑到小美家楼下，大声唱歌，还拍砸楼道大门，闹得警察叔叔出警处理。虽是扰民，但情节并不严重，对小憎批评教育后本来也就罢了，但如果小憎不顾警告和制止，还继续这么干的话，那么也可以被认定为寻衅滋事。

最后，被认定为寻衅滋事并不等于构成犯罪，根据寻衅滋事行为的不同，入罪标准也不同。具体如下：

第一，随意殴打他人的，如果有下列情形之一，一般就构成犯罪了：1.致一人以上轻伤或者二人以上轻微伤的，这个要由司法鉴定部门的鉴定结果确定；2.引起他人精神失常、自杀等严重后果的；3.多次随意殴打他人的；4.持凶器随意殴打他人的；5.随意殴打精神病人、残疾人、流浪乞讨人员、老年人、孕妇、未成年人，造成恶劣社会影响的；6.在公共场所随意殴打他人，造成公共场所秩序严重混乱的。

第二，追逐、拦截、辱骂、恐吓他人，同样，如果有多次、持凶器、引起他人精神失常或自杀等严重后果之一的情形，或者对方是精神病人、残疾人、流浪乞讨人员、老年人、孕妇、未成年人的，又或者已经严重影响他人的工作、生活、生产、经营的，也就已经达到了入罪标准。同样需要强调，在网上辱骂、恐吓他人，情节恶劣，破坏社会秩序的，也可能构成犯罪。

第三，强拿硬要公私财物金额达到 1000 元以上或任意损毁、占用公私财物价值 2000 元以上，或者多次实施这种行为的，就达到了入罪标准。如果引起他人精神失常、自杀等严重后果的，或者财物是属于精神病人、残疾人、流浪乞讨人员、老年人、孕妇、未成年人的，又或者严重影响他人的工作、生活、生产、经营的，只要有上述任一情节的，都可能构成寻衅滋事罪。

第四，在公共场所起哄闹事，造成秩序混乱的，也属于寻衅滋事行为。车站、码头、机场、医院、商场、公园、影剧院、展览会、运动场都属于公共场所。另外，网络空间在某种程度上也属于公共空间，通过编造、散布或者组织、指使他人在网络上散布虚假信息，起哄闹事，造成公共秩序严重混乱的，同样可以构成犯罪。例如，前段时间，经广州白云警方通报，有家长刘某编造孩子遭老师体罚吐血的虚假信息，通过注册微博、微信账户等方式冒用其他家长身份，恶意散布传播，并雇请人员进行网络炒作，从而达到迫使学校开除涉事老师、索要赔偿等目的，最终刘某就是被警方以寻衅滋事罪刑事拘留的。

实操指南

如何应对他人的寻衅滋事

说到这里，大家可能已经意识到了，日常生活中看似很常见的骂个人、打个架，看似稀松平常，殊不知已经是在违法犯罪的边缘疯狂试探了。那么,你可能会问,如果遇到对方出言不逊,挑衅、辱骂,甚至动手的时候,我们应该怎么办呢?

第一,从我们自己的角度说,在生活中应当避免与他人发生口角纠纷,不要让自己的情绪占了上风。常见的,比如开车的时候,有些朋友被人别车的话就会气急攻心,要么也去别对方,要么打开车窗呛声,这样既不利于行车安全,也容易产生冲突。其实如果车和人没有受损,就没有必要与对方较劲,如果车有剐蹭,也理智与对方协商解决方案。

第二,如果真的遇上了急脾气、暴脾气的人,或者是对方存心挑衅、无事生非的话,在保证自己安全的情况下,要及时拿出手机录像存证,同时注意观察周围是否有摄像头,尽量引导对方走到摄像范围内与之沟通。一旦事态有失控的趋势,不要犹豫,立刻报警,避免自己与对方产生肢体冲突,并在公安机关到场后配合公安机关工作。

第三,理智不代表软弱,适时的所谓"认怂"也不代表任人欺凌,如果对方的行为已经对我们的人身安全产生现实紧迫危险的话,我们当然也要进行防卫,对对方的不法行为进行阻却。

回到本章的标题,什么是"你瞅啥"的标准回答呢?我认为,不如就回答:"没瞅啥,喝一杯吧!"

50 岳律厨房之教你如何烹饪"咸猪手"

案例

李依依案

2018年6月20日,甘肃省庆阳市一家商场8楼的平台上,19岁女孩李依依坐在那里,在楼下看客们"快跳、快跳"的怂恿声中,女孩最终一跃而下,花样的年纪永远定格在了那一天。而这一切,都起源于2016年9月5日的那一天,当时的依依还是一名高三学生,那天她突发胃病,回到宿舍休息,不料,她当时的班主任吴某厚趁机对她实施了猥亵行为。

那天之后,依依的生活再也回不到从前了,她被诊断患上了抑郁症和创伤性应激障碍。在跳楼自杀身亡之前,她还有过四次自杀未遂的经历。在目前媒体披露的依依生前写的控诉书中,我们可以看出,她对活着已经产生了明显的消极情绪,她写道:"我不分昼夜地痛苦着,荒废了我曾经那么努力的学业,我问自己活着还有什么意义?"她也曾发出过质问:"在曾经朝夕相处的同学眼里,我成了得了怪病的人,每每回到班里看到的都是质疑、嫌弃的眼光,而我那班主任却成了可怜的、生了病的人。善良的人,遭人非议讨不到一个说法,丑恶的人却逍遥自在得到关心和问候,为什么?"

是啊,为什么明明是受害者,却好像自己是做错事的那一个?而加害者呢?

2020年4月10日,本案一审宣判,依依曾经的班主任,被告人吴某厚犯强制猥亵罪,最终被判处有期徒刑两年,并被禁止在刑罚执行完毕之日起三年内从事教师、家庭教育指导、教育培训等与未成年人有密切接触的相关职业。

消息一出,舆论一片哗然,很多人都发出了质疑:这就是加害者得到的惩罚?两年有期徒刑真的罪当其罚了吗?

解读

强制猥亵罪

我们来看看法律规定,根据我国《刑法》第二百三十七条:"以暴力、胁迫或者其他方法强制猥亵他人或者侮辱妇女的,处五年以下有期徒刑或者拘役。聚众或者在公共场所当众犯前款罪的，或者有其他恶劣情节的，处五年以上有期徒刑。"那么，即便在五年以下有期徒刑的量刑幅度内，对犯人的惩罚是不是也轻了些？当然，为保护当事人隐私，审理的细节没有披露，具体事实只有当事人和法院清楚，我们相信法律，也期待本案最终的一个结论。

而我们在关注本案的同时，更需要意识到，依依的悲剧不是个案。鉴于猥亵类犯罪具有隐蔽性特征，针对的对象除妇女之外还多有儿童。除地铁、公交等场所的一些"咸猪手"外，在针对儿童实施的猥亵犯罪中还有相当比例的熟人作案，更加令人防不胜防。根据《人民日报》此前报道，有研究表明，针对中小学生的性侵害，其隐案比例是 1∶7。也就是每曝光一起涉及儿童的性侵害案件，就意味着有七起案件也已经发生。

面对这种情况，女性应该怎么保护自己呢？作为家长，又应该如何保护自己的孩子呢？

首先，我们先来了解一下强制猥亵罪和猥亵儿童罪。在刑法上，未满 14 周岁的为儿童，已满 14 周岁的未成年女性从刑法意义上讲也属于妇女。一般来说，强制猥亵罪，要求行为人采取暴力、胁迫或者其他方法实施猥亵行为，例如，在地铁上，如果行为人用刀抵着妇女背后使她不敢呼救或者反抗，同时对妇女实施揉摸、亲吻、磨蹭等下流行为的，就可能构成强制猥亵罪。

那么，你可能会问，法条里的"其他方法"具体指什么呢？一般来说，这里的"其他方法"要求是与暴力、胁迫程度相当的手段。因此，在此前的司法实践中，许多"咸猪手"明明对妇女实施了下流的猥亵行为，却因没有使用暴力、胁迫等手段而躲过刑事处罚，公安机关只能依据《治安管理处罚法》第四十四条的规定，对他们处以五日以上十日以下的行政拘留。但是如今，随着司法实践的探索和发展，这一情况也有所好转，2019年上海市首例"咸猪手"入刑的案件就引起社会热议。从这个案子中，我们可以看出，在目前的司法实践中，行为人利用被害人的心理弱点强制对其实施猥亵行为的，也可以构罪。

> **案例**
>
> **上海地铁首例"咸猪手"入刑**
>
> 2019年12月20日，卫女士乘坐地铁过程中感觉到臀部被站在旁边的一男子朱某触碰，但当时车厢内人多拥挤，卫女士并没太在意。不料几站过后，朱某仍不断用身体隐私部位及双手触碰卫女士的臀部和腰部。卫女士觉察到朱某系故意所为，便抓住其左手予以阻止。但朱某竟得寸进尺，将右手伸入卫女士的外裤触摸其臀部、大腿根部。卫女士大声呵斥并报警，当列车停靠在地铁某站时，朱某被扭送至公安机关。
>
> 一审法院认为，行为人借助地铁车厢人多拥挤、不便避让的便利条件，利用被害人往往不愿当众声张的心理弱点，特别是在被害人抗拒的情况下，仍对其实施猥亵，侵

> 害了被害人的人身权利，具有较大社会危害性，触犯了《刑法》第二百三十七条第一款规定，应当以强制猥亵罪对其定罪处罚，并最终判处被告人朱某拘役五个月。

解读

猥亵儿童罪

而在针对儿童实施的猥亵犯罪中，则不要求行为人采取暴力、胁迫等手段，只要明知是儿童却仍然出于下流的心理对其实施猥亵行为的，就可以入罪，且量刑应依据强制猥亵罪从重处罚。同时，根据《最高人民法院、最高人民检察院、公安部、司法部关于办理性侵害未成年人刑事案件的意见》（2023年6月1日施行）的规定，实施猥亵儿童犯罪，造成儿童轻伤以上后果，同时符合《刑法》关于故意伤害罪或者故意杀人罪的规定的，依照处罚较重的规定定罪处罚。这无疑加重了对行为人的处罚，更大程度地保护了儿童。

需要注意，在刑法上，未满14周岁的儿童既包括女童也包括男童。

另外，由于未满14周岁的儿童不具有社会一般认知能力，也不具有刑事责任能力，因此在成年人和儿童的相处过程中，如果成年人任由儿童对自己实施猥亵行为而没有制止的，那么成年人自己则可能构成猥亵儿童罪。

在了解了相关法律规定后,我们来看看到底应该如何料理这些"咸猪手"。

实操指南

面对猥亵应当如何应对

对于广大女性同胞来说,第一,如果自己遇到这些"咸猪手",在保证自己安全的情况下,可以大声呼救,这样既可以制止侵害的继续,也可以吸引周围人的注意。

第二,及时采取拍照、录像等方式保存证据,并在周围群众的帮助下控制"咸猪手"本人,不要让其逃离现场。

第三,立刻报警,联系公安机关,并配合调查。

第四,如果看到其他姐妹被"咸猪手"骚扰,也要立刻留存证据,同时在保证自己安全的情况下联合周围群众一起喝止,并协助被害人报案。要知道,被"咸猪手"骚扰,错的绝对不是你,而是对方,千万不要有任何自我怀疑或者羞耻感。

我也在这里建议广大男性同胞,路见"猪手"一声吼,该出手时就出手,烹饪"猪手",人人有责。尊重女性是我们每位男士的人生必修课。

而对于家长来说,第一,呼吁各位家长,不要谈性色变,要想保护孩子就一定要对孩子进行正确的性教育。告诉孩子什么部位是绝对不能有人触碰的，让孩子对于性有初步的健康认识，这样孩子才能在遇到侵害的时候意识到对方是在伤害自己，才不会被对方"做游戏"等卑劣下流的谎言迷惑，也才可能在受到伤害后告诉家长，不至于让侵害进一步加深。

第二，注意观察孩子的情绪变化，突然开始的尿床、沉默寡言、学习成绩下降、易怒等情绪变化，可能都是孩子默默承受了一些痛苦后的外化反映。因此要多和孩子交流，让孩子觉得和家长沟通是绝对安全的，不要让孩子自己承受痛苦，不要让孩子出于模糊的羞耻心而放纵犯罪。

第三，在教育孩子保护自己的同时，也不要让孩子出于好奇心去和别的小朋友有不适当的肢体接触，不要让伤害别人的行为发生。

第四，一旦发现孩子遭受了猥亵行为，一定要第一时间报案，并且保护好孩子，不要让他和行为人再有任何接触。如果需要孩子去公安机关配合调查的，家长要先给孩子做好心理准备工作，全程陪同，并与办案警官沟通，尽量减少对孩子的心理压力和可能造成的二次伤害。

第五，身体上的伤害可能会愈合，但是孩子心灵的创伤却需要家长长期的耐心陪伴和疏导，不是一朝一夕可以痊愈的，必要的时候，家长可以寻求专业心理辅导机构的帮助。同时，家长也要注意调节自己的心理状态，自己捧在手上、宠在心尖儿的宝贝遭遇这种事情，家长承受的痛苦可能一点也不比孩子少。可是作为成年人，家长必须首先坚强起来，保证自己的心理健康，才能更好地带着孩子一起走出这段阴影。

最后，我也呼吁大家和社会，不要用异样的眼光看待这些遭受到欺辱的女性和儿童，也不要追求完美受害者，形成良好的社会氛围，别让受辱者既要承受受辱所带来的身心伤害，同时还要承担不必要的社会舆论压力。

好了，本章我们和大家一起讨论了强制猥亵罪和猥亵儿童罪的相关问题，制止犯罪、惩罚罪犯是整个社会共同的任务，只有我们每个人都重视起来、行动起来，才不会让依依的悲剧一直重演。

51 地主家有余粮也不是你的啊!

> **案例**
>
> **王宝强经纪人职务侵占案**
>
> 在因疫情暴发撤档整整一年后,《唐人街探案3》终于在2021年春节上映了。作为主演之一的王宝强再次刷屏。然而时至今日,说起王宝强,相信大家还是会想到他和马蓉闹得沸沸扬扬的离婚案。虽然已经过去了很长时间,这件事却依然是网友茶余饭后的谈资。而事情的尾声,是王宝强的经纪人宋喆因职务侵占罪被判处有期徒刑六年,锒铛入狱。

解读

职务侵占罪

对于大多数人来说,职务侵占并不是一个很常见的犯罪。但实际上,职务侵占近年来日益高发。根据北京师范大学中国企业家犯罪预防研究中心《企业家刑事风险分析报告（2014—2018）》统计，2014年至2018年，民营企业相关犯罪频次共计7578次，共涉及39个罪名。其中，职务侵占罪名列第三，触犯频次792次，占比9.22%，仅低于非法吸收公众存款罪和虚开增值税专用发票罪。职务侵占犯罪通常隐蔽性强，且涉及刑事、劳动、公司、合同等多重法律关系，处理起来相对复杂。下面，我们就先来说一说职务侵占罪的那些事儿。

我国现行《刑法》第二百七十一条规定："公司、企业或者其他单位的工作人员，利用职务上的便利，将本单位财物非法占为己有，数额较大的，处三年以下有期徒刑或者拘役，并处罚金；数额巨大的，处三年以上十年以下有期徒刑，并处罚金；数额特别巨大的，处十年以上有期徒刑或者无期徒刑，并处罚金。"这是2021年3月1日开始实施的《刑法修正案（十一）》对职务侵占罪的法条修改后的规定，将原来五年以下或者五年以上有期徒刑的两档量刑改成了三档，相较来说，处罚力度更重了一些。

在我国，职务侵占案件的类型可谓多种多样，常见的有：员工（例如仓库管理人员、运输人员）利用职务便利，直接倒卖用人单位财物；员工利用职务便利，在外设立公司与用人单位进行交易并谋取利益，例如用自己控制的公司低价买入公司产品后，高价卖给最终客户赚取差价；还有员工开具虚假发票并向用人单位报销等情形。

因为繁多的犯罪类型，职务侵占罪与很多其他罪名都有交叉重合的内容,比如同样都是利用职务上的便利谋取单位财物,职务侵占罪与贪污罪就很容易混淆。事实上,职务侵占罪与贪污罪最大的不同在于,职务侵占罪的主体是"公司、企业或者其他单位的工作人员",包括公司和其他企业的董事、监事、职工。比如我们开头说到的宋喆,就是王宝强的经纪人和王宝强工作室的总经理。而贪污罪的主体是国家工作人员。两个罪名对犯罪人的身份要求截然不同。而且在职务侵占中,"工作人员"并不一定需要与单位签订用工合同,或者用工合同一定在合同期内,这里需要考察的是该人员是否在事实上从事单位的事务。举个例子,小憎年少有成,是某公司法定代表人,某一天小憎因某项刑事犯罪入狱,小美作为他的妻子,自行到公司代行法定代表人的职责,虽然小美和公司没有任何形式上的手续,但她事实上已是公司的工作人员,并且享有法定代表人的职权。

特别要说明的是,由于职务侵占罪和贪污罪之间存在的交集,以及我国经济体制的特别性,我国法律对它们也有一些拟制规定。比如《刑法》规定,国有公司、企业或者其他国有单位中从事公务的人员和国有公司、企业或者其他国有单位委派到非国有公司、企业以及其他单位从事公务的人员,将单位财产非法据为己有的,或者受国家机关、国有公司、企业、事业单位、人民团体委托、管理、经营国有财产的非国家工作人员,将自己管理的国有财产非法据为己有的,成立贪污罪,而不是职务侵占罪。另外,非国有保险公司的工作人员利用职务上的便利,故意编造未曾发生的保险事故进行虚假理赔，骗取保险金归自己所有的，不以诈骗罪或盗窃罪论处，而是构成职务侵占罪。

说完职务侵占罪的主体，我们来说说这个罪的**行为**。职务侵占罪是行为人利用职务便利，侵占本单位财物。对于这个条件，传统的法学理论认为，"利用职务上的便利"是指利用职务上所具有的主管、管理、经营或经手本单位财物的便利条件。这也说明了为什么在实践中，职务侵占多见于厂长、经理、会计、出纳、保管员等，他们对财物的管理权限较高，行动起来也较为隐秘。如果行为人不具有职务上的便利条件，或未利用职务上的便利条件侵占公司财物的，其行为通常会被认定为盗窃或侵占行为，而不会被认定为职务侵占行为。比如，邮政快递员把传送带上不属于自己配送范围的快递件从快递站拿走，把快递件里的财物据为己有，这种行为成立盗窃罪，而非职务侵占罪。

接着，我们来明确一下**职务侵占罪的对象**。根据《刑法》规定，职务侵占罪的对象既不是私人的财物，也不是国家的公共财物，而是"本单位的财物"，这也是职务侵占罪与贪污罪的另一个重要区别。而且，职务侵占罪的对象包括单位现存的财物和确定的收益。"财物"不一定必须是实物，也可以是虚拟物。举个例子，小懵的朋友小董之前曾是某网络公司的游戏管理中心经理，负责对游戏的升级和维护。小董利用这个职务，修改游戏数据，把游戏里的武器、装备、皮肤等私自贩卖给玩家，把贩卖所得据为己有，这就构成职务侵占罪。

同时，职务侵占罪必须给单位造成财物损失，如果单位没有损失，是不能构成本罪的。比如银行工作人员在检查ATM机时，发现里面有别人未取出的储蓄卡，便趁机取走了里面的现金。但由于银行的财产并没有受损，该行为不能认定为职务侵占罪。

在实际判例中，对于侵占对象，公司法上有一个小争议，就是一人公司的唯一股东对公司财产的占用是否构成职务侵占？司法机关对这个问题的理解存在分歧。有的法院判决认为，一人公司的股东侵占公司财产，因为客观上并未侵犯股东的利益，所以不构成犯罪；也有法院认为，《刑法》并未将一人公司排除在职务侵占罪的犯罪对象之外，且对一人公司的职务侵占会损害公司对外承担债务的能力，影响拥有独立人格的公司所享有的财产权益以及公司债权人的利益，因此股东对一人公司的财产侵占构成犯罪。如果你是法官，你支持哪一方呢？如果你没有打算成为法官，而是希望成为优秀的企业家，那你还是要切记：即使是一人公司，也不能被视作随意支取资金的绝对安全港哦！

挪用资金罪

前面我们说到，职务侵占罪的具体类型繁多，与很多其他罪名都有交叉重合，那么除了贪污罪，另一个与职务侵占罪沾亲带故的罪名就是挪用资金罪。有时，行为人的行为甚至可能同时构成职务侵占罪和挪用资金罪。比如2013年，中式快餐连锁企业真功夫的创始人蔡达标一度风头正劲，甚至计划将公司上市，但在

2014年，蔡达标却因犯职务侵占罪和挪用资金罪，最终被判处有期徒刑十四年，没收个人财产 100 万元。真功夫也从此一蹶不振。

我国《刑法》对**挪用资金罪**是这样定义的：公司、企业或者其他单位的工作人员，利用职务上的便利，挪用本单位资金归个人使用或者借贷给他人，数额较大、超过三个月未还的，或者虽未超过三个月，但数额较大、进行营利活动的，或者进行非法活动的，构成挪用资金罪。

两者区别

显然，挪用资金罪与职务侵占罪的主体相同，都是"公司、企业或者其他单位的工作人员"，同样也是"利用职务上的便利"，那它们又该怎么区分呢？

首先，**挪用资金罪与职务侵占罪侵犯的客体和对象不同**。挪用资金罪侵犯的客体是公司、企业或者其他单位的资金的使用权，对象是公司、企业或者其他单位的资金，也就是说，仅仅指钱；而职务侵占罪侵犯的客体也是公司、企业或者其他单位的资金的所有权，对象是公司、企业或者其他单位的财物，既包括钱，也包括物。

其次，**挪用资金罪与职务侵占罪的行为方式也不同**。挪用资金罪的行为方式是挪用，即未经合法批准或许可而擅自挪归自己使用或者借贷给他人；而职务侵占罪的行为方式是侵占，即行为人利用职务上的便利，侵吞、窃取、骗取或者以其他手段非法占有本单位财物，并且没有归还的意图。

对应地，两罪的**主观方面不同**。挪用资金罪行为人的目的在于非法取得本单位资金的使用权，但并不企图永久非法占有，而是准备用后归还，即行为人主观上还是想将资金归还的。最典型的莫过于一些人擅自转走单位资金去炒股，甚至赌博，以为自己一定能很快赚得盆满钵满，再顺利把挪用的钱转回单位账户，没想到不仅没有赚到钱，还把本金亏了进去，最后东窗事发，追悔莫及；职务侵占罪行为人的目的在于将本单位财物非法据为己有，而并非暂时使用。当然，这个区别在实务中有些难以界定。如何辨别行为人主观上是否想归还钱款？这就需要具体案例具体分析了。

现实生活中，有些企业家和员工在观念上没有真正尊重企业的独立人格与财产权，而是将企业当成没有自由意志的工具，将股权或者管理权理解为对企业具体财产的所有权，把企业变为自己敛财的聚宝盆，漠视财务管理与正当程序，导致自己陷入巨大的刑事风险而不自知，最后因此付出了自由的代价。看完本章，各位可一定要引以为鉴。与其拿地主家的余粮，不如自己做地主，方能心安理得，长帆远航。

52 天上掉馅饼？这几招让你识别电信网络诈骗、非法集资套路

案例

警惕"杀猪盘"陷阱

看过前面内容的朋友应该都知道，咱们的小懵最近和女友小美分手了。秉持着分手后不打扰是最大的温柔这一黄金原则，小懵每每陷入思念和失落的时候，都会独自去他和小美曾经约会过的地方静静地神伤一会。当然了，他同时还会打开微信，暗戳戳地看一下前女友的朋友圈。就在这天，小懵正看着手机发呆的时候，一条来自附近的人打招呼的消息发到了小懵的手机上，头像是一名青春靓丽的女孩子，五官还莫名地和小美有七分神似，我们暂时称她为小小美吧。在和小美约会过的地方被一个长相神似小美的女生加微信，这叫什么？这叫缘分啊！小懵立刻就加了微信，和对方聊了起来。

这一聊不要紧，两人竟意外地合拍，从诗词歌赋聊到人生哲理，让小懵常常在不舍中入眠。慢慢地，他走出了

失恋的伤痛,投入到了这段新的恋情中。不过与跟小美的恋情有所不同的是,这是一段双方始终没见过面的网恋,但在小懵看来,这种神秘感甚至给两人的恋情增加了一些魅力呢。

　　几个月后,小小美突然神神秘秘地告诉小懵,自己最近知道了一个很好的投资项目,风险低、回报率高,自己也是因为有亲戚在项目里担任经理才知道,否则像他们这种小客户是根本没有投资资格的。这种好事怎么能自己独享呢?因此她提议小懵和她一起投资,等赚到钱了,两人就离买房结婚更近一步了。小懵虽蒙,但也不傻,自己辛苦攒下的钱就这么投资了,靠谱吗?但是碍于面子,他不好直接拒绝新女友的提议,就隐晦地回绝,自己没几万块钱存款,怕是太少了,还是别麻烦亲戚贴人情了。小小美一听就急了,说:"结婚不用钱吗?凭你那点工资,攒到什么时候能够啊?你是不想跟我结婚吗?"一看女友生气了,小懵马上又蒙了,忙说没有。小小美转而又说:"结婚是咱们两个人的事,怎么能只让你出钱呢?我也把我的积蓄拿出来,咱们一起投资,一起为了未来的幸福生活而努力!"

　　这一套连环拳下来,小懵立刻感动得不知所措了,直接去银行提出了自己的全部积蓄18万元,小小美又自己拿出2万元,凑出了整20万元,全部都转给了小小美的亲戚,投进了这个项目里。

小懵怀着忐忑的心情等了一个月，终于到了收第一笔分红的时候，可是他左等右等，一直没有消息，给小小美的亲戚发微信没有回复，电话也无人接听，偏偏这段时间里，小小美又和他闹了别扭。这天，两人终于大吵一架，小小美的最后一条信息是："你根本就不爱我！我们分手吧！"还把小懵拉黑了，小懵这下又蒙了。这时候他才想起来，两人之间除了微信，竟然没有任何联系方式了！他甚至连小小美的具体住址都没有，只知道是某某市某某区。

此时单纯的小懵已经顾不上钱了，面对又一次失恋的打击，借酒浇愁后的他，秉持着分手后还是朋友这一白金原则，拨通了小美的电话。半个小时过后，小懵终于倾诉完了，小美也终于开口了，但只说了一句话："报警吧，你这是被骗了。"随后她就挂断了电话，只留下小懵在初夏的晚风中震惊到酒醒……

解 读

电信网络诈骗

没错，小懵此次遭遇的其实是典型的电信网络诈骗。电信网络诈骗通常指利用通信工具、互联网等技术手段实施的诈骗犯罪活动。对于电信网络诈骗犯罪的定罪量刑仍然适用《刑法》第二百六十六条关于诈骗罪的规定，根据《最高人民法院、最高人民检察院、公安部关于办理电信网络诈骗等刑事案件适用法律若干问题的意见》，利用电信网络技术手段实施诈骗，诈骗公私财物价值三千元以上的，属《刑法》第二百六十六条规定的"数额较大"，依法应处三年以下有期徒刑、拘役或者管制，并处或者单处罚金；诈骗公私财物三万元以上的，属"数额巨大"，处三年以上十年以下有期徒刑，并处罚金；诈骗公私财物五十万元以上的，属"数额特别巨大"，依法应处十年以上有期徒刑或者无期徒刑，并处罚金或者没收财产。

相较于传统的诈骗犯罪，电信网络诈骗具有非接触性特征，它突破了地域限制，被害人分布较为分散，一般人数较多，且通常为集团作案，有前期搜集公民个人信息的，有针对被害人不同的个人情况设计剧本的，有培训诈骗话术的，有具体实施诈骗的，有负责掩饰、隐瞒犯罪所得的，等等，可谓分工配合、有条不紊。诈骗方式还会经常更新，让老百姓防不胜防，前些年流行打电话谎称自己是公检法部门，以被害人涉及某某案件为由，让被害人将财产转到安全账户；近些年则有通过微信假装自己是采茶女，诱骗被害人斥巨资购买茶叶的；还有骗子谎称自己是网购平台客服，以实习生操作失误将被害人设定为代理商为由，要求被害人支付一定费用配合处理，否则会按月扣费，等等。除了老年人，中年人，甚至年轻白领，也都容易落入陷阱。

咱们的小懵就是一个例子，通过网恋认识的所谓女友其实可能压根就不是女性，而是一名或者几名抠脚大汉，他们陪着小懵聊天谈心，在取得他的信任并建立起恋爱关系后，以投资为名诈骗财物，一旦得手，就消失得无影无踪。有的同学可能会问：那小小美自己不也投资了 2 万元吗？但其实你转念一想就会明白，这不过是犯罪分子以退为进的诈骗手段罢了，是为了取得被害人的信任，进而获取其财物。俗话说得好：舍不得孩子套不着狼。这对他们来说，无非是把钱从左口袋倒腾到右口袋罢了。

非法吸收公众存款、集资诈骗

除网络电信诈骗外，近些年，非法吸收公众存款、集资诈骗等犯罪活动也日渐猖獗。常见的套路有：引诱集资参与人投资某项目或者购买某理财产品，承诺在一定时期内还本付息，多投多得；通过举办所谓公益理财讲座，先把你讲得云里雾里、热血沸腾，还没等你反应过来，合同已经签了，兜里的钱也掏出去了。更有甚者，这些消息有时不仅来自那些在银行门口发传单的自称是"业务员"的人，有许多人其实是被亲戚、朋友、同事介绍入坑的，大家虽是好心，认为有钱一起赚，却不知道，不知不觉间，自己也已经被犯罪分子当成了吸收存款的工具。

根据《最高人民法院关于审理非法集资刑事案件具体应用法律若干问题的解释》（以下简称《非法集资解释》）的规定，非法吸收或者变相吸收公众存款，数额在 100 万元以上的；或者对象 150 人以上的；或者给存款人造成直接经济损失数额在 50 万元以上的；或数额在 50 万元以上或者造成直接经济损失数额在 25 万元以上,同时具有以下三种情形之一的:(一)曾因非法集资受过刑法追究;(二)二年内曾因非法集资受过行政处罚;(三)造成恶劣社会影响或其他严重社会后果,即达到入罪标准。根据《刑法》第一百七十六条之规定,非法吸收公众存款罪最高可处十年以上有期徒刑,并处罚金。

而如果行为人是以非法占有为目的非法集资的,则可能构成集资诈骗罪。例如,吸来资金后不用于生产经营活动或者用于生产经营活动与筹集资金规模明显不成比例,致使集资款不能返还的;肆意挥霍集资款,致使集资款不能返还的;携带集资款逃匿的,等等。集资诈骗,数额在10万元以上的,即达到入罪标准。根据《刑法》第一百九十二条之规定,集资诈骗罪最高是可以处无期徒刑的。

实操指南

如何应对这几类犯罪

讲到这里,大家应该已经初步掌握了电信网络诈骗、非法集资的常见套路。所谓知己知彼,才能不入坑,我们再来总结一下:

针对电信网络诈骗犯罪,大家如果接到自称是公检法人员的电话,一定要提高警惕。一般来说,公检法是不会通过电话要求大家转账或者操作银行账户的。同时需要提醒大家，犯罪分子冒充公检法工作人员的时候，通常会声称你涉及某某重大案件了，必须保密，不能告诉家人和朋友。请不要相信类似说辞，必要时可以拨打官方电话进行咨询。在接到自称是网购平台工作人员打来的电话时也是同样，不要急于转账，要和官方客服联系确认。而在网络交友的过程中也要提高警惕，不是说网恋或者网友就一定有问题，只是当对方想要从你兜里掏钱的时候，就要思考一下了，不要被对方的头像、花言巧语或者朋友圈营造的假象所迷惑。

针对非法集资类犯罪，只要秉持一条王者原则就可以了，那就是：天上不会掉馅饼，即使掉了，大概率也不会砸在你头上。因此，投资理财还是要找正规的机构，不要被高收益、低风险的承诺所蛊惑，即便是已经有家人、朋友、同事投资并且赚钱了的项目，也要明白，这种庞氏骗局常常用后面人的钱去补前面的窟窿，总有资金链断掉的一天，到那时候就追悔莫及了。

那么，如果你看到这里时，发现自己已经入坑了，怎么办呢？别着急，以下几招，可能还能帮你补救：

第一，无论是电信网络诈骗还是非法集资，第一时间保留证据，对签订的合同、微信等社交软件的聊天记录、通话记录一一进行固定，必要时还要到公证处办理证据保全公证，同时打印出自己的银行转款记录，统计资金损失。

第二，针对电信网络诈骗，在固定证据的同时，建议马上报警，将手头的证据材料提交公安机关，如实陈述事情经过，配合公安机关的侦查活动。

第三，针对非法集资犯罪，首先，在还没翻脸之前，可以与自己投资的平台、公司或者个人进行协商，要求返还本金，并同步录音留存。

其次，如果自己不能判断对方是非法集资还是只是拒绝按照合同约定履行资金支付义务的，可以依据双方签订的合同以及转账记录等证据，向人民法院提起民事诉讼。如果人民法院经审理，认为双方属于民事纠纷的，会依法作出民事判决，如果对方拒不履行判决义务的，我们就可以依法申请强制执行；如果人民法院经审理，认为本案涉嫌犯罪的，根据相关规定，人民法院会将案件移送公安机关进行刑事立案侦查。

最后，如果自己已经可以判断对方属于非法集资的，我们就可以直接报案，并将上述证据材料提交公安机关的经济侦查部门，要求公安机关立案侦查。

53 哪些事情属于不能说的秘密

"保守秘密时,秘密是忠仆;泄露秘密时,秘密是祸主。"许多行业都有自己"不能说的秘密",作为从业者,保守秘密不仅是职业道德,有的时候更是法律要求。本章我们要聊的秘密比较特殊,它们既不能"说",也不能"用",稍有不慎就会触及《刑法》的高压线,那就是期货、证券、基金等行业相关的秘密。

也许有的朋友看到这会认为,我又没在你说的这些行业里工作,我也不知道什么秘密或者内幕信息,这一章和我有什么关系呢?且慢,请各位想想,你有没有炒过股票或者买过基金呢?如果有的话,有没有拜托过在上市公司或者基金公司等相关行业工作的朋友们,给你推荐股票或者基金呢?怎么样,愣了吧。要知道,以上这些看似稀松平常的行为,很有可能已经在违法犯罪的边缘试探了。有的朋友可能认为,不就推荐点赚钱的门路嘛,一句话的事,也不至于这么严重吧?小懵呢,曾经也是这么想的。

案例

泄露股票信息给家人竟涉嫌犯罪

小懵在职场也摸爬滚打了一段时间，终于成功应聘到了 A 公司做经理。最近公司正打算注资 B 公司，实现"借壳上市"，小懵刚好是这个项目的负责人之一，忙得昏天黑地。又因为项目目前是保密进行的，因此小懵已经快住在公司了。这天，女朋友小美给小懵打电话，无论如何让小懵一定要回家一趟，家里有很重要的事情要和他商量。听到小美焦灼的语气，小懵也不敢怠慢，下班后赶紧回家了。一进屋，他发现弟弟小呆呆地坐在客厅里。原来，弟弟跟人合伙做生意，赔了个底朝天不说，关键是把爸妈的养老钱全亏进去了，现在算是走投无路了。小懵一听也蒙了，这么大一笔钱，也不是自己能拿出来的。思前想后，终于，小懵作出了一个日后让他后悔不已的决定。

小懵神神秘秘地让弟弟先去开一个炒股的账户，然后把所有能借来的钱都拿去买 B 公司的股票，并告诉小呆说 A 公司正准备注资 B 公司，如果成功借壳上市，B 公司股票一定会大涨。之后，B 公司的股票果然暴涨，小呆因此回血了不少。

不料，一个月后的一天，小懵突然给小呆打电话，让他务必在当天收市之前抛出持有的 B 公司的所有股票，两个公司谈崩了，明天股价肯定会跌。小呆同样照做了，果不其然，第二天开始，B公司的股价开始暴跌，小呆这一买一抛，赚了好几十万，终于可以把欠款还上了。

结果，还没高兴多久，小呆就接到了证监会的电话，要求他到证监会接受调查。等小呆到了之后，发现小懵早已经在那里了。随后，民警也赶到现场，以涉嫌泄露内幕信息罪将小懵和小呆刑事拘留。

解读

内幕交易、泄露内幕信息罪

看到这里，大家应该都明白了，小懵利用自己在工作中掌握的尚未公开的内幕信息，指示弟弟小呆从事股票交易，该行为属于典型的泄露内幕信息行为。而弟弟小呆明知道小懵向其泄露了内幕信息，依然利用这些信息进行交易，谋取利益，两人实际上成为本罪的共犯，均需要承担相应的刑事责任。

我国《刑法》第一百八十条第一款规定了内幕交易、泄露内幕信息罪："证券、期货交易内幕信息的知情人员或者非法获取证券、期货交易内幕信息的人员，在涉及证券的发行，证券、期货交易或者其他对证券、期货交易价格有重大影响的信息尚未公开前，买入或者卖出该证券，或者从事与该内幕信息有关的期货交易，或者泄露该信息，或者明示、暗示他人从事上述交易活动，情节严重的，处五年以下有期徒刑或者拘役，并处或者单处违法所得一倍以上五倍以下罚金；情节特别严重的，处五年以上十年以下有期徒刑，并处违法所得一倍以上五倍以下罚金。"

首先，我们要明确本罪的主体，即"证券、期货交易内幕信息的知情人员"。具体类型规定可在《中华人民共和国证券法》和《期货交易管理条例》中查看，总体上可以理解为因自己职位、职务、身份等原因，能接触或获得内幕信息的人员，如相关公司高层、发行人的股东、证券机构工作人员、证监机构的管理人员等，上述案例中的小憎就属于相关公司高层这类人员。

而对于"非法获取证券、期货交易内幕信息的人员"，根据《最高人民法院、最高人民检察院关于办理内幕交易、泄露内幕信息刑事案件具体应用法律若干问题的解释》第二条之规定，一般有三类人员：一是利用窃取、骗取、套取、窃听、利诱、刺探或者私下交易等手段获取内幕信息的；二是内幕信息知情人员的近亲或者其他与内幕信息知情人员关系密切的人员，在内幕信息敏感期内，从事或者明示、暗示他人从事，或者泄露内幕信息导致他人从事与该内幕信息有关的证券、期货交易，相关交易行为明显异常，且无正当理由或者正当信息来源的；三是在内幕信息敏感期内，与内幕信息知情人员联络、接触，从事或者明示、暗示他人从事，或者泄露内幕信息导致他人从事与该内幕信息有关的证券、期货交易，相关交易行为明显异常，且无正当理由或者正当信息来源的。

其次，需要明确什么是"内幕信息"。在证券方面，一般是指证券交易活动中，涉及公司的经营、财务或者对该公司证券的市场价格有重大影响的尚未公开的信息，如，上市公司的并购、重大资产置换以及案例中所说的"借壳上市"等；在期货方面，则是指可能对期货交易价格产生重大影响的尚未公开的信息，如期货监督管理机构以及其他相关部门的政策决议，或期货交易所做出的可能对期货价格产生重大影响的决议等。简单概括，内幕信息就是尚未公开的，对证券、期货等交易有重大影响的信息。

另外，如果泄露的信息并不属于上述内幕信息，也不是说行为人就没事了，《刑法》第一百八十条第二款规定了利用未公开信息交易罪，即证券交易所、期货交易所、证券公司、期货经纪公司、基金管理公司、商业银行、保险公司等金融机构的从业人员以及有关监管部门或者行业协会的工作人员，利用因职务便利获取的内幕信息以外的其他未公开的信息，违反规定，从事与该信息相关的证券、期货交易活动，或者明示、暗示他人从事相关交易活动，情节严重的，同样需要承担刑事责任。

说回内幕交易、泄露内幕信息罪的入罪标准，也就是法条所说的"情节严重"，具体是指符合以下几种情形之一的：一是证券交易成交额在 50 万元以上的；二是期货交易占用保证金 30 万元以上的；三是获利或者避免损失数额在 15 万元以上的；四是三次以上实施内幕交易、泄露内幕信息行为的。要注意，这里的"以上"包括本数，也就是即便之前有过内幕交易、泄露内幕信息的行为，但是金额不够上述入罪标准的，只要干了三次，同样可能构成犯罪，并且前两次未经行政处理或者刑事处理的，也应当对相关交易数额依法累计计算。

　　说到这里，大家应当认识到了，有的信息是绝对不能说的秘密。我们生活在信息时代中，信息就是金钱，但是君子爱财，取之有道，为了蝇头小利而锒铛入狱并不划算。同时需要提醒大家，理财有风险，投资需谨慎。不管我们采用何种理财、投资方式，都应当做好长期规划，并合理分配风险，用合法的方式进行投资理财，千万不要为了尽早实现财富自由而铤而走险。

第八部分

走进生活百科全书，《民法典》必须知道的事儿

54 住宅建设用地使用权自动续期制度来啦

很多人在买房的时候，往往关注的是房子的价格、地理位置、房屋格局、升值潜力，可能很少会想到房子也像其他商品一样有"保质期"，房子的这个"保质期"就叫作"住宅建设用地使用权期限"。别看这个权利名字长，有点绕口，可是它跟我们的生活却息息相关。这个期限届满后如何续期？不续期又会有什么后果？

> **案例**
>
> **二手房的使用权年限**
>
> 买房对很多人来说都是人生中的大事，小懵也不例外。虽然在前面的故事中，小懵买房连连踩坑，但他倒是毫不气馁，越挫越勇。这不，小懵又看上一套二手房，房间格局、地理位置小懵都很满意，虽然价格有些贵，但他还是咬咬牙贷款买了下来。乔迁新居的小懵喜气洋洋，邀请自己的同事来家里聚会，可一位同事在聚会上讲的故事，却让小懵心里打起鼓来。

这位同事叫李四，说他有一个亲戚在2016年准备买房时，发现看中的一套房子竟然不能办理过户登记。后来一查才得知，原来这个房子的建设用地使用权只有20年，并且已经到期了。国土部门的工作人员告诉他，如果要续期，就需要缴纳土地出让金，算下来大约是房价的三分之一。这可不是小数目，卖房人不愿承担，购房人自然更不愿意承担。因为对购房人来说，建设用地使用权仅剩两三年的房子，就好比一辆10年使用期限的汽车，开七八年了要转手卖掉，谁也不愿意花高价买这样一辆即将报废的二手车，更别提这个房子的建设用地使用权已经到期了，相当于一辆10年期满应该强制报废的破车，哪里会有人愿意买呢？除非把它的期限延长，旧车变新车。

小憬听完这个故事，越想越不踏实，第二天早早就起床去查询自己新买房子的住宅建设用地使用权还剩几年。这一查，小憬更心凉了，自己刚买的房子建设用地使用权只剩不到30年了，但买房的贷款就得还20多年。小憬彻底蒙了，难道刚还完贷款没几年，这房子可能就不归自己了？

解读

房地一体主义

《中华人民共和国物权法》（以下简称《物权法》）上有一个

原则,叫作"房地一体主义",指的是房子和它所在的这片土地是一个整体,必须同时处分,也就是我们常说的"房随地走,地随房走"。房子和土地,在法律上的权利表述,就是房屋所有权和住宅建设用地使用权。比如,小憎从开发商那儿买了一套住宅,开发商向他转让的是什么呢?转让的标的物有两个,一是这套住宅和附属设施的所有权,二是这套住宅和附属设施所对应的住宅建设用地使用权。虽说是一个整体,但这两者也不能混为一谈。房屋是属于买房人的私人财产,享有永久的所有权和使用权。而土地是国家的,住宅建设用地使用权是有期限的。

由于历史原因,确实有一部分商品房像李四亲戚的房子那样,住宅建设用地使用权只有20年,但大多数的住宅都是70年。不过,无论是20年还是70年,都有到期的一天。所以,只要你有一套房子,你就可能会担心,住宅建设用地使用权到期了怎么办?到期后,你的房子还是你的吗?关于这个问题,大家可以放心,房屋所有权肯定还是你的,而对于住宅建设用地使用权到期后是不是要被国家收走的这个问题,国家陆续出台了一些法律规定,但是各个规定却有着一些不同,甚至有些许矛盾之处。这些不同或者矛盾之处主要体现在两个方面。

(一)"住宅建设用地使用权"如何启动续期,是自动续期还是申请报批续期?

原《物权法》第一百四十九条规定:"住宅建设用地使用权期间届满的,自动续期。"这里的"自动续期"是指住宅建设用地使用权的续期不需要当事人向相关政府部门申请、批准，就可以自动延长。

但《中华人民共和国土地管理法》（以下简称《土地管理法》)、《中华人民共和国土地管理法实施条例》（以下简称《土地管理法实施条例》)、《城市房地产管理法》等法律却规定土地使用权需要"申请报批续期"，即土地使用权使用期限届满后，土地使用者需要于届满前一定时间内申请续期，申请经批准后方可续期；如土地使用者未申请或申请未被批准的，则其土地使用权由国家无偿收回。

（二）关于续期费用缴纳及标准也存在一些不同：是无偿续期，还是有偿续期？

《物权法》告诉我们，这个土地使用权是自动续期，但是不是免费续期呢？没有说。有人认为，自动续期就包含了免费续期的意思。但实际上，《物权法》《土地管理法》《土地管理法实施条例》并没有明确续期费用标准。

《民法典》中对住宅建设用地使用权限的更新

但是，前面说的矛盾和争议，随着《民法典》的出台有了统一的结论，《民法典》施行后，《物权法》同时废止。《民法典》在吸收《物权法》规定的基础上，进一步完善了相关内容。《民法典》第三百五十九条规定："住宅建设用地使用权期限届满的，自动续期。续期费用的缴纳或者减免，依照法律、行政法规的规定办理。"该条规定确定了两点:(一)住宅建设用地使用权期限届满的,自动续期,无须办理申报手续;(二)需要缴纳续期费用,续期费用可以进行减免。

看到了《民法典》的这条规定,小懵总算放心了,虽然自己买的二手房住宅建设用地使用权只剩不到30年,但是到期后会自动续期,不需要再进行申请、审核、批复等手续,这可就省事多了。

借着小懵的这个故事,我们在这里也要提醒大家,买房子是大事,无论是新房子还是二手房,可不能只看表面的装修,要全面了解房屋和产权的情况,以免吃亏上当。

55 不是我的房子，能安心住吗？

随着社会的发展，老年人的生活也越来越多姿多彩，席卷各大广场的广场舞、公园凉亭的诗词会、社区里的合唱团，老年人在丰富的休闲活动中愉悦了身心，甚至再度收获了温馨的感情。

> **案例**
>
> **二婚后房产加名的分歧**
>
> 小憎的父亲就是这样。小憎的母亲走得早，小憎的父亲退休后为了打发无聊的时间，加入了小区的广场舞社团，在社团里认识了同样单身的李阿姨，两人常常一起搭档跳舞，有时也相约一起遛弯，聊聊家常，渐渐产生了感情。小憎的父亲听说李阿姨是租房住的，便热情邀请李阿姨搬来自己家住，计划着先领结婚证，再在房产本上加上李阿姨的名字。
>
> 小憎听父亲提起这件事，内心开始不安起来，独居的父亲有人照顾是好事，可是如果这位李阿姨有自己的小心

> 思,想霸占房产怎么办？于是小懵提出，李阿姨可以在房子里一直居住，但房产本上就别加名字了。但李阿姨却不同意，她说自己找个老伴就是想互相照顾，不在房产本上加名字，万一小懵的父亲先走了，到时候小懵把房子收回去，自己还是居无定所。一家人一下子陷入了尴尬的境地。

解 读

《民法典》中的新权利——居住权

以往的法律规定虽然也对房屋居住作出了一些规定，却没有办法解决这个问题，如租赁合同，但租赁合同的租期是有限制的，最长不能超过二十年。

这时《民法典》物权编设定的新权利"居住权"可就要发挥大作用了，其中规定："居住权人有权按照合同约定，对他人的住宅享有占有、使用的用益物权，以满足生活居住的需要。"根据上述规定可以看出，居住权是物权的一种，属于用益物权。

用益物权是什么意思？都是住别人的房子，这跟租房住又有什么区别？

这里要提醒大家，这区别可大了。租房子我们拥有的是租赁权，租赁权是随着租房合同产生的，是债权，债权是相对的，只能在双方、多方之间有效力。而物权是绝对权，对世界上的任何人都可以主张相应权利。正所谓"乞丐的茅屋，风能进，雨能进，国王不能进",居住权作为一种与人身紧密关联的利益,意味着对房屋的专属的、排他的利用,房屋所有权的转让不影响居住权的行使。为了更完善地保护居住权人的利益,《民法典》还规定了除非当事人之间另有约定,否则设定了居住权的房屋不得出租。

而且,租赁权存在最长不得超过二十年,超过部分无效的限制,而居住权不存在这样的限制。此外,租房子我们肯定是要交房租的,但居住权一般是无偿设立,是不需要支付相应费用的。当然,如果双方之间就费用达成约定,也可以按约定付费。

那么居住权如何设立呢?根据《民法典》规定,首先双方要签订书面的居住权合同,然后向登记机构申请居住权登记,居住权自登记时才设立,没有登记的,不发生设定居住权的效力。此外,居住权还可以通过遗嘱的方式来设立。

上面的解释听下来,李阿姨可以安心了,就算不进行领证、在房产本上加名字这些容易激发家庭矛盾的事项,也可以通过设定居住权的方式保障自己晚年有一个稳定的住所,即使不是自己的房子,也能安心住了。

可是小懵还是不踏实,居住权这么完善,万一李阿姨把居住权转让给别人,那房子不就收不回来了?

《民法典》对居住权的限制

其实《民法典》对于居住权也设定了限制性的条件,居住权只能保障居住权人自身的居住权利,但是不能转让,也不能继承。

所以李阿姨可以自己住，但是李阿姨不能把居住权转让给别人，这个权利也不能被李阿姨的继承人作为财产来继承。同时居住权是可以设定期限的，双方可以共同约定，5年、10年、20年都可以，当然也可以终身有效。这里需要单独说明一下，无论居住权约定了多长时间，只要居住权人死亡的，居住权就自动消失。居住权消失的，应当办理注销登记。

听到这小懵放心了，给李阿姨设定居住权，父亲的晚年能有人照顾，李阿姨也能住在这个房子里养老，两位老人百年之后，自己也可以顺利把房子接手过来。

居住权的应用

其实《民法典》新设立的居住权不仅可以解决小懵家的问题，也适用于生活中的很多场景。我们一起来看几个例子。

比如小懵和小美要结婚，小懵婚前在父母的资助下已经买了房子，为避免房产本上是否加上小美的名字等问题带来家庭内部矛盾，小懵可以给小美设立居住权，"我的房子永久免费给你居住"也不失为一种浪漫的承诺。

再比如小懵的父亲打算把自己的学区房过户给小懵，这样就可以解决孙子上学的问题，但同时又担心自己没了房子，万一小懵以后头脑犯蒙不孝顺，自己连养老的住处都没有。这种情况下，小懵的父亲可以设定居住权，即使以后小懵不孝顺或者出卖房屋，小懵的父亲根据已办理登记的居住权也能够保障自己安度晚年。

居住权还可以适用于孤寡老人的养老问题。比如张老先生的老伴去世，自己无儿无女，也没有其他继承人。他退休后收入大幅降低，只有一间房子。现行法律下，很多老人会将房子抵押给金融机构，获得养老金直到去世。但一些机构以此为名，骗取老人房产，导致老人不知不觉中被贱卖房产，最终赔了房子又失去了住所。有了居住权的规定，张老先生就可以以房养老，把房屋出售给暂时没有居住需要的买方，提前拿到卖房子的钱，再签订合同设立居住权。这样，张老先生既能获得大笔养老经费，也能确保自己可以安居到老。

当然，居住权入法后也带来了新的法律风险。新增居住权实际上是把房屋的居住权和所有权分开，设立了居住权的房屋，自由处置时就会受到限制，在房屋交易过程中可能会遇到障碍。就像我们前面提到的，居住权可以对抗房屋所有人，即使房屋完成了过户，也可能因所购买的房屋已经登记了居住权，导致买房者无法入住。

因此，我们在日后的房屋买卖过程中，不能忽视居住权，买房的时候不仅需要查询房屋的权属、司法查封、设立抵押等情况，还必须查明房屋是否登记有居住权，防止买了房却不能住的情况发生。

56 { 让霸座无处可逃

每逢假期，全国都会迎来旅游热潮，大家怀着"世界那么大，我想去看看"的美好心情，踏上了旅途。但小懵没想到，他期待已久的旅行却被一次霸座破坏了。

案例

买了高铁车票却被占座

小懵早早就计划要去厦门鼓浪屿来一场文艺青年的旅行。他买好高铁票，背着包哼着小曲走进了车厢，找到了自己的座位后，却发现座位上坐着一位正在打盹的大爷。小懵又看了看手里的票，确定这就是自己的座位，便轻轻推了推大爷："大爷您好，您是不是坐错座位了？"大爷睡眼惺忪地看了小懵一眼，说："没坐错啊，这就是我的位置。"说着掏出了车票，居然正是这个座位号！这是怎么回事？小懵再仔细一看，原来大爷的乘车区间不对，按照这位大爷拿的票，他在这一站就该下车了。小懵指了指车票上的终点站说:"大爷您该下车了。"大爷却回答:"我还早着呢,我哪站下我自己知道。"说着转身又睡了。小憕明白了,这不就是买短乘长吗?小憕捏着车票尴尬地站在旁边,不知如何是好。

这时乘务员过来了,小憕找乘务员说明了情况,乘务员便走过去检查大爷的车票,谁知引发了一场闹剧。大爷拒绝配合检查,在乘务员要求他下车时,大爷抓着车厢门喊道:"不让我坐车,你们也别走!"导致列车已经到了发车时间却迟迟不能出发。最终,大爷被车站管理人员带走了,小憕终于坐上了自己的座位。

解读

法律对扰乱公共交通工具秩序的规定

相信这样的场景我们并不少见。随着出行途径的多样化和便捷化,社会生活了出现豪横霸座的群体,从天上的飞机到地上的高铁,引发的事件甚至登上了热搜榜单。此类行为无疑是不文明、不道德的,可是仅凭道德上的谴责却很难对这些行为进行有效的规制。

小憕遇到的蛮横大爷扒车门导致车辆晚点的行为扰乱了公共秩序,依据《治安管理处罚法》有关规定,对于扰乱公共汽车、火车或者其他公共交通工具上的秩序;非法拦截或者强登、扒乘机动车、船舶以及其他交通工具，影响交通工具正常行驶的，处警告或者 200 元以下罚款；情节较重的，处五日以上十日以下拘留，可以并处 500 元以下罚款。

上述处罚显然是比较严格的，这是因为逼停列车造成的危害性不可小觑，相应的铁路运输资源有限，任何一列列车的运行都是经过精心安排的。倘若一趟列车被逼停导致晚点，就会造成大面积的列车运行受阻。这对全国铁路网而言有着难以估量的影响，甚至可能导致大批旅客被迫滞留车站。所以，对逼停列车的行为零容忍，根据相关法律对其进行处罚，也是为了保障更多人的利益。

《民法典》对被霸座者的救济

"霸座"其实不是一个法律概念，正式的法律表述应当是"使用非本人的座位"。过往法律规定的重点在于客票的有效性，旅客无票乘运、超程乘运、越级乘运或者持失效客票乘运的，应当补交票款。但对于乱坐座位、乱乘车次、购买站票却霸占他人座位等行为并未做出明确规定。

而《民法典》在原有规定的基础上进一步细化了客运合同当事人的权利和义务，《民法典》第八百一十五条第一款明确规定："旅客应当按照有效客票记载的时间、班次和座位号乘坐。旅客无票乘坐、超程乘坐、越级乘坐或者持不符合减价条件的优惠客票乘坐的，应当补交票款，承运人可以按照规定加收票款；旅客不支付票款的，承运人可以拒绝运输。"

《民法典》不仅强调客票的有效性，更强调客票的准确性，明确要求乘客按照客票记载的时间、班次和座位号乘坐，将道德义务上升为法律之规，妥善维护乘客的权利。

上述规定为被霸座者提供了维权依据，并开辟了救济路径。依据《民法典》的规定，在乘客购票成功的那一刻起，乘客与承运机构的客运合同就已经生效，购买车票时选定的车次座位就是合同的条款，乘车入座就是履行合同。《民法典》明确规定旅客应该对号入座，这样一来，霸座就不仅是一种不道德的行为，更是一种违法行为。霸座者不按约定乘坐，即违反了合同约定，铁路公司可以凭此起诉霸座人。此外，霸座者霸占了他人座位，这是一种侵权行为，侵犯了被霸座人的使用权，因为被霸座人付出金钱却不能落座。

《民法典》不仅细化了客运合同中当事人的权利和义务，也提高了违法成本。霸座行为居高不下，一方面是由于有关乘客和承运人的权利义务约定过于简单，缺乏操作性，也未规范占座乱坐的法律后果，导致被霸座者难以维权；另一方面，在不借助公权力的情况下，霸座者的违法成本过低，道德的声讨不足以产生任何约束，似乎只要脸皮够厚就能所向无敌。对此，《民法典》进一步明确了霸座的法律后果。首先，明确乘客严格按票入座的义务，包括座位、班次、时间等，违法霸座将承担补交差价、票款的责任。其次，基于运输合同关系，明确承运人有为乘客提供其本该享有的权益的义务,在发生霸座等行为时,有权按规定加收票款或拒载霸座者。在人流量庞大且繁杂的车厢环境中,霸座极其容易引起纠纷,产生推挤摩擦,扰乱正常的交通秩序。而上述规定,有利于保障旅途安全,减少冲突纠纷。

最后,实名制乘客丢票的法律处理也很值得关注,实践中为防止逃票,乘客丢失客票后需要补价补票。但在实名制联网购票的背景下,购票的行径一览无余,要求补价略显不公。《民法典》第八百一十五条第二款明确规定:"实名制客运合同的旅客丢失客票的,可以请求承运人挂失补办,承运人不得再次收取票款和其他不合理费用。"这样的规定合情合理,也体现了法律的公序良俗原则。

《民法典》划出了一条车厢中的法律底线,对霸座等不文明乘车行为,不再停留于道德谴责层面,每个乘客都有权得到法律保护并接受法律约束,人人均应文明乘车。这有利于维护正常的交通出行秩序,提升社会文明水准。

实操指南

面对被霸座,如何处理

如果在生活中发生了"霸座"情况,我们可以立即向乘务人员反映,由乘务人员与霸座人沟通处理,减少言语或肢体冲突。乘务人员要做好对号入座的提示,主动检查或及时回应霸座行为，采取合理措施规劝霸座者，必要时可要求其支付或补交所占座位的相应费用。对于霸座者侵害其他乘客合法权益的行为，承运人也可选择拒载，必要时报警处理，维护交通文明出行。

57 见义勇为不赔偿，好意同乘可减责

见义勇为是中华民族的传统美德，"路见不平一声吼，该出手时就出手"是对见义勇为的生动诠释，小懵最近就当了一次果断出手的民间英雄。

案例

见义勇为却担心反被索要赔偿

这天，小懵和小美在河边散步，突然听到一阵呼救声，他们循声望去，发现不远处河水里有一个人影正在挣扎。小懵连忙跑过去，只见溺水者呼声渐弱，眼看就要撑不住了，便毫不犹豫地跳下水救人。溺水的人体形偏胖，小懵拽着他的一只胳膊，奋力将人拖上了岸。小美早已打了120，两人乘救护车将溺水者送至医院救治。

因为小懵及时施救，溺水者并无大碍，但胳膊却因为小懵情急之下的拖拽造成了轻微骨折。小美听医生说完伤情突然有些担心，万一溺水者向小懵索要赔偿怎么办？

> "英雄流血又流泪"的故事可不少,小憎一听也有点慌了,那么小憎究竟需不需要赔偿呢?

解读

法律上对见义勇为的规定

对上述问题,《民法典》给出了明确的答案,第一百八十四条规定:"因自愿实施紧急救助行为造成受助人损害的,救助人不承担民事责任。"这也是我们所说的"见义勇为不担责"。那么满足什么条件才属于法律上规定的见义勇为呢?总结起来有三点:

(一)紧急性。见义勇为是制止正在发生的违法犯罪行为或者在救人、救灾时实施的紧急救助行为,具有一定紧急性,这也是见义勇为与一般的助人为乐行为的主要区别。

(二)自愿性。见义勇为构成的前提应当满足行为人没有法定职责、法定义务或者约定义务这一条件,即自愿性。所以,像人民警察依法实施救助或监护人对被监护人的救助等行为都不能评价为见义勇为。

(三)利他性。见义勇为应当具有利他性,即是为了保护国家、社会公共利益,或者他人的生命财产利益。对自身利益的保护不属于见义勇为,当然视情况可能构成正当防卫或者紧急避险。

根据上述规定,在有人溺水的紧急情况下,小憎并没有法定义务去救助溺水者,但他依然实施了救人的行为,虽然不慎导致溺水者轻微骨折，但因为小憎的行为属于见义勇为，所以无须承担赔偿责任。

近年来，"扶不扶""扶不起"成了社会痛点，不少人对见义勇为畏首畏尾，不愿意再做好事，怕惹祸上身。究其原因，一是害怕自己因为见义勇为受伤，最终要自己承担医药费；二是担心自己因见义勇为导致他人受伤，最后还要承担别人的医药费。《民法典》设立的"好人条款"为见义勇为者撑起了保护伞，除了"见义勇为不担责"的规定之外，《民法典》第一百八十三条还规定："因保护他人民事权益使自己受到损害的，由侵权人承担民事责任，受益人可以给予适当补偿。没有侵权人、侵权人逃逸或者无力承担民事责任，受害人请求补偿的，受益人应当给予适当补偿。"上述规定给见义勇为者吃了颗定心丸，最大限度免除好人仗义出手的现实之忧。

这样的规定也顺应了民意，对见义勇为者的英勇表现予以肯定，同时在认定其是否存在过错时持宽容态度。因为见义勇为一般存在紧迫性，不容许当事人有充足的时间考虑，因此不能苛责见义勇为者承担通常情况下才能达到的注意义务。

案例

顺路载同事回家却遇车祸

小憎下班时，经常免费搭载住在同一小区的同事小李一道回家。可是某日回家路上，小憎沿高速公路行驶时，

> 遇到前方发生交通事故导致道路堵塞，小懵避让不及，与前方重型半挂牵引车追尾，造成同乘人小李受伤。经交警认定，小懵应负此次事故的全部责任。那么对于小李受的伤，谁来承担责任呢？虽然小李确实是因搭车而受到了损伤，可小懵也很冤枉，如果做好事还得承担责任，那他心中肯定会愤愤不平。

解读

《民法典》中的"好意同乘"条款

与"好人条款"类似，《民法典》中类似的规定还有"好意同乘"条款。顺路搭车、好心载人，都是生活中常见的情景。在法律上，非营运机动车驾驶人无偿搭载乘车人的行为属于好意同乘。上述案例中，小懵免费搭载同事就属于此类行为。

对于小懵案例中的情况，《民法典》第一千二百一十七条首次作出规定："非营运机动车发生交通事故造成无偿搭乘人损害，属于该机动车一方责任的，应当减轻其赔偿责任，但是机动车使用人有故意或者重大过失的除外。"

也就是说，如果在交通事故中，交警认定属于小懵的责任的，小懵应当对小李受伤予以赔偿，但应当减轻小懵的赔偿责任。因为好意同乘是驾驶人在未收取乘车人任何费用的情况下，允许乘车人搭乘其驾驶的机动车，符合社会道德和绿色出行理念，应受到鼓励和支持。如果发生道路交通事故造成损害，要求驾驶人与一般客运合同的承运人如出租车、公交车司机等承担同样的损害赔偿责任，显然是不公平的。

但反过来说，好意同乘并不表示完全免除驾驶人的责任，也绝不意味着同乘人自愿承担乘车风险，驾驶人也不能因为无偿而置好意同乘者的生命财产于不顾。所以根据公平原则，《民法典》规定可以减轻驾驶人的赔偿责任。

要构成法律意义上的好意同乘需满足以下三个条件：（一）非营运性，同乘人搭乘的是非营运性机动车辆，出租车、公交车都属于营运性机动车辆，非机动车不属于此范围。（二）无偿性，好意搭乘是一种无偿搭乘行为，好意人不向同乘人收取报酬。虽然有的同乘人也支付了一定费用，但只要好意人不以营利为目的，仍属于好意同乘的范畴。（三）合意性，同乘人的搭乘行为是经好意人同意的，包括邀请和允许。未经同意而搭车者，不构成好意同乘。

应注意的是，好意同乘造成乘客损害，驾驶人的责任性质应为一般侵权责任。《道路交通安全法》第七十六条将交通事故中的机动车一方评价为物理上的强者，机动车一方对于非机动车一方、行人所承担的责任要比机动车之间的责任更为严格。但机动车一方内的驾驶人和乘车人之间，应适用一般侵权规则。为贯彻对有偿受益人的保护高于对无偿受益人的保护的原则以及鼓励相互帮助、好意施惠等行为，即使驾驶人有一般过失的，也应当根据案件具体情况，减轻驾驶人的责任。

当然，并非所有的免费搭乘都是好意同乘，酒店、大型超市为促进经营提供的免费班车，房产开发公司的免费看房车等，都系以营利为目的，不属于好意同乘，发生交通事故造成乘客损害的，不适用好意同乘条款。同时搭乘人有过错的，应当适当减轻被搭乘方的责任，实践中主要表现为明知机动车存在超载、驾驶员酒后驾驶或未取得驾驶资格等行驶风险，受害人仍坚持搭乘等。

《民法典》设置了相应的条款来保护见义勇为、助人为乐的行为，更有助于倡导良好的社会风尚，也让我们能没有后顾之忧地向他人伸出援手，但见义勇为者在施行紧急救助时需注意方式、方法，在保护自身的同时，尽量减少给受助人或其他人造成的伤害。在好意搭载他人时更应注意行车规范，牢记"道路千万条，安全第一条"。

58 守护头顶上的安全

随着城市高层建筑增多,高空抛物、坠物也成了悬在城市上空的痛,如何守护头顶的安全,受到伤害如何救济成了大众讨论的焦点。这不,小憎最近就遇到了这样的烦心事。

案例

天降无主鸡蛋

这天小憎刚走出门,突然天降鸡蛋,正好砸到了小憎的脑袋上,当场就给小憎砸晕了。大家可能会觉得奇怪,小小鸡蛋一磕就碎,还能给人砸晕?我们来听一下相关数据:一个30克的鸡蛋从4楼抛下来就会让人起肿包,从8楼抛下来就可以让人头皮破损,从18楼抛下来就可以砸破行人的头骨,从25楼抛下来可使人当场死亡。我们可以看出,在重力加速度的作用下,一颗鸡蛋都可能成为致命凶器。

小憎被紧急送往医院救治,医生诊断为脑部外伤加轻

> 微脑震荡，治疗费用、护理费用等花费了7万多元。小区物业进行了调查，却没有查出是谁扔下了这枚鸡蛋。小懵的家人气愤极了，将整栋大楼的住户都告上了法庭。

解读

《民法典》对高空抛物的规定

类似事件法院会怎么处理呢？在审判实践中，这类案件确定被告的难度很大，同时绝大多数被告既没有主观过错，也没有实施高空抛物的行为，只因无法提供自己没有实施高空抛物行为的证据，从而被判决承担责任。于是，很多被告对判决不认可，也不愿主动履行判决结果，导致的结果往往是原告胜诉了，却迟迟拿不到赔偿。

对此，《民法典》从责任查明、侵权主体确定的逻辑顺序上做出了合理化调整，《民法典》第一千二百五十四条第一款规定："禁止从建筑物中抛掷物品。从建筑物中抛掷物品或者从建筑物上坠落的物品造成他人损害的，由侵权人依法承担侵权责任；经调查难以确定具体侵权人的，除能够证明自己不是侵权人的外，由可能加害的建筑物使用人给予补偿。可能加害的建筑物使用人补偿后，有权向侵权人追偿。"该法条还规定，公安等机关应当依法及时调查，查清责任人。

结合小懵的经历来说，小懵被砸晕后，小懵的家人可以报警处理，由公安局民警来勘查事发现场，查清责任人。如果不能确定具体侵害人，再由可能加害的建筑物使用人给予补偿。

通过上述案例及规定我们可以看出，《民法典》明文规定"禁止从建筑物中抛掷物品"，将高空抛物列为法律禁止性行为。该规定不仅从道德上，更从行为规范和法律层面上确立了抛掷物品的不法性，对该严重威胁公共安全和他人合法权益的行为作出否定性评价，明确了高空抛物行为造成他人损害的，首先应当由直接行为人承担赔偿责任。

其次，《民法典》还设置了有力的前置解决机制，点名公安机关查清责任人，确立公安等机关的调查责任。高空抛物问题最大的难题在于受害人因举证能力的局限和调查权限的欠缺，无法提供确定侵权人的证据，进而导致维权的困难。《民法典》的亮点之一在于明确规定发生高空抛物情形的，公安等机关应当依法及时调查，查清责任人。这样，既能通过公安等侦查机关的介入，增加警示行为人从事高空抛物的威慑力，又能通过公安机关专业的调查能力、多样的调查手段，最大概率地查清责任人，方便受害者及时获得救济，解决了高空抛物事件中被侵权人举证困难的问题，也在很大程度上增加了查清责任承担主体的概率。

同时，《民法典》还明确可能加害建筑物使用人的追偿权。在发生抛物、坠物事故后，经公安机关调查难以确定具体侵权人的，出于对受害人救济、督促发现真正的行为人和有效预防高空抛物行为的考虑，《民法典》坚持了由可能加害的建筑物使用人给予补偿的规则。但是，这样的处理结果，容易让社会大众产生困惑：让没有抛物的人"连坐"，为别人的错误买单和承担责任似乎不太公平。据此，《民法典》在责令可能加害的建筑物使用人给予补偿的同时，增加了"可能加害的建筑物使用人在补偿后，有权向侵权人追偿"的内容，进一步明确可能加害人承担的是一种垫付责任，其在承担补偿义务后享有对侵权人的追偿权，从而让侥幸暂时开脱的真正侵权人承担法律责任，免于可能加害人的"连坐责任"，真正彰显司法的公平。

最后，《民法典》明确了物业服务企业的法律责任。小区物业服务企业与人们的生活关系密切，《民法典》专门针对高空抛物、坠物问题，明确了物业服务企业等建筑物管理者的安全保障义务及责任，物业服务企业等建筑物管理人未采取必要的安全保障措施防止建筑物抛掷物品、坠落物品的，也应当对损害后果依法承担未履行安全保障义务的侵权责任。这样的规定可以督促物业服务企业依法履行宣传、防护、管理职责，采取安装监控、防护网等措施，最大限度地避免高空抛物对业主或其他人员造成损害，也能够在发生抛物、坠物事件后及时查找到真正侵害人。

《刑法》对高空抛物刑事责任的认定

法律是道德的底线，而引导社会良善价值，扶起失范的道德也是法律的任务之一。对高空抛物这一社会恶行，我国不仅在《民法典》中规定了民事责任，在最新颁布的《刑法修正案

(十一)》中也规定了相应的刑事责任。《刑法修正案(十一)》第三十三条规定,在《刑法》第二百九十一条之一后增加一条,作为第二百九十一条之二:"从建筑物或者其他高空抛掷物品,情节严重的,处一年以下有期徒刑、拘役或者管制,并处或者单处罚金。有前款行为,同时构成其他犯罪的,依照处罚较重的规定定罪处罚。"这一规定将高空抛物明确规定为《刑法》禁止的行为,与此前发布的《最高人民法院关于依法妥善审理高空抛物、坠物案件的意见》互为补充,将全方位规制高空抛物的行为。

实操指南

如何避免高空抛物、履行相应职责

面对高空抛物,物业管理企业应当履行好相关职责,做好以下几点:

第一,加装必要的监控、安保设施,设置相应的告示、警示标志,并在容易发生高空抛物、坠物的区域设置相应的雨棚、拦阻网等防护措施。

第二,积极开展法律宣传,加强居民法律意识。

第三,检查、排查建筑物自身风险、隐患,明确建筑物各部位的管理责任人,建立相关台账,随时备查。

第四,要增强员工的法律意识,当出现高空抛物、坠物造成他人损害事件后,要积极配合公安、法院等部门的调查取证工作。

  居住在高层房屋内的居民也需具备"高空抛物需担责"的意识，管好自己及家人的行为，清醒地认识到随意抛物可能造成不可预测的严重危害；定期排查自家设施的安全隐患，如墙皮、窗户、空调支架等是否牢固，阳台、窗台上的花盆、衣架等容易被风吹掉的物品是否妥善放置。

  此外，我们平时出门在高楼下行走时，也要提高警惕，大风雷雨天气尽量减少户外活动。

59 别让宠物变成伤人的恶犬!

随着社会经济的发展,人们养宠观念的改变,现在喜欢养宠物、晒宠物的人越来越多,宠物也成了很多家庭的重要成员,它们的存在不仅给人带来心情上的愉悦,同时也是一种情感与精神上的寄托。但宠物给我们带来陪伴的同时,也产生了诸多法律风险,尤其是近年来宠物伤人事件时有发生,被烈犬咬伤甚至死亡的人也不在少数。

> **案例**
>
> **出门遛狗未牵绳致人受伤**
>
> 说起宠物伤人,小懵可太有发言权了。小懵的邻居养了一只泰迪,名叫"豆豆",豆豆机灵又可爱,非常招人喜欢,小懵经常和邻居一起带着豆豆在小区散步。一天,邻居临时要出差,便拜托小懵照顾豆豆,小懵拍拍胸脯,满口答应:"包在我身上!"
>
> 邻居叮嘱:"出门可一定要戴牵引绳啊!"然而邻居走

後，小憎给豆豆戴牵引绳时，豆豆却表现出了强烈的抗拒。小憎觉得豆豆平时乖巧可爱又听话，就算没戴牵引绳也不会产生什么坏的影响，就这样带着豆豆出门了。没想到豆豆一出门就开始撒欢儿奔跑，这时一个小孩正在路边玩，豆豆兴奋地扑了上去，孩子被扑倒在地受伤了。

解读

《民法典》对动物饲养人责任的划定

那么豆豆的行为导致小孩受伤，该由谁来承担责任呢？《民法典》给出了明确的答案，第一千二百四十六条规定："违反管理规定，未对动物采取安全措施造成他人损害的，动物饲养人或者管理人应当承担侵权责任。"动物饲养人就是我们常说的动物的主人，邻居将豆豆交由小憎占有和管理，小憎就被称为动物的管理人。在此次事件中，小憎作为管理人，在遛狗时没有拴绳，没有采取必要的安全措施，所以面对小孩受伤的情况，小憎要承担侵权责任。

另外需要提醒大家，《中华人民共和国动物防疫法》第三十条第二款明确规定："携带犬只出户的，应当按照规定佩戴犬牌并采取系犬绳等措施，防止犬只伤人、疫病传播。"遛狗拴绳的规定已上升至法律，大家可一定要注意了。

在上面的案例中，热情的豆豆扑倒了小孩，导致小孩受伤，那如果豆豆被拴在小懵院子里，小张过来对豆豆多次踢打、拽耳朵、拉尾巴，激怒了豆豆，导致豆豆咬伤了他，又应该怎么处理呢？面对这种情况，《民法典》也设置了免责条款，如事件由被侵权人的故意或重大过失引起，动物管理人将不承担或者减轻责任。小懵将豆豆拴在自家私人区域内并束有狗绳，已尽到相应的防范义务，而小张踢打、拽耳朵、拉尾巴等行为已超出正常逗狗范畴，存在被咬伤的风险，小张明知风险却依然冒险行事，其身体损伤是自己故意造成的，在这种情形下，小懵可以不承担或者减轻责任。

但是，如果豆豆不是娇小的泰迪，而是庞大的藏獒，那么情况可就又不一样了。比如，小懵牵着一只藏獒在小区遛弯，突然藏獒向前方的小张扑去，尽管小懵及时拉住了牵引绳，藏獒并未实际接触到小张，但小张受到惊吓，在后退过程中摔倒并造成骨折。小张要求小懵赔偿，但小懵认为，自己已经尽到了注意义务，系好了牵引绳，狗也并未实际接触到小张，自己不存在过错。那么这种情况下，小懵是否需要赔偿呢？从司法实践中的法院判决来看，宠物犬致人损害的方式具有多样性，并非只有与人身体有直接接触的撕咬、抓挠等行为，宠物犬靠近陌生人进行吠、嗅等行为也完全可能引起他人恐慌，进而引发身心损害的后果。《民法典》第一千二百四十七条规定："禁止饲养的烈性犬等危险动物造成他人损害的，动物饲养人或者管理人应当承担侵权责任。"事发时小懵牵领的藏獒明显属于禁止饲养的烈性犬，小懵对该犬造成的损害依法应当承担侵权责任。

如果上述事件中,小张主动挑衅,拽了藏獒的尾巴,藏獒随即上前扑咬,导致小张受伤,小懵是否可以根据被侵权人的过错而适当减轻责任呢?答案是不可以。《民法典》第一千二百四十七条中并未规定免责条款,可见,禁止饲养的烈性犬致人损害的,并不存在免责情形。一旦小懵饲养的藏獒造成他人伤害,不论受伤的一方是否存在故意挑衅或者重大过失,也不论小懵是否履行全面注意、防范的管束义务,小懵都要全面承担侵权责任。

流浪动物原主人与喂养人责任的划定

在讨论完有主人的宠物之后,我们再谈论一下流浪动物。很多宠物主人一时冲动购买了宠物,后来因为觉得麻烦、宠物生病等原因丢弃,尤其春节前,很多人要返乡过年,但宠物店寄养费用高昂,一些主人就选择了遗弃。甚至现在某些平台上竟然公开售卖活体宠物盲盒,几十元就可以买到,随机发货,不接受退换,交易数达上千次。买家收到的,毫无疑问,全是病恹恹的小动物,这种宠物被遗弃的概率更高。在这里我也想呼吁大家,一定要理性思考后再购买宠物,购买时要有终身负责的意识,更提倡大家用领养代替购买,给小生命们一个温暖的家。

对于被遗弃的动物造成损害的,《民法典》也有特殊的规定,第一千二百四十九规定:"遗弃、逃逸的动物在遗弃、逃逸期间造成他人损害的,由动物原饲养人或者管理人承担侵权责任。"在当前时代，科学技术高速发展，寻找被遗弃动物的主人也并非难事，如果不负责任地随意遗弃，那么造成损害的，原饲养人或者管理人仍然需要承担责任。

公共场所中的流浪动物致人损害的，则需要分情况讨论。一般情况下，如果无法确定流浪动物的管理者，受害人只能自担风险。但有两种情况比较特殊。第一种情况，如果有人长期投喂该流浪狗，并让流浪狗居留在特定的小区，那么就会构成特殊的饲养关系，喂养人作为动物管理人，便应当承担相应的侵权责任。另外一种情况是在学校、商场等公共场所中，这些公共场所的管理者如果未尽到对学生、顾客的人身和安全保障义务，那么公共场所的管理者也应当对流浪狗咬伤他人的行为承担侵权责任。

在此，我也提醒大家，在外遇到他人饲养的宠物或流浪动物时，不要伸手触摸，不要故意挑逗，尤其是儿童的监护人，要注意保护好孩子。作为宠物的饲养者或管理人，带宠物出门时，应当按照要求采取必要的安全措施，如系好牵引绳、戴上嘴套等，同时注意不要违反规定饲养烈性犬，更不能随意遗弃宠物。

60 自己的错误自己承担,用人单位不再是"冤大头"

企业经营存在风险,有时这不仅是经营利益的损失,甚至还会因员工执行工作时的侵权行为而要对外承担赔偿责任。不过,公司对外承担责任之后,还有没有要求员工对企业进行赔偿的权利呢?

如果员工因执行工作任务而致人损害的,公司需要对外承担赔偿责任,许多企业为此苦恼不已。虽然公司必然会承担一定经营风险,但员工过错完全由公司承担,对公司来说也并不公平,小憎最近就碰上了这事。

案例

员工工作期间发生交通事故

小憎与朋友共同出资注册了一家公司,专门从事货物运输的业务,本来公司经营一直不错,谁曾想,公司员工在给客户运送货物的途中,与一辆价值不菲的轿车相撞,发生了交通事故。事后经认定,小憎公司的员工负交通事

> 故的主要责任，对方负次要责任。虽然事故没有造成人员伤亡，但是大部分经济损失要由小憏公司来承担，这可把小憏给愁坏了。这事本来就是员工开车运货时违反交通规则造成的，公司也没有过错，难道说这全部的责任都要由公司来承担？公司能对员工进行追偿吗？

解读

工作单位的追偿权

这就涉及员工在履行职务过程中对第三人侵权造成损害赔偿时，单位在担责后是否具有追偿权的问题。可以提前告诉大家的是，答案是肯定的，单位有追偿权，但这种追偿权是有限的，且具有适用的前提。

首先，《民法典》规定，工作人员履行职务过程中侵权的赔偿责任主体为用人单位，这就是民法上的替代责任。替代责任是指存在雇佣关系的前提下，雇员在实施职务行为的过程中侵害他人利益，而法律规定由雇主承担赔偿责任。其前提是替代责任者必须对被替代人拥有一定的监督和指挥的权力，甚至是人身层面的控制权。工作人员从事职务行为毕竟是为了用人单位的利益，因个人能力、工作环境等各种因素限制，失误有时在所难免。基于员工职务行为而产生的利益属于用人单位，如果一味将最终责任承担方确定为工作人员，显然有失公允。现实中，固然有些用人单位为了加强内部管理，减少工作人员失误的发生，对工作中造成的损失做出一些考核性规定，但是这样的内部管理措施或者管理规定并不应成为用人单位免责的借口。由用人单位对外承担赔偿责任，符合侵权法的基本原理，也符合现代法治的基本精神。

通常情况下，用人单位承担替代责任属于正常经营风险，可以通过常态化、制度化内部管理手段在一定程度上予以避免，不存在通过追偿弥补损失的问题。但是，随着社会经济的改变和进步、工作人员经济能力的提高以及法学理论的研究发展，立法层面也考虑到工作人员对用人单位的人身依附性已降到最低限度，用工形式的多样性也导致用人单位对工作人员的管理权限逐渐缩减，用人单位在侵权过程中也是无辜的等因素，就有限制地赋予了用人单位追偿权。现行《民法典》肯定了用人单位的追偿权，明确了用人单位对有故意或重大过失的工作人员的追偿权。如此规定也是为了敦促工作人员在履职过程中能够尽到谨慎的注意义务，避免肆意妄为，善意地完成工作任务，实现用人单位参与社会经济活动的目的。

用人单位的追偿权不是任意、无限的，而是有前提的，其行使的前提是工作人员在执行职务过程中存在故意或者重大过失，比如工作人员在执行职务行为时，故意挟私报复工作对象，或严重违反生产操作规程，从而造成他人损害，用人单位因此要承担赔偿责任的，应准许用人单位向工作人员进行适当追偿。同时应当注意到，证明工作人员存在故意或者重大过失的举证责任，应该由用人单位来承担。工作人员从事雇佣活动时的单纯、轻微的过错行为，不构成追偿的事由。同时，这种追偿只是表明一种诉权，并不代表用人单位当然可以获得全额的追偿，追偿份额需要根据案件的具体情况及工作人员的过错程度来适当分配。

对于小懵这个案例来说，由于小懵公司员工在交通事故中负主要责任，小懵公司在承担侵权责任之后是可以向其员工行使追偿权的，但应当根据交通事故发生的原因等证据，证明该员工存在故意或重大过失。

在此提醒各位，对于员工而言，执行工作任务时一定要依法依规、严格按照操作规范执行，否则一旦造成他人损害，用人单位也不会再为自己的错误买单，甚至自己也要承担赔偿责任；对于用人单位来说，虽然追偿权已获得法律支持，但追偿权的行使仍有条件，可追偿的比例通常情况下不会过高，用人单位仍存在对外承担较大侵权责任的风险。因此，单位必须首先做好员工培训，严格监督员工执行工作任务，以免因用人单位疏于监督管理而对外造成损害，甚至最后因企业过错而难以行使追偿权。

61 小区电梯广告费归谁？《民法典》告诉你

广告植入无处不在，小区电梯里各种视频、海报让业主们苦不堪言，这些广告的投放是否需要经过业主同意，广告收益到底归谁所有，业主是否有权利主张？随着社会的发展，商品的丰富，广告在我们的生活中已是随处可见，广告的形式也展现出了多样化发展的趋势。近年来，光是在一些居住小区中，人们就可以看到越来越多、各式各样的广告，有以海报形式宣传的，有视频推送播放的，甚至有人工用喇叭宣传的。

单拿电梯中的广告来说，有记者了解到，北京的电梯静态框架广告基本上单块广告费在每周120~150元之间，可以播放动态视频的电子广告屏收费更高，甚至以秒为单位计费。我们可以算一下，一个电梯可以安装2~4块静态框架广告，1~2块电子广告屏，一栋楼房有2~3个电梯，假设小区有10栋楼房，粗略算下来，保守估计一年也得有百万元的收入。那么这笔不菲的收入究竟归谁所有呢？这不，最近小懵也遇到了这么一个问题。

案例

电梯广告收益应该归谁所有

小憎所在的小区最近开始安装电梯，按理来说这应该是一件便民利民的好事，但小憎每每等电梯门打开后，就能看到各种医疗美容、线上相亲、网络贷款的广告扑面而来，而且每隔一段时间就会更换。小憎很好奇，到底是谁在出租小区的广告位呢？这些广告收益应该归谁所有呢？小憎给物业公司打电话，询问了这件事。物业工作人员的回复称收入归物业公司所有。小憎很纳闷，他花了这么多钱买了这套房，每年又交那么多的物业费，电梯的收入居然还归物业公司，难道不应该是业主的吗？小憎百思不得其解。

解 读

业主对自身所购房屋享有的权利

那么小憎和物业公司的说法，到底哪一个符合我们现行《民法典》规定呢？要解决这一问题，首先要了解小憎对自身购买的房屋享有什么样的权利。这个问题很简单，相信很多人都可以答出来，小憎享有可以占有、使用、收益、处分的所有权。那么小憎这一所有权的范围如何划分呢？是限于自身房屋之内，还是扩大到整个小区呢？《民法典》第二百七十一条规定："业主对建筑物内的住宅、经营性用房等专有部分享有所有权，对专有部分以外的共有部分享有共有和共同管理的权利。"该规定对业主的所有权进行了划分，在法律上我们将这一划分称之为"建筑物区分所有权"。根据这一条规定，业主的建筑物区分所有权主要包括建筑物专有部分的所有权，对建筑区划内，也就是小区内，专有部分以外的共有部分享有共有权和共同管理权。

针对共有部分的认定，《最高人民法院关于审理建筑物区分所有权纠纷案件适用法律若干问题的解释》第三条列举了共有部分的内容，如通道、楼梯、大堂等公共通行部分，消防、公共照明等附属设施、设备，避难层、设备层或者设备间等结构部分。电梯这种公共通行的部分，也应当是业主的共有部分。

那么，电梯作为业主的共有部分，在电梯中安装广告牌位，是否需要经过业主同意呢？《民法典》第二百七十八条规定，利用共有部分从事经营活动的，由业主共同决定。具体而言，应当首先由专有部分面积占比三分之二以上且人数占比三分之二以上的业主参与表决，其次需要经参与表决专有部分面积四分之三以上且参与表决人数四分之三以上的业主同意。反过来说，如果物业公司未经任何业主同意，私自安装广告牌位，业主可以要求物业公司撤换。但实践中也有观点认为，在不损害业主利益的情况下，物业是可以自行处理电梯广告招租。但从《民法典》的文义角度讲，利用共有部分获得收益，依然需要履行相应的程序并取得一定比例的业主同意。

电梯广告收益的归属

最后,也就是小懵最为关注的问题,广告的收益到底归谁呢?《民法典》第二百八十二条规定,对于物业服务企业或者其他管理人等利用业主的共有部分产生的收入,在扣除合理成本之后,属于业主共有。因此,电梯内投放的广告位,在扣除成本后,原则上属于业主共有,要纳入全体业主的钱袋子里。小懵所在小区的物业公司的说法是明显违反法律规定的。如果物业公司拒绝归还,作为业主,小懵可以联合业主委员会或联合广大业主,以业主委员会或全体业主的名义提起诉讼。另外,根据《民法典》规定,物业服务公司还应当定期将服务的事项、负责人员、质量要求、收费项目、收费标准、履行情况,以及维修资金使用情况、业主共有部分的经营与收益情况等,以合理方式向业主公开并向业主大会、业主委员会报告。小懵作为业主,理应有权知道物业服务公司经费使用与收益情况,要求物业服务公司公布相关账单,如果物业服务公司拒绝公示,业主一方面可以向当地房产行政主管部门举报,另一方面也可以通过诉讼的形式进行维权。

知道了收益归谁所有,那么收益的比例该如何进行分配,是按照业主人数平均分配的吗?《民法典》第二百八十三条规定,建筑物及其附属设施的收益分配等事项,有约定的,按照约定,没有约定或者约定不明确的,按业主专有部分面积所占比例确定。因此,小懵对于自家小区电梯广告位收益在扣除合理成本后的部分,若有约定,就依约定,实务中一般可以约定用于补充专项维修资金,或者通过业主大会业主投票决定用于业主公益活动开展,维修、更新、改造共用设备设施,等等;如果没有约定,则按业主专有部分面积所占比例分配。小懵的专有部分面积也就是我们常说的房屋面积,业主所占比例越大,其享有的收益也就越高,当然相应地,其应当承担的费用分摊等义务也就越大,反之则越小。

除电梯广告费属于业主的共有部分收益外,在此也提醒大家,共有场地的占地费,小区设施的租借费,甚至占用业主共有道路或者其他场地用于停放汽车的车位所产生的收益,等等,只要利用小区共有部分进行营利,产生的收益都属于业主的共有收益,这些收益形式多样,并不局限于电梯间的广告收益。比如,小懵所在的小区新进了一批自动售卖机,这些自动售卖机放置在小区每栋楼房的大堂中央,并且产生了一定的场地费,这部分的费用也是业主共有部分产生的收益,亦应当由全体业主共有。

总体而言,《民法典》加强了对业主的权利保护。在《物权法》时代,相关法律虽然也明确了建筑区划内的道路、绿地、公共场所等场所及其收益归业主共同所有,但由于业主无法了解广告收入的具体收费事项,现实中也很少有人为此主张自己的权利;而《民法典》的出台为业主的权利保障进一步提供了操作指引,有了《民法典》的法律依托,广大业主们可以挺直腰板,直面物业。

本章的分享就到这里,希望业主以及即将成为业主的朋友们加强对自身共有部分共有收益的财产权保护意识,当自身权益遭受侵犯时,不要躺在权利上睡觉,敢于拿起法律的武器,及时维护自身合法权益。

62 《民法典》：从理论到实操，法律为你保驾护航

自 2021 年 1 月 1 日《民法典》正式实施以来，已过去约两年的时间。《民法典》被称为"社会生活的百科全书"，是新中国第一部以法典命名的法律，在法律体系中居于基础性地位，也是市场经济的基本法。下面让我们通过《民法典》实施后上海首例职场性骚扰案件的法院判例，来更加深入地认识它对我们日常生活的影响。

《民法典》首次在人格权编中明确规定禁止性骚扰，规定违背他人意愿，以言语、文字、图像、肢体行为等方式对他人实施性骚扰的，受害人有权依法请求行为人承担民事责任。而在此之前，法律上对于性骚扰的明确规定仅来自于《妇女权益保障法》，但其规定较为笼统，可操作性比较弱。

在该起案件中，受害人在半年内持续受到同事的言语以及肢体骚扰，极其淫秽、低俗。在同事的反复骚扰下，受害人持续抑郁、精神恍惚，一度休病假在家，甚至在案件开庭审理时未能到庭。最终，法院适用《民法典》，判决被告赔偿受害人医疗费、误

工费、护理费、交通费、律师费、精神损害抚慰金等共计9.8万余元，并责令被告书面赔礼道歉。而在此之前，能被认定为存在性骚扰的案例非常少，获得损害赔偿的判决更是少有。

我们可以看到，《民法典》一经实施，立即在日常生活中发挥了巨大的作用。可以预见的是，《民法典》将贯穿在我们生活的始终，在方方面面为我们的幸福生活保驾护航。

实操指南

如何为起诉做准备

那么当我们面临纠纷时，如果想通过起诉保障自身权益，我们需要做些什么准备呢？

第一，在起诉前，我们首先要做的就是确认哪个法院有管辖权，就是说，我们应该向哪个法院提起诉讼。一般来说，案件由被告住所地人民法院进行管辖，被告住所地与经常居住地不一致的，由经常居住地人民法院进行管辖。所谓住所地，其实就是公民的户籍所在地；经常居住地则指公民离开住所地至起诉时已连续居住一年以上的地方，但公民住院就医的地方除外。然而还有一些例外情况，比如对不在中华人民共和国领域内居住的人以及下落不明或者宣告失踪的人提起的有关身份关系的诉讼，对被采取强制性教育措施或被监禁的人提起的诉讼，则由原告住所地的法院进行管辖；

涉及侵权纠纷的案件，除了由被告所在地法院管辖以外，还可以由侵权行为地的法院进行管辖；因合同纠纷提起的诉讼，除了可以由被告住所地法院管辖以外，还可以由合同履行地法院或者合同中约定的法院管辖。需要注意的是，如果是因不动产纠纷提起的诉讼，只能由不动产所在地的法院专属管辖。

第二，我们应该准备好立案需要的全部材料，包括起诉状、原告和被告主体资格证明材料、证据材料、证据材料清单等。各法院立案材料的要求可能会有细微的差别，我们可以通过电话等方式联系法院进行查询和确认，根据法院的具体要求进行准备。在这些需要准备的立案材料中，起诉状是关键。《中华人民共和国民事诉讼法》（以下简称《民事诉讼法》）对起诉状有着明确的规定，要求起诉状中应当记明原告和被告的身份信息，以及写明诉讼请求和所根据的事实与理由，证据和证据来源，证人姓名和住所，等等。

在我们自己撰写起诉状时，有几点是需要特别注意的。

（一）当事人的身份信息要写全。当事人为个人的，要写明姓名、性别、出生年月日、住址、居民身份证号码；当事人为法人或者其他组织的，要写明名称、住所、法定代表人或者负责人的姓名及职务。

（二）最好在起诉状中写明案由。案由是人民法院对诉讼案件所涉及的法律关系的性质进行概括后形成的案件名称，我们应根据《民事案件案由规定》来确定。案由判断确实有点复杂，需要具备一定的法律知识，因此可以寻求律师或者其他专业人士的帮助，来准确判断自己应当选择的案由。如果我们自己实在无法判断，在立案后，法院会进行案由的确定。

（三）诉讼请求要具体。诉讼请求是起诉状的主要部分。《民事诉讼法》规定起诉需有具体的诉讼请求，原告必须明确其起诉所要解决的问题，也即向人民法院提出保护自己民事权益的具体内容，一般有以下几种类型:(1)请求法院确认某种法律关系或者法律事实，比如请求确认某公民失踪或者死亡;(2)请求对方当事人履行给付义务，比如请求对方赔偿损失，请求对方履行合同约定的义务;(3)请求变更或者消灭一定的民事法律关系，比如请求离婚，等等。无论是哪一种，诉讼请求的表述都要有明确的对象及具体内容，要言简意赅，直击重点。至于事情的经过是什么，为什么要主张这些权利，那就是下一部分事实与理由里面要写的内容了。

（四）要注重事实与理由的部分。这部分的撰写需要在简明扼要的基础上尽可能做到真实详尽、理由充分。事实与理由其实分为两部分，事实部分要把当事人双方的法律关系，发生纠纷的原因、经过和现状，特别是双方争议的焦点写清楚。理由部分则要简明扼要地分析起诉的理由，明确原告、被告双方的责任，并援引相关法律依据。

　　第三，在我们准备好相关材料后，我们就可以向有管辖权法院的立案庭递交诉状及材料，申请立案了。在法院的立案审查通过后，会向原告发送交纳诉讼费用的通知，原告需要在接到该通知的次日起 7 日内交纳案件受理费，之后法院便会予以立案并安排开庭审理。法院会在审理前的准备阶段确定当事人的举证期限，一审的举证期限不会少于 15 日。

　　如果在案件中我们处于被告地位，需要注意的是被告应当在收到法院寄来的起诉状副本之日起 15 日内提出答辩状，如果对管辖权有异议的，也应当在提交答辩状期间提出。

　　一般的民事纠纷，法院都会安排调解。可以说，调解贯穿在诉讼程序的始终。一般来说，法院会根据案情进行诉前调解和庭前调解，开庭调解也是开庭审理的重要组成部分。如果我们所面临的纠纷的法律关系并不复杂或者有协商的可能，选择通过调解来解决纠纷也是一个不错的途径。若达成调解，诉讼费用会减半收取。但需要注意的是，法院的调解书和判决书有着同等效力，当事人不能上诉，也不能重复起诉。

　　调解遵循着自愿的原则，如果调解不成功，法院会依法进行判决。判决作出后，当事人如果不服，可以在判决书送达之日起 15 日内向上一级人民法院提起上诉。

　　这就是我们通过民事诉讼来解决纠纷时，所要历经的大致程序。

　　面对纠纷，我们要坚信，法律始终在为我们保驾护航。然而"法律并不保护躺在权利上睡觉的人"，面对纠纷，我们要积极且坚定地运用法律武器，维护自身的合法权益。

图书在版编目（CIP）数据

人人用得上的法律课 / 岳屾山著. — 贵阳 : 贵州人民出版社, 2023.11

ISBN 978-7-221-17389-8

Ⅰ. ①人… Ⅱ. ①岳… Ⅲ. ①法律—中国—学习参考资料 Ⅳ. ①D920.4

中国国家版本馆CIP数据核字(2023)第004094号

RENREN YONGDESHANG DE FALÜKE
人人用得上的法律课

岳屾山 著

出 版 人：朱文迅	选题策划：后浪出版公司
出版统筹：吴兴元	编辑统筹：王 頔
策划编辑：王潇潇	特约编辑：邓诗漫　刘昱含
责任编辑：徐小凤	装帧设计：棱角视觉
责任印制：常会杰	

出版发行：贵州出版集团　贵州人民出版社
地　　址：贵阳市观山湖区会展东路SOHO办公区A座
印　　刷：嘉业印刷（天津）有限公司
经　　销：全国新华书店
版　　次：2023年11月第1版
印　　次：2023年11月第1次印刷
开　　本：880毫米×1194毫米　1/32
印　　张：13.75
字　　数：283千字
书　　号：ISBN 978-7-221-17389-8
定　　价：68.00元

版权所有，侵权必究
投诉信箱：editor@hinabook.com　fawu@hinabook.com
未经许可，不得以任何方式复制或者抄袭本书部分或全部内容
本书若有印、装质量问题，请与本公司联系调换，电话010-64072833